発音練習をしよう

五十音（北原白秋）

水馬（あめんぼ）赤いな。ア、イ、ウ、エ、オ。
浮藻（うきも）に小蝦（こえび）もおよいでる。

柿の木、栗の木。カ、キ、ク、ケ、コ。
啄木鳥（きつつき）こつこつ、枯れけやき。

大角豆（ささげ）に醋（す）をかけ、サ、シ、ス、セ、ソ。
その魚浅瀬で刺しました。

立ちましょ、喇叭（らっぱ）で、タ、チ、ツ、テ、ト。
トテトテタッタと飛び立った。

蛞蝓（なめくじ）のろのろ、ナ、ニ、ヌ、ネ、ノ。
納戸（なんど）にぬめってなにねばる。

鳩ぽっぽ、ほろほろ。ハ、ヒ、フ、ヘ、ホ。
日向（ひなた）のお部屋にゃ笛を吹く。

蝸牛（まいまい）ネジ巻、マ、ミ、ム、メ、モ。
梅の実落ちても見もしまい。

焼栗、ゆで栗。ヤ、イ、ユ、エ、ヨ。
山田に灯（ひ）のつく宵（よい）の家。

雷鳥（らいちょう）寒かろ、ラ、リ、ル、レ、ロ。
蓮花（れんげ）が咲いたら、瑠璃（るり）の鳥。

植木屋、井戸換へ、お祭だ。
わ、ゐ、う、ゑ、を。

あ	い	う	え	お
か	き	く	け	こ
さ	し	す	せ	そ
た	ち	つ	て	と
な	に	ぬ	ね	の
は	ひ	ふ	へ	ほ
ま	み	む	め	も
や	い	ゆ	え	よ
ら	り	る	れ	ろ
わ	ゐ	う	ゑ	を

お	え	う	い	あ
こ	け	く	き	か
そ	せ	す	し	さ
と	て	つ	ち	た
の	ね	ぬ	に	な
ほ	へ	ふ	ひ	は
も	め	む	み	ま
よ	え	ゆ	い	や
ろ	れ	る	り	ら
を	ゑ	う	ゐ	わ

放送委員会のヒントがいっぱい！

今日は何の日？
366日大事典

校内放送研究所・編

|放送委員に直伝！|

もっと伝わる言葉・話し方

TBSアナウンサー 笹川友里さんに聞く！

みんなに楽しんでもらえる昼の放送をするために、また、聞きやすい話し方を身につけるには、どのような工夫をするとよいでしょうか。
情報を正確にわかりやすく伝えるプロである「アナウンサー」に、心がまえや準備の方法を聞いてみました。

〈プロフィール〉
1990年生まれ。日本女子大学卒業。2013年、TBSに入社。アシスタント・ディレクターとして番組制作にたずさわったのち、アナウンサーとなる。テレビのバラエティ番組や、ラジオ番組でのパーソナリティとして活躍中。

ラジオ番組「たまむすび」では、自然体で、聞く人に語りかけるように話すことを心がける。

テレビ番組「王様のブランチ」では、映像といっしょに説明するため、言葉は簡潔にしている。

アナウンサーにあこがれたきっかけは？

　小学生のころ、よく見ていた朝の情報番組の最後に、女性のアナウンサーが笑顔で「いってらっしゃい！」と言うんです。それがとてもすてきで、あこがれていました。でも、わたしは子どものころから声がとても低くハスキーでした。自分の声はきらいではありませんでしたが、話す仕事には向いていないと思っていました。それでも、大学生のときに、どうしてもアナウンサーになりたいと思い、アナウンススクールに通いました。

子どものころより声が高くなった!?

　声質が変わったのは、TBSに入社して、アナウンサーの新人研修を受けてからです。学生のころは友だちと1時間も話していると、声がかすれてしまいました。それが、腹式呼吸の練習と、「あ―」と音を長く伸ばす「長音」の訓練を受けることで変わりました。今は、少し声が高くなり、4時間のラジオ放送で話しつづけても、のどがかれることはありません。もし、自分の声に自信がもてなくても、正しい訓練をすれば、響きのある声を出せるようになると思います。腹式呼吸は、本や動画を参考にすると、自宅でもある程度は練習できると思いますよ。

どのような発声練習をしていますか？

　新人研修のときは、TBSオリジナルの教本で、毎日発声練習をしていました。
　「あえいうえおあお」のような、あ行、か行など、行ごとに分かれているものや、歌舞伎の十八番のひとつ、長台詞の「外郎売」などがあり、ひたすら舌を動かす練習をする日々でした。
　今でも発声練習は、「あ行」から順番にはじめて、特に苦手な「ら行」と「さ行」については、最後に何度も繰り返しています。

発声練習は仕事の前に必ず行う。「午前4時のラジオの放送があるときは、自宅で発声練習をしてから出社します」

笹川さんも使っていた、TBSオリジナルの「アナウンス研究教本」。さまざまな発声練習の語句がならぶ。

どうすれば「伝わる言葉」をふやせますか？

先輩アナウンサーは、難しいことを説明するときに「それは、たとえば○○ということですよね」と、わかりやすくたとえるのが上手なんです。そこでわたしも、本を読んで、自分のなかの言葉をふやしています。子どものころ、あまり本を読まなかったので、読書に慣れるまでは一言一句拾うように読み、全然ページが先に進まなかったんです。でも最近は、読むスピードも上がりました。豊かな表現にふれられる小説や、身になる知識の多い実用書まで、さまざまな本を読んでいます。

「伝わる言葉」をうまく使うための工夫は？

「出社から帰るまでに、見たものすべてを頭のなかで言葉にする」というやり方を聞き、わたしも歩きながら「あの空の色は何て言えばいいだろう。ぐんじょう色かな、こん色かな」とか、建物を目の前にしたら「このビルは、どんな形と表現するといいだろう」などと考えます。

みなさんにも毎日できそうな工夫は、ほかにもあります。

じつは、言葉にするのが難しいのは、「感じたこと」なんです。何かを見て「おもしろい！」と

これが笹川アナウンサーの必須アイテム！

毎日持ち歩いているものを見せてもらいました！

防災マニュアル

災害時にアナウンサーがとるべき行動が書かれている資料。自分でもメモを作成している。災害はいつ起きるかわからないので、毎日持ち歩いている。

筆記用具

常にかばんの中には青ペンが数本入っている。赤ペンを使ったメモでは、しかられている気がするから使わない。青が落ち着くので、青ペンだけでメモをする。

アクセント辞典

放送業界では、放送用語委員会という組織によって、言葉の使い方や発音が毎年のように更新される。そのため、気になるところは必ず電子辞書のアクセント辞典で確認する。

感じた瞬間は、「なぜ、どんなふうにおもしろいと思ったのか」を、わざわざ文章にして考えることなんてしませんよね。そこで、寝る前などに、今日、感じたことを思い出してみるんです。「明日、友だちにどんなふうに伝えようか」と具体的な言葉にして考えると、使える言葉がふえていくと思います。

放送本番で緊張しないコツは？

新人のころは、「スポットライトをあびるんだ」、「プロなのだからゲストが誰であろうと、対等に話そう」などと、とても意気込んでいました。

今は、伝えたい内容についてしっかり調べ、下準備をすることで、身がまえずに放送にのぞめているような気がします。

原稿をただ読み上げるのではなく、自分の知識として話せるようにメモを加えておいたり、資料を手元に用意していつでも確認できるようにしておいたりすると、「しっかり準備したから大丈夫」と、緊張せずにすむと思います。

みんなに聞いてもらえる「話し方」のコツは？

「聞き取りやすく、はっきりと話す」というのは基本ですが、わたしが大切にしているのは「語りかけるように話す」ことです。

ニュースでは、一言一句間違えずに読むことも大切ですが、自分がパーソナリティをしているラジオ番組ではとくに、隣にいる人に語りかけるイメージで話すようにしています。

好きなことを話すときは、自然と一生懸命になれますよね。そうすると、相手も一生懸命聞いてくれる。単純ですけど、いちばん大事なのは「伝えたい」気持ちだと思います。

ふだんから、誰に何を伝えたいのかを意識するだけでも、「伝える力」がつきますよ！

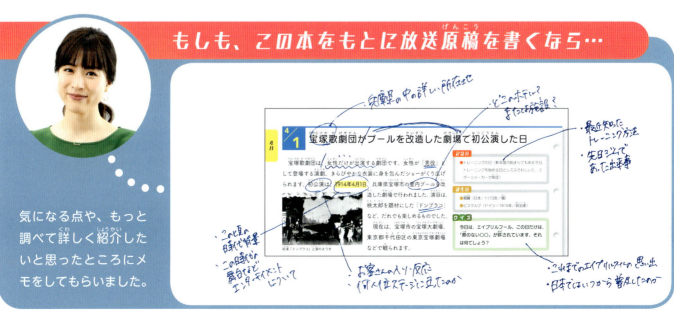

もしも、この本をもとに放送原稿を書くなら…

気になる点や、もっと調べて詳しく紹介したいと思ったところにメモをしてもらいました。

放送委員は必読！
放送原稿の作り方・読み方

放送原稿の作り方

放送する情報を決める

学校の行事、本や新聞、インターネットやテレビなど、聞き手の興味を考えて、どの情報を伝えるかを決める。

原稿の書き方

「低学年の人にもわかるように」など、伝えたい相手を意識して原稿を書く。

情報の加え方

伝えたい情報に対して、自分がもっと知りたいことをあらい出す。図書館やインターネットなどを利用して調べる。

ポイント

① 1文は短めに。主語と述語を入れる。
② 話の内容が変わるときは、「ところで」「さて」など、一息つく言葉を入れてみる。
③ 資料を読んだときに、わかりにくい言葉があったら、辞書などで調べる。誰にでもわかりやすい言葉にかえてみる。
④ 最後の一言は自分の感想を入れてもよい。

放送原稿は、どのように作るとよいのでしょうか。
放送する人が興味を持ったことを、
どのように原稿にしていくとよいか、
さらにそれをどのように読むとよいか、紹介します。

放送原稿の読み方

発声

緊張すると口が大きく開かず、声がこもってしまう。大きく口を開けるようにする。

マイクを通すので、声が大きすぎても小さすぎても聞き取りづらくなる。学校の機材に合う、ちょうどいい声の大きさを調べよう。

話し方

棒読みでは伝わらない。目の前の人に話しかけるイメージを持って読む。

話す速さ

カタカナで約300文字の原稿を1分ほどで読み終わるくらいの速さで話す。ストップウォッチを使って練習してみよう。

また、緊張すると読む速さがまし、とちりやすくなる。事前に何度も原稿を読む練習をすると、スラスラ読めるようになる。

ポイント

❶読む速度がつかめたら、自分が書いた放送原稿を実際に読み上げて、何秒かかるか測る。
❷放送時間の全体で、文章をふやすのか、へらすのかなどを決めていく。
❸文章を理解して、区切るところを意識する。わかりやすく話せているか、委員会の仲間や先生、友だちに聞いてもらう。

放送委員が実践！
この本の記事を放送してみる

みなさんの学校では校内放送に、どのような内容が流れていますか？
この本を使って、お昼の放送にチャレンジしてもらいました！

（取材協力：新宿区立東戸山小学校）

この本の使い方

各月の最初のページでは、月の異名、国民の祝日、二十四節気、誕生石、誕生月の花を紹介している。月のはじめの放送で「4月はこんな月です」という紹介ができる。

見出しは、日付と合わせて読み上げると、下の文とうまくつながる。
「今日、4月1日は、**宝塚歌劇団がプールを改造した劇場で初公演した日**です。」

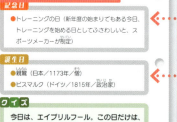

節句や記念日、祭りを紹介。そのテーマについて、ふくらませることもできる。

歴史上の人物の誕生日。具体的に何をした人物なのかを調べると、話が広がる。

放送原稿にするときは、疑問に思ったことや知っていること、感じたことなどを加えてみよう。放送で伝えるときに情報がふくらむ。

クイズの答えは、同じページの下に掲載している。問題が難しいようなら回答方法を選択式にしてみたり、ヒントを加えたりしよう。簡単なようなら、「3秒以内に答えてね！」といった時間制限を設けるなどの演出をするとよい。

・原則として、年は旧暦の場合はそのできごとが起きた西暦、月日は旧暦の日付を使っています。
・日付や由来などは諸説あるものもありますが、有力と考えられるものを採用しています。

🔵 準備　委員会や休み時間にすること

放送する内容を決める

委員会では、先週までの放送の振り返りと、改善点を話し合う。この日は、この本の内容を放送原稿にした。

グループごとに放送する曜日が決まっているので、担当の日の記事を書き写す。

クイズもいいね

原稿を書いて先生に確認

担当の先生に、原稿を読み上げる練習を見てもらう。「もう少しゆっくり読もうか」と先生からアドバイス。

🔶 本番　お昼の放送で読み上げる

放送室

放送をする

アナウンスと音楽は、毎回交代で全員が担当する。自分たちで書いた原稿を読み上げ、機材の操作も同時に行う。

アナウンスのタイミングに合わせて、流れが途切れないように音楽を流す。

その日の担当以外の委員の人たちは、給食を食べながら放送を聞く。

うまく読めていてよかったね

振り返り　改善点を考える

放送原稿を書いているときは、記事が長いように感じましたが、実際に話している時間は、想像していたより短かったです。
放送日のクイズは難しい内容だったので、出すのをやめてしまいましたが、簡単に感じるような工夫をしてみたいと思います。

6年　渡辺 侑果さん

内容を理解していなかったり疑問があると、読むときにまちがうので、原稿を書くときは、しっかり理解してからにしようと思いました。
話す速さは、自分が思っているより速いようでした。聞く人は文字を見ていないので、もっと区切りながら話して、きちんと伝わるようにしたいです。

5年　中嶋 律さん

もくじ

放送委員に直伝！
TBSアナウンサー笹川友里さんに聞く！　もっと伝わる言葉・話し方　……… 2ページ

放送委員は必読！ 放送原稿の作り方・読み方　……… 6ページ

放送委員が実践！ この本の記事を放送してみる　……… 8ページ

4月 …… 11ページ	5月 …… 23ページ	6月 …… 35ページ	7月 …… 47ページ
8月 …… 61ページ	9月 …… 73ページ	10月 …… 85ページ	11月 …… 97ページ
12月 …… 109ページ	1月 …… 123ページ	2月 …… 135ページ	3月 …… 147ページ

もっと伝わる！原稿の読み方
❶ 口の開け方を練習！　……… 60ページ
❷ 通る声を出す練習！　……… 122ページ

さくいん　……… 160ページ

この本の表紙と裏表紙の内側に、早口言葉を掲載しています。コピーして使えます。

4月

異名
- 卯月（卯の花月、花残月、夏初月）

国民の祝日
- 昭和の日（4月29日：昭和天皇の誕生日。昭和の時代をふりかえり、国の将来を思う日）

二十四節気
- 清明（4月5日ごろ：陽気がよくなる）
- 穀雨（4月20日ごろ：さまざまな穀物をうるおす雨）

誕生石
- ダイヤモンド（清浄無垢、不滅、恋の勇気）

誕生月の花
- カスミソウ（思いやり）

4/1 宝塚歌劇団がプールを改造した劇場で初公演した日

　宝塚歌劇団は、女性だけが出演する劇団です。女性が「男役」として登場する演劇、きらびやかな衣装に身を包んだショーがくり広げられます。初公演は、1914年4月1日、兵庫県宝塚市の室内プールを改造した劇場で行われました。演目は、桃太郎を題材にした「ドンブラコ」など、だれでも楽しめるものでした。
　現在は、宝塚市の宝塚大劇場、東京都千代田区の東京宝塚劇場などで観られます。

初演「ドンブラコ」上演のようす

記念日
- トレーニングの日（新年度の始まりでもある今日、トレーニングを始める日としてふさわしいと、スポーツメーカーが制定）

誕生日
- 親鸞（日本／1173年／僧）
- ビスマルク（ドイツ／1815年／政治家）

クイズ
今日は、エイプリルフール。この日だけは、「罪のない〇〇」が許されています。それは何でしょう？

4/2 日本銀行が五百円札の発行を開始した日

　五百円は以前、紙のお金でした。はじめて五百円札が発行されたのが、1951年4月2日のことです。それ以前のお札の最高額は千円で、その下は百円でした。その間をうめるために、五百円札がつくられました。
　現在では五百円札はすでに発行を停止していて新しく作られることはありませんが、今でも使うことができます。初代の五百円硬貨は、1982年に登場しました。偽造防止のためデザインが2000年に変わっています。

1951年発行（上）、1969年発行（下）の五百円札。肖像は政治家の岩倉具視

記念日
- 歯列矯正の日（「し(4)れ(0)つ(2)」のゴロ合わせ。歯列矯正医院専門のマネジメント会社が歯列矯正の重要性を広く知らせるために制定）

誕生日
- カール大帝（カロリング朝／742年／国王）
- アンデルセン（デンマーク／1805年／童話作家）

クイズ
今日は、「国際子どもの本の日」です。今日が誕生日のアンデルセンの代表作は？
❶親指姫　❷ごんぎつね　❸モモ

4/3 聖徳太子が憲法十七条を制定した日

　604年4月3日、新しい国家づくりを進める聖徳太子は、前年の「冠位十二階」に続いて「憲法十七条」を制定しました。内容は役人の心構えを説いたもので、役人は天皇を中心にまとまり、国家づくりに努めるよう定められました。
　第一条の「和をもって貴しとなす」という有名な書き出しは、豪族の争いが続く時代に、人々の和の大切さを示すものでした。

聖徳太子（574－622年）

記念日
- 読み聞かせの日（「よ(4)み(3)」で「読み」のゴロ合わせ。まだ自分で本が読めない小さな子に、読み聞かせることで本に親しんでもらおう）

誕生日
- ヘンリー4世（ランカスター朝／1366年／国王）
- 長塚節（日本／1879年／歌人、小説家）

クイズ
1930年の今日、東京駅と上野駅に「駅ならでは」の自動販売機が登場しました。それは何でしょう？

クイズの答え　4/1の答え：うそ　4/2の答え：❶親指姫　4/3の答え：きっぷ

4/4 徳川家康が大坂夏の陣に出陣した日

1615年4月4日、徳川家康は諸大名20万人の兵を挙げて「大坂夏の陣」を起こしました。「すべての浪人を大坂城から追放せよ」という家康の要求を、江戸幕府が成立した後も強い力を保つ豊臣家が、受け入れなかったためです。前年の「大坂冬の陣」の後、大坂城のほりをうめさせる策略に成功した家康は、豊臣家をほろぼす機会として再び立ち上がりました。家康はこの日に駿府城を出発し、大坂城へ向かったのです。

大坂夏の陣図屏風（黒田屏風）の一部。馬に乗っている家康
大阪城天守閣所蔵

記念日
- あんぱんの日（1875年の今日、木村屋の創業者、木村安兵衛は、同社の開発したあんぱんをはじめて明治天皇に献上した）

誕生日
- 山本五十六（日本／1884年／海軍軍人）
- 本居長世（日本／1885年／作曲家）

クイズ
1879年の今日、琉球藩が廃止されてできた県は、何県でしょう。
❶青森県　❷神奈川県　❸沖縄県

4/5 第1回統一地方選挙を実施した日

1947年4月5日、全国的に期日を定めて行う「統一地方選挙」が初めて行われました。地方公共団体の首長（都道府県知事や市区町村長のこと）および議会議員を決める選挙です。それまでは知事を天皇が任命していました。新しい地方自治制度が始まり、選挙権を持つ20歳以上の男女が選出することになったのです。
なお、選挙権の年齢は引き下げられ、2016年から、18歳の誕生日をむかえた男女となりました。

1947年の知事選の投票所。沖縄県をのぞく46都道府県で行われた
提供：朝日新聞社

記念日
- よごそうデー（「よ（4）ご（5）そう」のゴロ合わせ。服のよごれを気にせず、思い切り楽しむことで成長してほしいという願いから）

誕生日
- ホッブズ（イギリス／1588年／哲学者）
- カラヤン（オーストリア／1908年／指揮者）

クイズ
1942年の今日、富士山頂で、日本の山岳最大風速72.5メートルを記録しました。ところで、富士山がまたがる2つの県は？

豆知識　4月1日生まれが、なぜ早生まれになる？

1月1日から4月1日に生まれ、同じ年に生まれた人よりも1つ上の学年に組みこまれる人を「早生まれ」といいます。しかし、学校は4月1日から翌年の3月31日までが1年のはずです。なぜ4月1日生まれの人が早生まれになるのでしょう。

まず、学校教育法は「保護者は子どもが満6歳になった翌日以降、最初の4月1日から小学校または小学部の教育を受けさせる義務がある」との内容を記しています。また、年齢に関する法律上、人は誕生日の前日が終わる午後12時に1つ年を取り、満年齢に達します。4月1日生まれなら、前日の3月31日の午後12時に満6歳をむかえます。そのため、4月2日以降に生まれた子どもよりも1学年上になるのです。つまり、1学年は4月2日生まれから翌年の4月1日生まれの子どもで構成されることになります。

クイズの答え　4/4の答え：❸沖縄県　4/5の答え：山梨県と静岡県

4/6 ワシントンがアメリカ初代大統領に選出された日

1789年4月6日は、ジョージ・ワシントンが上院でアメリカ合衆国初代大統領に選ばれた日です。2月の時点で新憲法に基づく最初の大統領選挙が行われ、この日になってようやく投票数の集計結果が出たのです。

アメリカ独立戦争では総司令官を、戦後はフィラデルフィアで憲法制定会議の議長を務めたワシントンは、全員一致で大統領に選ばれました。ワシントンは「建国の父」と呼ばれています。

ジョージ・ワシントン（1732-1799年）

記念日
- コンビーフの日（コンビーフのかんづめに使われている台形のカンが、1875年の今日、アメリカで特許登録されたことに由来）

誕生日
- モロー（フランス／1826年／画家）
- 白井鐵造（日本／1900年／演出家）

クイズ
1896年の今日、最初の近代オリンピックが行われました。その場所はギリシャのどこ？ ❶ロンドン ❷リオ ❸アテネ

4/7 世界中で使える単位、メートル法が誕生した日

1795年4月7日、長さの単位「メートル法」が誕生しました。それまでは国や地域ごとに長さの単位が異なり、貿易の際に不便でした。世界中で通用する新しい単位が求められていた時代です。

そこでフランスでは、天文学者を集め、基準を地球の大きさから計算して決めることにしたのです。

日本でメートル法を使う法律が定められたのは、それから100年以上たった1921年のことです。

メートル原器。これが世界水準の基本になった

記念日
- 世界保健デー（保健衛生の分野で国際協力を行う国連の専門機関、世界保健機関［通称WHO］が1948年の今日、誕生した）

誕生日
- ザビエル（スペイン／1506年／宣教師）
- 鈴木梅太郎（日本／1874年／農芸化学者）

クイズ
1945年の今日は世界最大級の日本の戦艦、大和が沈没した日です。重さは何トン？ ❶約1万トン ❷約7万トン ❸約50万トン

4/8 エーゲ海でミロのヴィーナスが発見された日

1820年4月8日、エーゲ海にあるミロス島で、通称「ミロのヴィーナス」が発見されました。当初は、現在のような姿ではなく、立体のパズルのピースのようでした。ギリシア人農夫がはじめに2つの石を見つけ、それに興味を持ったフランス人がほかを探すよう農夫にたのみます。6つの石が発掘され、それらを組み合わせてみたところ、アフロディーテという、愛と美の女神の像が現れたのでした。

フランスのルーブル美術館で見ることができる「ミロのヴィーナス」

記念日
- 出発の日（「しゅっ（4）ぱつ（8）」と読むゴロ合わせ。新年度の始まりの時期であるこの日、朝食をとることを提案する食品メーカーが制定）

誕生日
- ラファエロ（イタリア／1483年／画家）
- フッサール（オーストリア／1859年／哲学者）

クイズ
1900年の今日、山陽鉄道が日本初の専用車を運行しました。それは何？ ❶食堂車 ❷寝台車 ❸運動車

クイズの答え 4/6の答え：❸アテネ　4/7の答え：❷約7万トン　4/8の答え：❷寝台車

4/9 アメリカ合衆国の内戦、南北戦争が終結した日

1865年4月9日は、南北戦争が終結した日です。5年におよぶ内戦で、死傷者は61万人にのぼりました。この戦争は、奴隷を使った大農場が基盤のアメリカ南部と、商業化が進み奴隷制に反対するアメリカ北部の対立から始まりました。当初は劣勢だった北部の軍ですが、大統領のリンカーンによる奴隷解放宣言で優位に立ち、勝利を収めました。これを機に奴隷制度は廃止され、対立を続けてきた南部と北部は事実上統一されたのです。

アメリカのストーンマウンテンにある、世界最大の彫刻。南部の3人の将軍が刻まれている

記念日
- よいPマンの日（Pと9の形が似ていることから「よい（4）P（9）マン」のゴロ合わせ。「がんばる国産ピーマン」プロジェクトが制定）

誕生日
- ボードレール（フランス／1821年／詩人）
- 佐藤春夫（日本／1892年／詩人）

クイズ
752年の今日、東大寺の大仏の開眼供養会が行われました。世界一高い青銅製の大仏は茨城県の牛久大仏ですが、その身長は？

4/10 本州と四国を結ぶ瀬戸大橋が開通した日

1988年4月10日、岡山県倉敷市と香川県坂出市を結ぶ瀬戸大橋が、着工から9年半がかりで開通しました。全長は9.4キロメートル、鉄道・道路併用橋としては世界最長規模です。本州と四国が陸続きになることで、移動時間が海をわたるよりも大幅に短縮し、天候に左右されづらい安定的な輸送ができるようになりました。瀬戸大橋の開通は、生活圏の拡大や流通の活性化も期待され、四国地方にとって新時代の幕開きとなりました。

岡山県側から見た瀬戸大橋

記念日
- 駅弁の日（「駅弁」の「弁」という字が「4」と「十」に似ているため4月10日に。最初の駅弁は、栃木県の宇都宮駅で売られたにぎり飯だった）

誕生日
- グロティウス（オランダ／1583年／政治家）
- ペリー（アメリカ／1794年／海軍軍人）

クイズ
1970年の今日、ポール・マッカートニーがロックバンドのビートルズを脱退しました。"ビートル"は日本語で何という虫？

4/11 76年ぶりにハレー彗星が地球に大接近した日

1986年4月11日、ハレー彗星が76年ぶりにもっとも地球に近づきました。ハレー彗星は長い尾を持ち、76年周期で地球付近に出現します。このときの接近で、天体望遠鏡の売れ行きが伸びたり、よく見えると予測された南半球への観測ツアーに申し込みが殺到したりと一種のブームが起こりました。実際には、彗星探査機による成果は大きかったものの、地上からの観測条件は整わず、南半球で3等級の姿で見えるだけでした。

次に見られるのは2061年の夏。1等級の明るさで見られる予定
提供：NASA

記念日
- しっかりいい朝食の日（日付は「し（4）っかりいい（11）朝食」のゴロ合わせから。グラノーラを販売する食品メーカーが制定）

誕生日
- 小林秀雄（日本／1902年／文芸評論家）
- 金子みすゞ（日本／1903年／童謡詩人）

クイズ
1974年の今日、ボクシングの世界戦で挑戦者のガッツ石松選手が逆転勝ち。このときから広まったとされる有名なポーズは？

クイズの答え　4/9の答え：（台座をいれて）120メートル　4/10の答え：カブトムシ　4/11の答え：ガッツポーズ

4/12 世界で初めて有人宇宙衛星船の打ち上げに成功した日

1961年4月12日は、ソビエト連邦（現在のロシア連邦）のヴォストーク1号が、人の乗った宇宙船の打ち上げとして世界で初めて成功した日です。アラル海東方のバイコヌールから打ち上げられ、およそ1時間48分かけて地球を一周したあと、無事に帰還しました。搭乗したガガーリンが語った「地球は青かった」という言葉は、後世に語られています。歴史的快挙を記念して、この日は「世界宇宙飛行の日」になりました。

ユーリ・ガガーリン（1934－1968年）
提供：Getty Images

記念日
- パンの記念日（1842年の今日、江川太郎左衛門が軍用携帯食料の乾パンをつくり、これが日本で初めて焼かれたパンであったことに由来する）

誕生日
- ムーニエ（ベルギー／1831年／彫刻家）
- マイヤーホーフ（ドイツ／1884年／生化学者）

クイズ
1954年の今日、NHKで「○○体操」が開始。流行語にもなった、その体操は何？
❶健康体操　❷美容体操　❸ぶらぶら体操

4/13 巌流島の戦いで、宮本武蔵と佐々木小次郎が対決した日

宮本武蔵と佐々木小次郎による、天下一の剣の使い手を決める有名な決闘、「巌流島の戦い」が行われたのは、1612年4月13日のこと。武蔵は諸国を修行中の武芸者、小次郎は細川家に仕えながら道場を開く身でした。決闘の日、武蔵は約束の時間から2時間遅れて現れます。いら立つ小次郎は武蔵に刀を振りおろしますが、船のかいをけずってつくった武蔵の木剣にあえなく倒されるのでした。

山口県下関市の巌流島にある決闘中の2人の像。手前が佐々木小次郎

記念日
- 啄木忌（1912年、歌人の石川啄木が肺結核のために27歳の若さで亡くなった。口語体3行書きの形式で生活を短歌によんだ）

誕生日
- トレビシック（イギリス／1771年／技術者）
- 宮尾登美子（日本／1926年／小説家）

クイズ
1888年の今日、日本初のある飲み物の店「可否茶館」が東京に誕生。どの飲み物？
❶紅茶　❷コーヒー　❸ビール

4/14 熊本地震が発生し、震度7を記録した日

2016年4月14日の21時26分ごろ、熊本県熊本地方を震源とするマグニチュード6.5の強い地震が発生しました。この地震で益城町では震度7を記録、家屋の倒壊が相次ぎました。さらに16日の未明には、より大きなマグニチュード7.3の地震が発生。16日の地震を本震、14日の地震を前震としました。観測史上初めて、一連の地震に震度7のゆれを2回観測。これを引き金に、熊本地方、阿蘇地方、大分県で大きな地震が起きました。

石垣がくずれた熊本城
提供：時事

記念日
- 椅子の日（「よい（4）いす（14）」のゴロ合わせから。ちなみに、日本で椅子式生活が普及したのは第二次世界大戦以降である）

誕生日
- ホイヘンス（オランダ／1629年／物理学者）
- トインビー（イギリス／1889年／歴史家）

クイズ
1912年の今日、イギリスの豪華客船が氷山に衝突。客船の遭難事故としては史上最悪でした。映画にもなったこの船の名は？

クイズの答え　4/12の答え：❷美容体操　4/13の答え：❷コーヒー　4/14の答え：タイタニック

4/15 東京ディズニーランドがオープンした日

1983年4月15日は、「夢と魔法の王国」の東京ディズニーランドが、千葉県浦安市にオープンした日です。東京ディズニーランドは、アメリカ国外では初めてのディズニーのテーマパークでした。

この日はあいにくの雨でしたが、メインエントランスのゲートが開くと、多くの人々が入園しました。2001年の9月には東京ディズニーシーがオープン、日本を代表する人気レジャー施設として存在をほこります。

東京ディズニーランドのシンデレラ城 ©Disney

記念日
- ヘリコプターの日（ヘリコプターの原理を考え出した、レオナルド・ダ・ビンチの誕生日にちなんで、全日本航空事業連合会が制定）

誕生日
- レオナルド・ダ・ビンチ（イタリア／1452年／画家、発明家）
- オイラー（スイス／1707年／数学者）

クイズ
1937年の今日、来日した、視力と聴力を失っても、さまざまなことに挑戦した女性の名前は？

4/16 日本初の女子フルマラソン大会を実施した日

1978年4月16日、東京都の多摩湖畔で、日本初となる女子フルマラソンの大会、「第1回女子タートルマラソン全国大会」が行われました。参加者は最高71歳をふくむ49人で、そのうち46人が完走。沿道には約10万人もの観衆がつめかけました。

この日優勝したのは、当時37歳の横浜の主婦、外園イチ子さん。優勝タイムは3時間10分48秒でした。この日にちなんで、「女子マラソンの日」が制定されました。

日本初の女子フルマラソンを記念して2013年に建てられた「水の精像」（東大和市）

記念日
- エスプレッソの日（1906年の今日、ミラノ万博で、ベゼラ社がカフェエスプレッソとして表記したのが始まりとされる）

誕生日
- ウィルバー・ライト（アメリカ／1867年／発明家）
- チャップリン（イギリス／1889年／喜劇俳優）

クイズ
1877年の今日は、札幌農学校で教頭を務めたクラーク博士が帰国した日。北海道にある像は、どちらの手を上げている？

豆知識　桜がさく目安の桜前線

桜前線とは、国内におけるサクラ、おもにソメイヨシノの開花日をつないだ線のことで、天気図の前線の動きにたとえたものです。同じ前線上でも標高が100メートル高くなると2～3日遅くなります。

各気象台が「標本木」とする1本の木の花が5～6輪さいた状態を開花日としています。全国の標本木の多くはソメイヨシノですが、沖縄ではソメイヨシノがさかないため、ヒカンザクラという種類のサクラで観測しています。

桜前線（1981～2010年平均値）

クイズの答え　4/15の答え：ヘレン・ケラー　4/16の答え：右手

4/17 恐竜の化石の探検隊が出発した日

1923年4月17日、アメリカの古生物学者、ロイ・チャップマン・アンドリュース博士率いる探検隊が、モンゴルのゴビ砂漠に向かって北京を出発しました。博士は、5年におよぶ旅行中、恐竜の巣と25個の卵の化石を発見。巣と卵を一緒に発見したのは世界初です。また、ゴビ砂漠がはるか昔、植物が生いしげる平野だったこと、さらには大きな湖があったこともわかりました。博士のこの発見は、本格的な恐竜研究のおこりとなりました。

ロイ・チャップマン・アンドリュース（1884-1960年）

記念日
- なすび記念日（「よい（41）ナス（7）」のゴロ合わせ。ちなみに、なすの名の由来は「為す」「成す」で、実がよくなるためであるという）

誕生日
- ケーニッヒ（ドイツ／1774年／印刷技術者）
- 板垣退助（日本／1837年／政治家）

クイズ
1616年の今日は、徳川家康の命日です。人柄を表す有名な一句「鳴かぬなら鳴くまで待とう○○○○○」に入る鳥は何？

4/18 のちに特許法となる、専売特許条例が公布された日

1885年4月18日、現在の特許法のもとである「専売特許条例」が公布されました。これは、発明したアイディアがぬすまれないよう保護するもので、日本の近代化を欧米に示す目的もありました。特許制度の導入によってより多くの発明が生まれ、人々のくらしは便利になっていきました。1954年には、この日を「発明の日」に制定。特許制度は今も日本の技術を支え、経済成長をもたらす重要な役割を果たしています。

国内初の取得者は、彫刻家で漆工芸家の堀田瑞松で、「堀田錆止塗料及ビ其塗法」でした。

東京都千代田区にある特許庁

記念日
- お香の日（日付は『日本書紀』に日本のお香について最初の記録があったことから4月に、18日は「香」の文字が"一十八日"とわけられることから）

誕生日
- ルクレツィア・ボルジア（イタリア／1480年／ローマ教皇のむすめ）
- 中村精男（日本／1855年／気象学者）

クイズ
1849年の今日は、浮世絵師、葛飾北斎の命日です。北斎は引っ越しが趣味で有名です。一生で何回、引っ越したでしょう？

4/19 第55回ボストン・マラソンで日本人が初優勝した日

1951年4月19日、第55回ボストン・マラソンにおいて、田中茂樹選手が2時間27分45秒で優勝しました。ボストン・マラソンは1897年から始まったマラソン大会で、オリンピックのマラソンに次ぐ歴史があります。アメリカ独立戦争が始まった4月19日の「愛国の日」を記念したものです。日本人として初めてのボストン・マラソンの参加となった、この第55回大会で、田中選手は初優勝をかざったのです。

優勝して帰国した田中茂樹選手。羽田空港で母親に金メダルを見せる
提供：朝日新聞社

記念日
- 地図の日（1800年の今日、とても精度の高い日本地図「大日本沿海輿地全図」をつくるため、伊能忠敬が測量に出発した）

誕生日
- 岡潔（日本／1901年／数学者）
- シーボーグ（アメリカ／1912年／物理化学者）

クイズ
1868年の今日、国が初めて紙幣を発行しましたが、印刷技術が悪く、偽造されやすかったそう。何種類あった？ ❶1種類 ❷5種類 ❸10種類

クイズの答え　4/17の答え：ホトトギス　4/18の答え：93回　4/19の答え：❷5種類

4/20 「モナ・リザ」が日本で公開された日

1974年4月20日、東京、上野の東京国立博物館で「モナ・リザ展」が開かれ、レオナルド・ダ・ヴィンチの名画「モナ・リザ」が公開されました。この作品が描かれたのは1503～1506年ごろです。なぞのほほえみをひと目見ようと多くの人が会場につめかけ、身動きができないほどでした。モナ・リザとの対面はほんの数秒だけという人も多かったようです。この展示は6月10日まで行われ、入場者数は約151万人を記録しました。

「モナ・リザ」は、1805年からフランス、パリのルーブル美術館が所蔵

記念日
- ジャムの日（1910年の今日、長野県の塩川伊一郎が、いちごジャムを明治天皇に献上したことに由来）

誕生日
- 犬養毅（日本／1855年／第29代内閣総理大臣）
- ヒトラー（オーストリア／1889年／政治家）

クイズ
今日は「郵政記念日」。それまでの「〇〇制度」から「郵便制度」に名称が改まりました。もとは何？　❶飛脚制度　❷配達制度

4/21 携帯型ゲーム機「ゲームボーイ」が発売された日

1989年4月21日、任天堂は携帯型ゲーム機「ゲームボーイ」を発売しました。本体とは別に専用ソフトを用意するゲームボーイは、発売当初は画面が白黒でした。「テトリス」など大人気のゲームソフトが次から次へと発売されたこともあり、ゲームボーイの累計販売台数は全世界で1億台をこえました。さまざまなゲームを持ち運んで遊ぶスタイルは、このゲームボーイの登場で確立されたのです。

初代のゲームボーイ

記念日
- 民放の日（放送広告の日）（1951年の今日、日本で初めて民間放送社に放送の予備免許があたえられたことを記念）

誕生日
- シャーロット・ブロンテ（イギリス／1816年／小説家）
- ウェーバー（ドイツ／1864年／思想家）

クイズ
1960年の今日、ブラジルの首都がブラジリアに変わりました。前の首都は？　❶リオデジャネイロ　❷サンパウロ　❸サントス

4/22 日本語の点字が正式に認定された日

点字とは、目の不自由な人が読み書きできるよう、もりあがった点で表した文字です。1901年4月22日、それまで体系化が進められてきた日本語の点字が、政府発行の官報に発表されて公認となりました。日本語の点字は、それまで欧米で使われていた6点式のブライユ点字を合理的に作り変えたもので、東京盲唖学校の先生であった石川倉次が力をつくしました。倉次は、「日本点字の父」として、その業績をたたえられています。

石川倉次（1859－1944年）

記念日
- 地球の日（アースデー）（国連が決める国際デーのひとつ。1970年に、地球環境を守るため、アメリカで行われたデモに由来）

誕生日
- カント（ドイツ／1724年／哲学者）
- レーニン（ロシア／1870年／革命家）

クイズ
1946年の今日、夕刊フクニチで、4コマまんが「サザエさん」の連載が開始されました。アニメに登場するタマの性別は？

クイズの答え　4/20の答え：❶飛脚制度　4/21の答え：❶リオデジャネイロ　4/22の答え：オス

4/23 有人宇宙船「ソユーズ」1号を打ち上げた日

1967年4月23日は、ソビエト連邦（現在のロシア連邦）が有人宇宙船「ソユーズ」1号を打ち上げた日です。このころアメリカではアポロ計画という月探査が進んでおり、これに対抗するものでした。この宇宙船は、地球の周回軌道に達しましたが、太陽光パネルが開かないなどのトラブルが発生、19周目に緊急帰還を試みます。しかし、地上へおりるパラシュートがもつれたために、ただ一人乗船していたコマロフ飛行士は墜落して亡くなりました。宇宙飛行による史上初の犠牲者となったのです。

発射台に設置されたソユーズ1号
提供：SPUTNIK/時事通信フォト

記念日
- 世界図書・著作権デー（ユネスコが制定。読書・出版・著作権保護の促進が目的。日付はシェイクスピアなど著名な作家の命日や誕生日に由来）

誕生日
- ターナー（イギリス／1775年／画家）
- 沢柳政太郎（日本／1865年／教育者）

クイズ
今日は、「サン・ジョルディの日」。スペイン・カタルーニャ地方の風習にならい、男性に本をおくります。女性には？

4/24 青森と函館間で電話が開通した日

1926年4月24日、青森と函館を結ぶ電話が開通しました。これは、約65キロメートルにわたって市外電話の海底線ケーブルをしく工事が完了したことによるものです。1890年に日本で電話サービスの歴史が始まって以来、初めて本州と北海道の間で電信がつながりました。電話が開通した直後の『東奥日報』では、青森と函館間の1日の発着信数は二百数十件にのぼり、おもに通信社と海産物や魚の問屋が使っていたと報じられています。

1978年には、青森と北海道に無線中継所ができた。写真は青森県にある旧石崎無線中継所

記念日
- 植物学の日（植物学で多大な功績を残した牧野富太郎の誕生日に由来。小学校を中退後、独学で植物学を研究した）

誕生日
- カートライト（イギリス／1743年／牧師、発明家）
- 牧野富太郎（日本／1862年／植物学者）

クイズ
1990年の今日、ブラックホールや新しい銀河などを発見した宇宙望遠鏡が打ち上げられました。その名前は何？

4/25 JR福知山線で脱線事故が起きた日

2005年4月25日、JR福知山線の塚口駅から尼崎駅の間で、宝塚発同志社前行きの上り快速電車が脱線しました。事故の現場は半径304メートルの右カーブです。電車は、制限速度の時速70キロメートルを上回る時速116キロメートルで進入し、先頭車両から5両目までが脱線、先頭車両と2両目が進行方向左側のマンションに衝突しました。この事故で運転士と乗客合わせて107人が亡くなり、付近を通行中の1人をふくめた563人が負傷しました。

脱線し、マンションにぶつかった電車
提供：時事

記念日
- DNAの日（ワトソンとクリックによるDNAの構造に関する論文が発表されたことに由来。DNAとは遺伝子の本体のこと）

誕生日
- 徳川家宣（日本／1662年／江戸幕府第6代将軍）
- マルコーニ（イタリア／1874年／電気技師）

クイズ
今日は「拾得物の日」。1980年に東京で男性が現金を拾ったことに由来。持ち主は現れず、男性のものになりました。いくらだった？

クイズの答え　4/23の答え：赤いバラ　　4/24の答え：ハッブル宇宙望遠鏡　　4/25の答え：1億円

4/26 チェルノブイリ原子力発電所で大爆発事故が発生した日

1986年4月26日、現在のウクライナにあるチェルノブイリ原子力発電所で、核燃料が爆発する事故が起きました。この事故によって2人が即死、放射能被爆で28人が死亡、国外まで大量の放射性物質が飛び散りました。

政府が事故を発表したのは2日後で、周辺住民を避難させ、放射能を密封する工事に取りかかりました。それでも、数十年におよぶ地球規模の汚染が心配され、世界的な問題となりました。

廃墟となったプリピャチカルチャーセンター

記念日
- 世界知的財産デー（2000年にWIPO[世界知的所有権機関]が「WIPO設立条約」を発効した日。発明や考案、創作などの権利を守るもの）

誕生日
- ドラクロワ（フランス／1798年／画家）
- 飯田蛇笏（日本／1885年／俳人）

クイズ
1792年の今日、今のフランス国歌が作曲されました。タイトルは？ ❶ラ・マルセイエーズ ❷オー・シャンゼリゼ

4/27 国内最古の地震被害として記録された日

599年4月27日は、「日本書紀」に国内で最初の地震被害としての記録が残されている日です。その内容は、"大和国において大地がゆれ、家屋がことごとくこわれたために地震の神をまつった"というものでした。

後年の研究で、この地震は近畿地方が震源地とされ、地震の強さを示すマグニチュードは7.0であったと考えられています。ちなみに日本で地震計を使った正確な計測が始まったのは1872年になってからのことです。

「日本書紀」は天皇の命令で作られた日本初の歴史書

記念日
- 哲学の日（ギリシャ哲学の祖、ソクラテスが、脱走し哲学を捨て去るよりはと、不当な死刑を受け入れ、毒を飲み亡くなったことに由来）

誕生日
- モールス（アメリカ／1791年／画家、発明家）
- グラント（アメリカ／1822年／第18代大統領）

クイズ
1917年の今日、京都から東京までの23区間を、たすきをつないで競う大会が行われ、大会名に初めて〇〇がつきました。〇〇に入るのは？

4/28 光明皇后が興福寺に五重塔を建立した日

730年4月28日は、かねてから光明皇后の願いであった五重塔が、奈良市の興福寺に建てられた日です。光明皇后は、臣下から初めて皇后になった最初の人物です。時の権力者であった藤原不比等のむすめで、不比等は興福寺の創建者でした。藤原氏の勢力を示すかのように、わずか1年足らずで建てられた五重塔は、その後たびたび火災になりました。現在の五重塔は1426年ごろに建てられ、木造塔としては国内で京都市の東寺に次ぐ2番目の高さです。

興福寺の五重塔

記念日
- 庭の日（「よい（4）にわ（28）」のゴロ合わせ。日本造園組合連合会が制定。くらしにうるおいをあたえる緑のすばらしさを広めることが目的）

誕生日
- モンロー（アメリカ／1758年／第5代大統領）
- 佐伯祐三（日本／1898年／画家）

クイズ
1952年の今日、サンフランシスコ平和条約が発効されました。これによって日本は何の占領から解放された？

クイズの答え　4/26の答え：❶ラ・マルセイエーズ　4/27の答え：駅伝（行われた大会は東海道駅伝徒歩競走）　4/28の答え：GHQ

4/29 アメリカで世界最初の電車が走った日

1851年4月29日、ワシントンとボルティモア間を結ぶ電車が開通しました。それまで鉄道は、蒸気機関車を使っていましたが、世界初のこの電車は、蓄電池を利用して走るものでした。

その後、ドイツのシーメンス社が、電池を使わない電気機関車の開発に成功します。やがて、世界の各都市では、路面電車から高架鉄道、地下鉄と、都市型の鉄道が発展。蒸気機関車も産業の発展とともに電化していきました。

1855年の路線図

祝日
- 昭和の日（国民の祝日。もともとは昭和天皇の誕生日として、1927年から祝日となった。その後、名称を変えながら、休日となっている）

誕生日
- ポアンカレ（フランス／1854年／数学者）
- 中原中也（日本／1907年／詩人）

クイズ
1891年の今日、二宮忠八が日本初のプロペラ飛行実験に成功。模型飛行機のヒントになった、身近な鳥とは何？

4/30 野生のトキがとうとう1羽になった日

1995年4月30日、佐渡島で捕獲されていた最後の野生のトキ5羽のうち、唯一生き残っていたオスのミドリが死にました。これにより、残る国内のトキは1968年に捕獲されたメスのキンだけとなり、日本産トキの繁殖は絶望的になってしまいました。そのキンも2003年に死亡し、国産のトキは姿を消したことになります。

現在では、中国からゆずり受けたトキたちを飼育して放鳥し、野生復帰をめざしています。

日本産トキの最後の1羽、キンの剥製

記念日
- 図書館記念日（1950年の今日、図書館法が公布されたことを記念して制定。さまざまなイベントが行われている）

誕生日
- ガウス（ドイツ／1777年／数学者）
- フランツ・レハール（オーストリア／1870年／作曲家）

クイズ
1975年の今日、ベトナム戦争が終結。ベトナム戦争を題材にしたミュージカルは？
❶レ・ミゼラブル　❷ミス・サイゴン

豆知識　4月29日は「昭和の日」。その前は？

4月29日は、歴代で最も長く天皇の地位にあった昭和天皇の誕生日です。昭和の間は「天皇誕生日」として国民の祝日に定められたこの日は、平成になると「みどりの日」に変わりました。名前の由来は、昭和天皇が植物学者として知識が多かったこと、在位中にたびたび全国各地の植樹祭に出席し、緑化事業に関心を寄せていたことをしのび、「自然に親しみながらそのめぐみに感謝し、豊かな心をはぐくむ」ことを目的として定められたものです。

しかし、2005年に改正祝日法が成立し、2007年から、みどりの日は現在の5月4日に変わりました。同時に、4月29日は「昭和の日」として定められたのです。なお、昭和の日には、「激動の日々を重ねて、復興をとげた昭和の時代をふり返り、国の将来に心を向ける」という意義があります。

1927〜1988年	天皇誕生日（在位64年）
1989〜2006年	みどりの日（2007年から5月4日に変更）
2007年〜	昭和の日

クイズの答え　4/29の答え：カラス　4/30の答え：❷ミス・サイゴン

5月

異名
- 皐月（早苗月、田草月、橘月）

国民の祝日
- 憲法記念日（5月3日：日本国憲法の施行を記念し、国の成長を期待する）
- みどりの日（5月4日：自然に親しみ、その恩恵に感謝する）
- こどもの日（5月5日：子どもの人格を重んじるとともに、母に感謝する）

二十四節気
- 立夏（5月6日ごろ：夏が始まる）
- 小満（5月21日ごろ：草木がしげる）

誕生石
- エメラルド（幸福、幸運）

誕生月の花
- カーネーション（幸せを呼ぶ）

5/1 四大公害病のひとつ、水俣病が発見された日

1956年5月1日、熊本県水俣市の病院が、原因のわからない病気を見つけて保健所に知らせました。これがのちに「水俣病」と名づけられた公害病です。原因は工場の排水にふくまれていたメチル水銀が海に流れ、その海で育った魚貝を食べた人の体の中に入ったことです。手足がしびれたり言葉を話せなくなったりという症状が出て、はじめは伝染病と考えられていました。公害が原因とされたのは、12年もたった、1968年になってからでした。

水銀をふくむヘドロがたまっていた水俣湾を埋め立てた「エコパーク水俣」

記念日
- 日本赤十字社創立記念日（「日本赤十字社」は西南戦争中、負傷者を敵味方の別なく救護した「博愛社」が始まり。10年後に名前を変更した）

誕生日
- 円山応挙（日本／1733年／日本画家）
- 北杜夫（日本／1927年／小説家）

クイズ
今日は、働く人の権利のための行事が世界中で行われます。この日は何と呼ばれているでしょう？

5/2 大切に使っていますか？ 今日は「鉛筆の日」

5月2日は「鉛筆の日」といわれています。ちなみに、日本ではじめて鉛筆の工場ができたのは1887年のことです。鉛筆製造業者の眞崎仁六は、パリ万国博覧会で鉛筆を見て、帰国後、自分で考えた鉛筆製造の機械をつくることを決意します。多くの研究と努力を重ね、工業生産にこぎつけました。この工場が眞崎鉛筆製造所、今の三菱鉛筆です。

なお、日本に残っているいちばん古い鉛筆は、静岡県の久能山東照宮博物館に、家康の遺品として展示されています。

現在鉛筆は世界中で使われている

記念日
- 交通広告の日（「こう(5)つう(2)」のゴロ合わせ。1820年代ロンドンで側面に広告がかかれた大箱を馬車に乗せたのがはじまり）

誕生日
- エカテリーナ2世（ロシア／1729年／女帝）
- スポック（アメリカ／1903年／医師）

クイズ
立春から数えて88日目が5月2日あたりです（年によって変わる）。この日をなんと呼んでいますか？ ♪夏もちーかづく？

5/3 日本国憲法が使われ始めた日

5月3日は憲法記念日で、国民の祝日です。第二次世界大戦終戦から約2年後の1947年5月3日、前文と11章103条の日本国憲法が施行されました。祝日になったのは1948年から。この憲法は、国民主権・基本的人権の尊重・平和主義の3つを明言しています。とくに平和主義をあらわす第2章第9条「戦争の放棄と戦力不保持」は、第二次世界大戦の反省をもとに決められました。世界の国の中でもめずらしい内容の憲法となっています。

略して「第9条」と呼ばれることが多い

記念日
- そうじの日（「ご(5)み(3)」のゴロ合わせ。「ゴミを減らすこと」と「環境の美しさをまもること」を目的に制定）

誕生日
- マキャベリ（イタリア／1469年／政治家）
- 赤羽末吉（日本／1910年／絵本作家）

クイズ
今日は、1967年に売り出された人形、リカちゃんの誕生日。ところで、リカちゃんは何年生でしょう？

クイズの答え 5/1の答え：メーデー　5/2の答え：八十八夜　5/3の答え：小学5年生

5/4 ラムネの製造販売の特許をとった日

1872年5月4日は、東京の実業家、千葉勝五郎が飲料のラムネの製造販売の特許を取ったことで、「ラムネの日」とされています。名前の由来は、英語の「レモネード」がなまったものといわれていますが、実際はレモンからつくられるものではありません。ビンの口にガラス玉でフタがしてあるものをラムネと呼びます。

日本にラムネが伝えられたのがいつなのかは、はっきりしていませんが、ペリー来航のときという説もあります。

ガラス玉をビンの中に押しこんで飲む

祝日
- みどりの日（「自然に親しむとともにその恩恵に感謝し、豊かな心をはぐくむ」国民の祝日。2007年からこの日になった）

誕生日
- 田中角栄（日本／1918年／第64、65代内閣総理大臣）
- ヘップバーン（イギリス／1929年／女優）

クイズ
今日は「糸魚川・ヒスイの日」。新潟県糸魚川市が、古くからヒスイの産出地であることにちなんでいます。ヒスイって何？

5月

5/5 普通選挙法が公布された日

1925年5月5日、普通選挙法が公布されました。選挙権は25歳以上の男性に、被選挙権（選挙に立候補する権利）は30歳以上の男性に与えられました。それ以前の選挙法では、納税額によって投票者が制限されていたため、政治に参加する権利が少しずつ国民に広がっていったことになります。それでも、女性の選挙権取得は1946年まで待つことになります。

そして2016年、選挙権は18歳の誕生日をむかえた男女の権利となりました。

衆議院議員選挙法改正法律について書かれている「公文類聚第四十九編」

祝日
- こどもの日（「こどもの人格を重んじ、こどもの幸福をはかるとともに、母に感謝する」国民の祝日。端午の節句でもある）

誕生日
- 小林一茶（日本／1763年／俳人）
- 中島敦（日本／1909年／小説家）

クイズ
今日は、端午の節句。この日に食べると邪気をはらうとされているのは？
❶さくらもち ❷かしわもち ❸おはぎ

豆知識　「ゴールデンウィーク」と呼ばれる理由

4月末から5月初めにかけて、祝日が続く「ゴールデンウィーク」。1948年に祝日法が施行されると、4月29日から5月5日までの1週間に、憲法記念日やこどもの日など、祝日が集まりました。さらに、1985年には、5月4日も休日になりました。これらの祝日と土・日曜日がつながると、1週間から10日間ほどの大型連休となることがあります。

ゴールデンウィークの名称の由来はいろいろありますが、はっきりとはわかっていません。

1つは、1951年に現在のゴールデンウィーク期間に上映された映画が、正月やお盆の時期よりヒットしたので、この期間により多くの人に映画を見てもらおうと、つくられた名称だったという説。

もう1つは、ラジオを聞く人が多かった時間帯「ゴールデンタイム」からきたという説です。

クイズの答え　5/4の答え：宝石　5/5の答え：❷かしわもち

5/6 パリのエッフェル塔が公開された日

完成当時のエッフェル塔
（現在は324メートル）

フランス革命から100周年をむかえる年1889年5月6日、パリで第4回万国博覧会が開催されました。初日のこの日、エッフェル塔が公開され、当時、世界一の高さである塔を見ようと世界中から観光客が押し寄せました。エッフェル塔の高さはその時312メートルで、1930年に319メートルのニューヨークのクライスラー・ビルディングが建つまで約40年間、世界一高い建築物でした。ちなみに、1958年に建築された東京タワーは333メートルでした。

記念日
- ふりかけの日（ふりかけを考えた薬剤師、吉丸末吉の誕生日。日本人のカルシウム不足を補うため、魚の骨をくだいてごはんにかけたのがはじまり）

誕生日
- フロイト（オーストリア／1856年／精神医学者）
- 井上靖（日本／1907年／小説家）

クイズ
今日は、5と6を「コロ」と読ませて、おなじみのおかずの記念日です。ジャガイモを使う、このおかずは？

5/7 品川から横浜まで、日本で最初の鉄道が開通した日

1872年5月7日、日本初の鉄道が品川－横浜間で開通しました。区間は23.8キロメートル、かかる時間は35分で、1日2往復運転しました。その2日後に6往復、7月8日には8往復、9月12日には新橋－横浜間が本開業し、53分で9往復と、運転数は増えていきました。

開業当初の横浜駅

当時、鉄道関係者が苦労したことは、乗客が正確な時刻を知る方法がなかったことです。家などに時計があるのはまだ一部の人だけだったので、鉄道に乗りおくれる人が多かったそうです。

記念日
- 博士の日（1888年、日本で初めての博士号（博士のしょうごう）が授与されたことを記念する日。25人に与えられた）

誕生日
- 本居宣長（日本／1730年／国学者）
- チャイコフスキー（ロシア／1840年／作曲家）

クイズ
1914年の今日、アメリカの議会で「母の日」の法案が成立しました。母の日は5月の第何日曜日に決まったでしょう？

5/8 世界中の関係者が原点に立ち戻る「世界赤十字デー」

5月8日は「世界赤十字デー」。1828年5月8日、スイス人の実業家で赤十字の創始者アンリー・デュナンが生まれたことにちなんでいます。デュナンは1859年に戦争の悲惨なようすを目の当たりにした体験から、国際的な救護団体の必要性をうったえ、赤十字を誕生させました。

アンリー・デュナン
（1828－1910年）

赤十字は現在も世界中で、戦争・紛争犠牲者の救援、災害被災者の救援、医療・保健・社会福祉などの活動を行っている組織です。デュナンは1901年、第1回ノーベル平和賞を受賞しました。

記念日
- ゴーヤーの日（「ゴー（5）ヤー（8）」のゴロ合わせ。ゴーヤーはにがうりとも呼ばれる。疲労回復、夏バテ防止によい）

誕生日
- デュナン（スイス／1828年／社会実業家）
- トルーマン（アメリカ／1884年／第33代大統領）

クイズ
1886年の今日、アメリカの薬剤師、ペンバートンがコカ・コーラを発明しました。当時、し好品ではなく何だったでしょう？

クイズの答え　5/6の答え：コロッケ　5/7の答え：第2日曜日　5/8の答え：薬

5/9 あまくて冷たい「アイスクリーム」の日

　5月9日は、「アイスクリームの日」です。日本にアイスクリームが登場したのは、1869年のこと。町田房蔵が横浜で「あいすくりん」を製造・販売しました。1902年には、資生堂がアイスクリームの販売を開始。工業生産が日本で開始されたのは1920年からです。ちなみに、初めて日本人がアイスクリームを食べたのは1860年、日米修好通商条約の使節として渡米していた、勝海舟や福沢諭吉ら江戸幕府一行だったそうです。

明治後期の横浜馬車道通り
横浜開港資料館所蔵

記念日
- 呼吸の日（「こ（5）きゅう（9）」のゴロ合わせ。NPO法人・日本呼吸器障害者情報センターが、「よりよい呼吸を考える日」になるようにと制定）

誕生日
- バリー（イギリス／1860年／劇作家）
- カーター（イギリス／1873年／エジプト考古学者）

クイズ
今日は、5と9で「こく」と読ませて、いつも子どもたちの目の前にあるものの記念日になっています。何の記念日？

5/10 日本に初めて消防自動車が登場した日

　1911年5月10日、大阪府の消防課がイギリスから購入し、日本で最初の消防自動車が登場しました。1分間の放水量が約1364リットル、9.8馬力、時速約24キロメートルの最新型でした。1万269円という値段はたいへん高価で、現在の2億円以上に相当します。それまでは、「馬牽き蒸気ポンプ」という馬車ポンプが消防で活躍していました。ちなみに、日本での消防組織は、この40年程前の1870年に東京府に消防局が設置され、それまでの「町火消」が「消防組」となりました。

1930年代の
ドイツ製はしご車
提供：朝日新聞社

記念日
- コットンの日（「コッ（5）トン（10）」のゴロ合わせ。コットンは木綿とも呼ばれ、夏の洋服によく使われる）

誕生日
- フレネル（フランス／1788年／物理学者）
- シュトレーゼマン（ドイツ／1878年／政治家）

クイズ
今日から1週間は「バードウィーク」です。この1週間のことを日本語で何という？
❶愛犬週間　❷愛猫週間　❸愛鳥週間

5/11 日本で最初のお金「和同開珎」が発行された日

　708年5月11日、日本で最初のお金「和同開珎」が発行されました。国は銀でできた通貨を流通させようとしましたが、長い間、稲や布とほしいものを交換していたため金属でできたお金は身近ではなく、なかなか広まらなかったようです。
　1999年、奈良・飛鳥池遺跡で和同開珎よりも古いとされる富本銭が出土しましたが、いつ作られ、発行されたのかははっきりしていません。お金の歴史の研究は、今も続いています。

和同開珎銀銭

行事
- 長良川鵜飼開き（毎年今日から10月15日まで、岐阜県の長良川で鵜飼いが行われる。鵜飼いとはウミウにアユなどの魚をとらせる漁のこと）

誕生日
- ダリ（スペイン／1904年／画家）
- ファインマン（アメリカ／1918年／理論物理学者）

クイズ
1579年の今日、琵琶湖近くに安土城の天守閣が完成。これを建てた、全国統一のさきがけとなった武将は誰でしょう？

クイズの答え　5/9の答え：黒板　5/10の答え：❸愛鳥週間　5/11の答え：織田信長

5/12 日本で初めて衛星放送の試運転が始まった日

1984年5月12日、日本初の衛星放送である、BS放送の試運転を、NHKが始めました。テレビ放送には、地上波放送と衛星放送の2通りがあります。地上波放送はテレビ塔など地上にある施設から電波を送ります。衛星放送は、上空3万6000キロメートルにある人工衛星を使って電波を送ります。よって、建物や山などに影響されることなく電波を送り届けることができる、災害時にも強い放送サービスなのです。

NHK放送センターで
衛星放送の開始ボタンを押すNHK会長（右）
提供：時事

記念日
●海上保安の日（1948年、海上保安庁が開庁した。海上保安庁は、人命保護、交通整理など、海の安全を守る警察のようなはたらきをする）

誕生日
●織田信長（日本／1534年／武将）
●武者小路実篤（日本／1885年／小説家）

クイズ
今日は、イギリスの看護師、ナイチンゲールにちなんで「ナイチンゲールデー」。彼女が活躍したのは何戦争？

5/13 足利義満が明へ使節を派遣し、国交を開いた日

室町幕府第3代将軍、足利義満は、1401年5月13日、明（現在の中国）へ使節を派遣し、国交を開きました。義満は明の国王に自分のことを「日本国王」と伝えています。その後、明との貿易は盛んになり、日本との間で、正式な貿易船であることを証明する「勘合」という札が使われたので「勘合貿易」と呼ばれるようになります。日本からは銅や硫黄、刀剣が輸出され、明からは銅銭や生糸、絹織物などが輸入されました。

足利義満（1358-1408年）

記念日
●石井スポーツグループ登山の日（毎月13日、登山の魅力を知ってもらうために、全国展開のスポーツ用品店の石井スポーツグループが制定）

誕生日
●ドーデ（フランス／1840年／小説家）
●円谷幸吉（日本／1940年／マラソン選手）

クイズ
1717年の今日は、オーストリアを統一した女帝マリア・テレジアの誕生日。彼女のむすめでフランス王妃になったのは誰？

5/14 エドワード・ジェンナーが接種実験に成功した日

1796年5月14日、イギリスの医師、エドワード・ジェンナーは牛痘の接種実験を行い、天然痘の免疫をつくることに成功しました。当時、天然痘は死亡率が高く人々におそれられていました。牛痘にかかった牛の膿を、天然痘にかかったことのない人に接種することで、この病気を予防する方法を見つけたのです。しかし、この成功を疑う人は多く、ジェンナーは翌年、生後11か月の自分の息子に接種して、安全なことを証明しました。

エドワード・ジェンナー（1749-1823年）
天然痘は1980年に根絶された

記念日
●ごいしの日（「ご（5）いし（14）」のゴロ合わせ。はまぐり碁石の産地である宮崎県日向市の、碁石を製造・販売する会社が制定）

誕生日
●フィールズ（カナダ／1863年／数学者）
●斎藤茂吉（日本／1882年／歌人）

クイズ
1932年の今日、チャールズ・チャップリンが来日。「喜劇王」チャップリンが、いつも手に持っているものは何でしょう？

クイズの答え　5/12の答え：クリミア戦争　5/13の答え：マリー・アントワネット　5/14の答え：ステッキ

5/15 沖縄が日本に返還され、沖縄県が再発足した日

　第二次世界大戦後から27年間、アメリカの統治下にあった沖縄の日本復帰が実現し、1972年5月15日、沖縄県として再スタートをきりました。それまでアメリカ社会と同じような暮らしをしてきた沖縄県の人々は、この日をさかいに、通貨がアメリカドルから円になり、自動車は右側通行から左側通行になるなど、少しずつ生活が変わりました。また、沖縄と本土を行き来するときに必要だったパスポートもようやく不要となったのです。

沖縄復帰20周年記念の500円白銅貨幣

記念日
- 国際家族デー（「家族に関する問題について理解を深め、解決に向けての行動をうながす」ことを目的とした、国際デーのひとつ）

誕生日
- ピエール・キュリー（フランス／1859年／物理学者）
- 市川房枝（日本／1893年／政治家）

クイズ
1993年の今日、プロのサッカーリーグ、Ｊリーグが開幕。このときの所属クラブ数はいくつだったでしょう？

5/16 マグニチュード7.9の十勝沖地震が発生した日

　1968年5月16日、マグニチュード7.9の「1968年十勝沖地震」が起こり、北海道や東北で大きな被害が出ました。この地震による津波や山くずれによって死者・行方不明者は52人、家屋全半壊が3677戸にものぼりました。北海道襟裳岬で3メートル、三陸で3～5メートルの津波がおそってきたといいます。ほかにも十勝沖では大きな被害が出た地震があります。1952年3月4日にはマグニチュード8.2、2003年9月26日にはマグニチュード8.0の大地震が発生しました。

地震でくずれた函館大学
提供：朝日新聞社

記念日
- 旅の日（新暦に直した1689年の今日、松尾芭蕉が弟子と共に『おくのほそ道』の旅を出発したことにちなみ、日本旅のペンクラブが制定）

誕生日
- ヒューズ（イギリス／1831年／発明家）
- 溝口健二（日本／1898年／映画監督）

クイズ
1929年の今日、アメリカで最も有名な映画賞の第1回授賞式が行われました。この映画賞は何？

豆知識　5月に晴れたら「今日は五月晴れ」って言っていい？

　「五月晴れ」は、もともと旧暦の5月（現在の6月ごろ）が梅雨の時期だったので、「梅雨の晴れ間」という意味で使われていました。「旧暦」というのは、江戸時代の1844年から使われたこよみのことです。明治時代に入った1873年、政府はこよみに太陽暦（グレゴリオ暦）を使うことにしました。これを「新暦」と呼び、現在も使われているカレンダーとなったのです。

　しかし、新暦を使うようになると、5月は梅雨の前になります。そこで、梅雨前の5月ごろ、日本列島が大きな移動性高気圧におおわれたときの晴天は「五月晴れ」と呼ばれるようになりました。

クイズの答え　5/15の答え：10クラブ　　5/16の答え：アカデミー賞

5/17 府県制・郡制が公布された日

1890年5月17日、明治政府によって「府県制・郡制」が公布されました。明治時代が始まったのは1868年。何年もかけて「大日本帝国憲法」をはじめ、民法、商法など、少しずつ法律を作っていきました。

そしてこの時に制定された、市制・町村制・府県制・郡制によって、今の都道府県、市区町村のもとが整備されたのです。しかし、当時の府県制は、まだ選挙ではなく政府が知事を決めていたので、完全な地方自治体制とはいえませんでした。

『府県制郡制釈義』
提供：高知市立市民図書館近森文庫

記念日
●生命・きずなの日（日本ドナー家族クラブが制定した。ドナーとは患者に腎臓など自分の体の一部を提供する人のこと）

誕生日
●ジェンナー（イギリス／1749年／医師）
●安井曽太郎（日本／1888年／画家）

クイズ
今日は食品メーカー永谷園が制定した「お茶漬けの日」。永谷園の「お茶づけ海苔」が販売されたのは？ ❶1778年 ❷1952年 ❸1986年

5/18 新政府と旧幕府軍の戦い、戊辰戦争が終結した日

明治維新の翌年である1869年5月18日、天皇を中心とした新政府に反対する旧幕府軍が破れ、16か月も続いた戊辰戦争が終わりました。

戊辰戦争は、1868年に始まった「鳥羽・伏見の戦い」、上野で彰義隊と官軍が戦った「上野戦争」、会津藩と官軍による「会津戦争」、「箱館戦争」といった、一連の戦いのことです。これらの戦いによって、旧幕府軍が一掃され、日本は新政府のもとに統一されました。

新政府軍が使った旗の模写

記念日
●国際親善デー（1899年の今日、オランダのハーグで第1回平和会議が開かれた。軍縮と紛争の解決をめざした、当時としては画期的な会議）

誕生日
●ラッセル（イギリス／1872年／哲学者）
●ヨハネ・パウロ2世（ポーランド／1920年／第264代ローマ法王）

クイズ
今日は「国際博物館の日」。1977年に開かれた国際博物館会議大会で採択されました。ところで、日本で最初にできた博物館はどこ？

5/19 桶狭間の戦いで織田信長が勝利した日

1560年5月19日、尾張の大名、織田信長は、侵攻してきた駿河の大名、今川義元を桶狭間で破り、勝利しました。これが有名な「桶狭間の戦い」です。織田軍は豪雨の中を進み、今川義元の本隊に奇襲をかけました。今川軍が2万5000人といわれる大軍で、織田軍は少数だったため、その戦略は語りつがれています。

勝利した織田氏は急成長をとげたので、この戦いは戦国時代の転機となった合戦といわれています。

「桶狭間今川義元血戦」。
馬に乗っているのが織田信長、左が今川義元

記念日
●ボクシング記念日（1952年、白井義男がダド・マリノに判定勝ちして、日本人初のボクシング世界チャンピオンになった）

誕生日
●ホー・チ・ミン（ベトナム／1890年／政治家）
●マルコム X（アメリカ／1925年／黒人指導者）

クイズ
今日は、奈良県の唐招提寺で「うちわまき」が毎年行われる日です。このうちわの形は？
❶ハート形 ❷円形 ❸正方形

クイズの答え
5/17の答え：❷1952年　5/18の答え：東京国立博物館　5/19の答え：❶ハート形

5/20 日本の表玄関、成田国際空港が開港した日

1978年5月20日、日本を代表する国際空港として、千葉県成田市に新東京国際空港、現在の成田国際空港が開港しました。これは、1931年から国際線と国内線の両方をまかなっていた、現在の東京国際空港（通称・羽田空港）の処理能力が限界に近づいたため、新しい空港を建設したものです。現在、成田国際空港は、国際線の発着回数と、乗り入れ航空会社数が日本でいちばん多い、日本の表玄関です。

現在の成田国際空港

記念日
- 東京港開港記念日（1941年に外国貿易港として指定を受けた、日本の五大港のひとつが東京港。昔は江戸湊と呼ばれ江戸の庶民に親しまれていた）

誕生日
- 前畑秀子（日本／1914年／水泳選手）
- 相田みつを（日本／1924年／書家）

クイズ
1498年の今日、ポルトガルのバスコ・ダ・ガマがインドのカルカッタに上陸。前年、ガマが出航したポルトガルの首都名は？

5/21 日本初の小学校が京都で開校した日

1869年5月21日、日本で最初の小学校が京都で開校し、開業式が行われました。当時、「町組」と呼ばれる地域の自治組織があり、京都府は各町組に1つずつ、小学校を建てることを計画しました。その1校目が、上京第二十七番組小学校（のちの柳池小学校）です。この年の間に、全部で64の小学校が開校しました。

小学校の多くは、地元の人たちの寄付でまかなわれ、寺や神社の敷地を使っていました。

1877年の嘉楽小学校。全校生徒と校舎

記念日
- ニキビの日（「いつも（5）ニキビは（2）皮膚科へ（1）」のゴロ合わせ。ニキビは皮膚科で治療ができることを知ってもらうために制定）

誕生日
- フェリペ2世（スペイン／1527年／国王）
- ルソー（フランス／1844年／画家）

クイズ
720年の今日は、大和朝廷の歴史書「日本書紀」が、舎人親王によって完成した日です。「日本書紀」は全部で何巻でしょう？

5/22 約150年つづいた鎌倉幕府が滅亡した日

1333年5月22日、源頼朝が開き、北条氏が150年ほど支配していた鎌倉幕府は、新田義貞ら御家人たちによって滅ぼされました。このころ政治は不安定で内紛が多く、北条氏につかえていた御家人からは離反する者が出ていました。いっぽう、幕府に追いやられていた後醍醐天皇は、天皇中心の政治の復活をめざしていました。幕府側の足利尊氏や義貞らが御家人を率いて寝返り、北条氏一族を滅ぼしたことにより、鎌倉幕府は滅亡したのです。

1319年に作られた、日本最古の源頼朝の彫像　甲斐善光寺所蔵

記念日
- ほじょ犬の日（2002年に身体障害者補助犬法が成立した。からだの不自由な人の生活を助ける盲導犬、聴導犬、介助犬を補助犬と呼ぶ）

誕生日
- ワーグナー（ドイツ／1813年／作曲家）
- 坪内逍遥（日本／1859年／小説家）

クイズ
1987年の今日、第1回ラグビーワールドカップが開催されました。4年ごとの開催ですが、2019年の第9回大会の開催国は？

クイズの答え　5/20の答え：リスボン　5/21の答え：全30巻　5/22の答え：日本

5/23 日本初の郵便用地下鉄が開通した日

1915年5月23日、日本初の地下鉄が開通しました。貨物用で、郵便を受けわたすために、東京駅と東京鉄道郵便局の約200メートルを走行しました。ロンドンは1863年、パリは1900年、ニューヨークは1904年に地下鉄が開業しています。日本に地下鉄をつくる計画も1906年にはあり、東京地下電気鉄道が免許の取得をめざしました。しかし、すぐに実現させるというより、どんどん発展する欧米の地下鉄に影響され、免許だけでも取ろうとしたようです。

郵便物運搬用電車　提供：郵政博物館

記念日
- チョコチップクッキーの日（世界的に有名なヒルトンホテル系列の日本初店舗がオープンした日。客のチェックイン時、チョコチップクッキーを配る）

誕生日
- リリエンタール（ドイツ／1848年／飛行家）
- サトウ・ハチロー（日本／1903年／詩人）

クイズ
1896年の今日、日本初の国際野球試合が行われ、旧制第一高等学校（現在の東京大学）は横浜在住米国チームと対決。勝ったのは？

5/24 チリ地震の津波が、太平洋をわたり日本に到達した日

1960年5月23日、日本時間の4時11分、南米チリ沖でマグニチュード9.5という観測史上で最大の地震が起こりました。この巨大地震のエネルギーは地球全体を振動させたほどだったといいます。日本には地震発生から約22時間後の、5月24日2時33分、伊豆大島に津波の第1波が到達し、その後、北海道から東北、太平洋岸を襲いました。この地震で、チリでは1700人以上、日本では142人の犠牲者を出しました。

宮城県の塩釜。道路に船が流れてきた

行事
- 楠公祭（南北朝時代の武将、楠木正成をまつる、兵庫県の湊川神社の祭。楠木正成の命日、5月25日前後の24日～26日に開催される）

誕生日
- ギルバート（イギリス／1544年／物理学者）
- ヴィクトリア（イギリス／1819年／女王）

クイズ
1903年の今日、日本初のゴルフ場がオープン。ところでゴルフのゲームでは最大何本までクラブを持っていってよい？

5/25 『スター・ウォーズ』がアメリカで公開された日

1977年5月25日、映画『スター・ウォーズ』がアメリカで公開されました。スペース・オペラという新しいタイプのSF映画で、観る人をおどろかせました。惑星間の大規模な戦いを描いた内容は全世界で大ヒット。シリーズ最初のこの作品は後に『スターウォーズ エピソード4／新たなる希望』とタイトルが変わりました。全体のストーリーの真ん中あたりのエピソードだったからです。ヒット後、その前と後のエピソードも新たに映画化されました。

宇宙人気が高まり、多くの関連グッズが売り出された
提供：朝日新聞社

行事
- 化けものまつり（山形県鶴岡市にある、学問の神様といわれる菅原道真公をまつる鶴岡天満宮の祭。長襦袢を着た化けものが、無言で歩き回る）

誕生日
- リットン（イギリス／1803年／小説家）
- 浜田広介（日本／1893年／童話作家）

クイズ
1961年の今日、アメリカ議会が有人月面着陸をめざすアポロ計画を発表。初めて人類が月面着陸したのは、それから何年後？

クイズの答え　5/23の答え：旧制第一高等学校　5/24の答え：14本　5/25の答え：8年後（1969年）

5/26 日本海側で日本海中部地震が発生した日

1983年5月26日、秋田県能代沖約100キロメートルを震源地としたマグニチュード7.7の地震が発生しました。日本海側で起きた地震としては最大規模で、亡くなった104人のうち100人が津波の犠牲者でした。震源地が陸地に近かったため、地震が起きてからすぐに、青森県や秋田県の沿岸に津波がきました。この時の津波の特徴は、何度もおし寄せたことです。少しずつ弱まりながら1日中つづいたといわれています。

津波でひっくり返った漁船
提供：朝日新聞社

記念日
- 源泉かけ流し温泉の日（長野県の野沢温泉の旅館などが制定。「源泉かけ流し全国温泉サミット」の開催日で、「極上（5）な風呂（26）」のゴロ合わせ）

誕生日
- エドモン・ゴンクール（フランス／1822年／小説家）
- 三井高保（日本／1850年／実業家）

クイズ
1969年の今日、日本の大動脈ともいえる高速道路が全線開通。その道路は？ ❶中央自動車道　❷東名高速道路　❸首都高速道路

5/27 歌人の藤原定家が『小倉百人一首』を完成させる

1235年5月27日、鎌倉時代の歌人、藤原定家が『小倉百人一首』を完成させました。一般的に「百人一首」というと『小倉百人一首』のことをさします。『古今和歌集』のように、天皇や上皇らの命令により編集された歌集のなかから、百人の歌人の和歌を年代順に百首選んで編集した歌集です。江戸時代には『小倉百人一首』から絵のついたかるたがつくられ、庶民に広がっていきました。今も正月のかるた取りや競技かるたで使われています。

天智天皇の読み札
秋の田のかりほの庵の苫をあらみ

記念日
- 小松菜の日（「こまつ（5）な（7）」のゴロ合わせ。小松菜はほうれん草の5倍のカルシウムや豊富なビタミンをふくむ栄養たっぷりの野菜）

誕生日
- ルオー（フランス／1871年／画家）
- カーソン（アメリカ／1907年／海洋生物学者）

クイズ
1930年の今日、アメリカのドルはセロハンテープの発明で特許を取得。近年人気の、○○○○○テープもつくりました。

5/28 江戸幕府が「出島」を築き始めた日

1634年5月28日は、江戸幕府が長崎港内に出島を築き始めた日です。出島は、扇形の埋立地で、市街地とは1本の橋のみでつながっており、高いへいで囲まれていました。キリスト教の広がりをおそれ、ポルトガルの商人をそこへ集めて住まわせることを目的につくられたもので、のちにオランダ商館がうつされます。鎖国中、貿易の窓口になったのは出島だけでした。人々が街と出島を自由に行き来できるようになったのは1855年以降です。

長崎港と出島

記念日
- ゴルフ記念日（1927年の今日、神奈川県の横浜で第1回全日本オープンゴルフ選手権が開催された。これがゴルフブームの出発点とされている）

誕生日
- 崇徳天皇（日本／1119年／第75代天皇）
- ギヨタン（フランス／1738年／医師、政治家）

クイズ
1931年の今日、スイスの学者ピカールが人類初、気球で成層圏飛行に成功。成層圏はどのあたり？ ❶地上1キロメートル　❷地上10キロメートル

クイズの答え　5/26の答え：❷東名高速道路　5/27の答え：マスキングテープ　5/28の答え：❷地上10キロメートル

5/29 最高峰エベレストに、イギリス隊が初登頂した日

1953年5月29日、世界最高峰、高さ8848メートルのエベレストに、イギリス登山隊が初登頂しました。頂上を極めたのは、エドモンド・ヒラリーとシェルパのノルゲイ。この快挙で、エリザベス女王の戴冠式が間近だったイギリスは大きな喜びに包まれました。ヒラリーは時の人となり、イギリスからナイトの称号をあたえられました。その後、多くのチームがエベレスト登頂に成功。日本人が初登頂したのは1970年で、植村直己と松浦輝夫でした。

エドモンド・ヒラリー（1919-2008年）とテンジン・ノルゲイ（1914-1986年）
提供：(C)ZUMA Press/amanaimages

記念日
- 呉服の日（「ご（5）ふく（29）」のゴロ合わせ。呉服とは和服のこと。もとは絹でできたものだけをさしたが、今は綿のものも呉服と呼ぶ）

誕生日
- 野口雨情（日本／1882年／詩人）
- ケネディ（アメリカ／1917年／第35代大統領）

クイズ
今日は「こん（5）にゃ（2）く（9）」のゴロ合わせもあり、「こんにゃくの日」です。こんにゃくは何科の植物でしょう？

5/30 ジャンヌ・ダルクが処刑された日

1431年5月30日、ジャンヌ・ダルクが処刑されました。このころ、フランスとイギリスの間では百年戦争が起きていました。フランス人のジャンヌは「フランスを救え」という神の声を聞き、まだ正式な王でなかったシャルルに、自分も戦いたいと申しでます。軍をあたえられたジャンヌは、町からイギリス軍を追いだすことに成功し、シャルルは正式に王となります。しかし、ジャンヌはその後の戦いのなかでイギリス軍にとらえられ、魔女として19歳で火あぶりにされてしまったのです。

ジャンヌ・ダルク（1411～1412年ごろ～1431年）

記念日
- 530の日（「ゴ（5）ミ（3）ゼロ（0）」のゴロ合わせ。愛知県豊橋市の「530運動環境協議会」が制定。ゴミを拾うなどの環境美化運動をしている）

誕生日
- 杉田久女（日本／1890年／俳人）
- 安岡章太郎（日本／1920年／小説家）

クイズ
1911年の今日、第1回インディアナポリス500マイル自動車レースが開催。愛称は？
❶インディ500　❷ポリス500

5/31 2002 FIFAワールドカップ 第17回大会が開幕した日

2002年5月31日、サッカーの2002 FIFAワールドカップ、日韓共催大会が開幕しました。70年以上の歴史をもつサッカーのワールドカップのなかで、欧米以外での開催も、日本と韓国の2か国で共催するという形も初めてでした。優勝はブラジル、準優勝はドイツ、3位はトルコでした。それまでのワールドカップで1勝もしたことのなかった日本が、1次リーグを突破し、決勝トーナメントに進み、大会を盛り上げました。

2対2で引き分けた、日本対ベルギー戦。埼玉スタジアムにて（2002年6月4日）
提供：(C)PHOTO KISHIMOTO/amanaimages

記念日
- 世界禁煙デー（たばこを吸わないことを根づかせるための日。がんや心臓病など、たばこの健康被害の危険性を広める）

誕生日
- ハルデンベルク（ドイツ／1750年／政治家）
- ホイットマン（アメリカ／1819年／詩人）

クイズ
2007年の今日、モンゴル出身の力士が横綱に昇進しました。2017年に大相撲の歴代最多勝利を記録したこの力士は誰？

クイズの答え　5/29の答え：サトイモ科　5/30の答え：❶インディ500　5/31の答え：白鵬

6月

異名
- 水無月（鳴神月、風待月、蟬の羽月）

二十四節気
- 芒種（6月6日ごろ：いねを植える）
- 夏至（6月21日ごろ：昼がいちばん長く、夜がいちばん短い）

誕生石
- パール（純粋無垢、健康、長寿）

誕生月の花
- バラ（美、愛情）

6/1 イギリス人が日本初の気象観測をした日

1875年6月1日、日本の気象観測が始まりました。気象観測の必要性を政府にうったえたのは、鉄道設置のために来日していたイギリス人のジョイネルです。最初はジョイネル1人で、1日3回の気象と地震の観測を行っていました。

日本で初めて天気予報が発表されたのは、1884年の同じ日。最初の天気予報は、「全国一般風ノ向キハ定リナシ天気ハ変リ易シ但シ雨天勝チ」と、日本全国の予報を1つにまとめたものでした。

日本初の気象台は赤坂葵町につくられた
提供：気象庁

記念日
- 牛乳の日（国連食糧農業機関が牛乳、酪農、農業を知ってもらうため「世界牛乳の日（World Milk Day）」と2001年に提唱したことから）

誕生日
- カルノー（フランス／1796年／物理学者）
- モンロー（アメリカ／1926年／女優）

クイズ
1955年の今日、今も使われているアルミ製の1円玉が登場。重さは1グラムですが、直径は何センチメートル？

6/2 「本能寺の変」で信長が破れた日

織田信長が家臣の明智光秀にうらぎられ、京都の本能寺でおそわれたのは、1582年6月2日のことです。同じ年の3月に武田勝頼を滅ぼし、天下統一まであと少しでした。光秀は1万3000人の軍勢で、信長の味方はたった100人の少数。負けた信長は切腹、49歳でした。

光秀のむほんの理由には、約50もの説があります。これは、本人だけが知るもので、戦国史最大のなぞといわれています。

右が追いつめられた織田信長
「本能寺焼討之図」名古屋市所蔵

記念日
- 横浜港開港記念日（1859年の今日、横浜港が開港した。外国人とのトラブル回避のため、当時は人の少なかった横浜が貿易港に選ばれた）

誕生日
- エルガー（イギリス／1857年／作曲家）
- 仙石貢（日本／1857年／政治家）

クイズ
1995年の今日、アメリカのメジャーリーグで、野茂英雄投手が初勝利を果たしました。のちのニックネームは「ドクター○」。

6/3 雲仙普賢岳で火砕流が発生し43人が犠牲になった日

1991年6月3日、長崎県島原市の雲仙普賢岳で、大規模な火砕流が発生しました。噴火活動が始まったのは前年の1990年11月17日です。

火砕流は、火山灰や岩、火山ガスなどが一度に急速に流下する現象です。速度は時速数十から数百キロメートル、温度は数百度にもなります。避難地区を守っていた消防団員や警察官、新聞記者などが巻き込まれ、死者・行方不明者43人の被害が出ました。その後も噴火は続き、終息宣言が出たのは1996年のことです。

火砕流で破壊された農業研究所。1991年6月6日撮影
提供：時事

記念日
- 測量の日（1949年の今日、測量法が制定されたことを記念して1989年に定められた。測量とは、土地の広さや高さを測ること）

誕生日
- 佐佐木信綱（日本／1872年／歌人）
- ギンズバーグ（アメリカ／1926年／詩人）

クイズ
日本では、今日がゴロ合わせで「ムーミンの日」でしたが、世界共通の8月9日に変更。誰の誕生日？ ❶ムーミン ❷作者

クイズの答え　6/1の答え：2センチメートル　　6/2の答え：ドクターK（スコアブック上で三振をKと書くため）　　6/3の答え：❷作者

6/4 「歯と口の健康週間」が始まる日

1928年6月4日に、「6（む）4（し）」にちなみ、「虫歯予防デー」が初めて実施されました。1949年に「口腔衛生週間」、2013年からは「歯と口の健康週間」という名前で、厚生労働省、文部科学省、日本歯科医師会が行っています。

歯と口の健康について正しい知識を知り、虫歯の治療と歯みがきの習慣を徹底、歯の寿命を延ばすことが目的です。毎年、全国各地で、図画ポスターや標語コンクールなどのイベントを実施しています。

虫歯予防は、歯みがきから

記念日
- 武士の日（「武（6）士（4）」のゴロ合わせ。スポンジの刀で武士になりきって遊ぶ「チャンバラ合戦-戦IKUSA-」を考案したNPO法人ゼロワンが制定）

誕生日
- 木下順庵（日本／1621年／儒学者）
- 大山倍達（日本／1923年／空手家）

クイズ
1953年の今日、台風の呼び名が発生順の番号になりました。それまでは？ ❶花の名 ❷西欧の女性の名 ❸神話の神の名

6/5 「第1回国連人間環境会議」が開催された日

1972年6月5日、スウェーデンのストックホルムで、第1回国連人間環境会議が開かれました。これは、世界規模で初めて環境問題が話し合われた会議で、110か国以上の政府の代表と国際機関が参加しました。

「かけがえのない地球」をテーマに、自然環境の保護だけでなく、経済開発や人口問題も合わせて改善する原則をまとめた「人間環境宣言」と、そのための行動計画を採択。そしてこの日を「世界環境デー」とすることにしました。

第1回国連人間環境会議のようす
提供：時事通信フォト

行事
- 熱田神宮例祭（愛知県名古屋市にある熱田神宮で行われる祭典。毎年この日に開催され、「熱田まつり」「尚武祭」とも呼ばれる）

誕生日
- アダム・スミス（イギリス／1723年／経済学者）
- ケインズ（イギリス／1883年／経済学者）

クイズ
1864年のこの日の夜、新撰組が、敵の長州の浪士が集まる旅館を襲撃しました。その旅館の名前は？

豆知識　2016年に、祝日がない月が6月だけになる

「国民の祝日」は、1948年に初めて制定されました。当時は、元日、成人の日などの9日間でした。2016年に、8月11日が「山の日」として制定され、16日間に。これで祝日がないのは、6月だけになりました。

「天皇誕生日」は2017年現在は12月ですが、天皇がかわると日付もかわります。

国民の祝日	1948年	1966年	1989年	1995年	2000年	2003年	2007年	2016年
元日	1/1	1/1	1/1	1/1	1/1	1/1	1/1	1/1
成人の日	1/15	1/15	1/15	1/15	1月第2月曜日	1月第2月曜日	1月第2月曜日	1月第2月曜日
建国記念の日	−	2/11	2/11	2/11	2/11	2/11	2/11	2/11
春分の日	3/21前後	3/21前後	3/21前後	3/21前後	3/21前後	3/21前後	3/21前後	3/21前後
昭和の日	−	−	−	−	−	−	4/29	4/29
憲法記念日	5/3	5/3	5/3	5/3	5/3	5/3	5/3	5/3
みどりの日	−	−	4/29	4/29	4/29	4/29	5/4	5/4
こどもの日	5/5	5/5	5/5	5/5	5/5	5/5	5/5	5/5
海の日	−	−	−	−	7/20	7/20	7月第3月曜日	7月第3月曜日
山の日	−	−	−	−	−	−	−	8/11
敬老の日	−	9/15	9/15	9/15	9/15	9月第2月曜日	9月第2月曜日	9月第2月曜日
秋分の日	9/21前後	9/21前後	9/21前後	9/21前後	9/21前後	9/21前後	9/21前後	9/21前後
体育の日	−	10/10	10/10	10/10	10月第2月曜日	10月第2月曜日	10月第2月曜日	10月第2月曜日
文化の日	11/3	11/3	11/3	11/3	11/3	11/3	11/3	11/3
勤労感謝の日	11/23	11/23	11/23	11/23	11/23	11/23	11/23	11/23
天皇誕生日	4/29	4/29	12/23	12/23	12/23	12/23	12/23	12/23

クイズの答え　6/4の答え：❷西欧の女性の名　6/5の答え：池田屋

6/6 サッカーの全国リーグが開幕した日

1965年6月6日、サッカーのアマチュアの実業団による全国リーグが、8チームで始まりました。これがJSL、日本サッカーリーグです。

JSLの初年度、日立製作所本社サッカー部（現在の柏レイソル）対名古屋相互銀行サッカー部（現在の名古屋WEST. FC）の一戦で幕を開け、初年度の優勝は東洋工業（現在のサンフレッチェ広島）でした。

日本のサッカーがプロリーグになったのは、1993年のJリーグからです。

同年10月の東洋工業と八幡製鉄の試合
提供：朝日新聞社

記念日
- 補聴器の日（全国補聴器メーカー協議会が1999年に制定。6という字がオーダーメイド補聴器を耳に装着している姿に似ていることから）

誕生日
- トーマス・マン（ドイツ／1875年／小説家）
- スカルノ（インドネシア／1901年／初代大統領）

クイズ
昔からの言いつたえで、踊りや三味線などの習い事を今日から始めると上達するといわれているのは、何歳の子どもでしょうか？

6/7 京都三大祭りのひとつ、祇園祭が再開された日

京都の祇園祭は、平安時代の初期である869年に、当時はやっていた疫病をしずめるために御霊会として始まったといわれています。しかし室町時代には、1467年からはじまった応仁の乱で京都が焼け、祇園祭は中止になっていました。それが、1500年6月7日、約30年ぶりに京都の住民の力で再開を果たしたのです。そして2016年、祇園祭をふくむ、18府県、33件の日本の祭りは「山・鉾・屋台行事」としてユネスコ無形文化遺産に登録されました。

祇園祭は八坂神社の祭礼

記念日
- 緑内障を考える日（失明の原因としてとても多い緑内障。健診を促すことを目的に、緑内障フレンド・ネットワークが制定）

誕生日
- ヘーゲル（ドイツ／1813年／歴史家）
- ゴーギャン（フランス／1848年／画家）

クイズ
1986年の今日、広島カープの衣笠祥雄選手が、日本プロ野球で初めて、2000試合連続出場を果たしました。何年かかった？

6/8 瀬戸大橋への夢の一歩、大鳴門橋が開通した日

1985年6月8日、住民の長年の夢だった四国と本州をつなぐ橋が開通しました。その夢に向かう一歩として、徳島県鳴門市と淡路島を結ぶ長さ1629メートルの大鳴門橋が開通したのです。3年後には、岡山県の児島と香川県の坂出を結ぶ瀬戸大橋が開通しました。1995年1月17日に発生した阪神・淡路大震災の際には、神戸市と鳴門市をつなぐ大鳴門橋や明石海峡大橋などを通って、四国からも多くの救援物資が運ばれました。

建築中の大鳴門橋

行事
- 大幣神事（京都府宇治市にある縣神社で、毎年この日に行われる神事。宇治市の無形民俗文化財に指定されている）

誕生日
- ローベルト・シューマン（ドイツ／1810年／作曲家）
- なだいなだ（日本／1929年／小説家、精神科医）

クイズ
1962年の今日完工した、当時、東洋最大級といわれた奥只見ダムは新潟県と何県にまたがっている？ ❶富山県 ❷福島県 ❸群馬県

クイズの答え 6/6の答え：6歳　6/7の答え：16年（その後も記録を伸ばし、1987年に引退するまで、2215試合に連続出場した）　6/8の答え：❷福島県

6/9 20世紀最大の「ピナツボ火山噴火」が発生した日

1991年6月9日、フィリピンのピナツボ山でマグマ噴火が起きました。最大の噴火は6月15日で、400年ぶりのことでした。この噴火は、20世紀最大の火山噴火といわれました。大量の火山灰のために、世界中の太陽の日射量が長期間にわたり減少。死者は約300人、屋根に積もった火山灰が雨を吸収して家がつぶれたことによります。噴火前に1745メートルだったピナツボ山の標高は、噴出物により低くなり、1486メートルになりました。

噴火後、壊れかけた家から家財道具を探す
提供：AFP=時事

記念日
- まがたまの日（今日と9月6日がこの日。むかしから、魔除けとなり、幸運をまねくという「まがたま」。日付は6と9が、まがたまの形と似ていることから）

誕生日
- スティーブンソン（イギリス／1781年／技術者）
- 二宮忠八（日本／1866年／発明家）

クイズ
1984年の今日、アメリカのナブラチロワがグランドスラムと呼ばれる四大会制覇を達成しました。そのスポーツは何でしょう？

6/10 国立西洋美術館が開館した日

実業家の松方幸次郎がヨーロッパで集めた美術品が、第二次世界大戦後、フランスに引き取られました。その後日本は、返還をフランスと交渉、国内に西洋美術専門の美術館をつくることが寄贈返還の条件となりました。そしてできたのが、国立西洋美術館で、1959年6月10日に開館しました。2016年7月には、この建物をふくむ「ル・コルビュジエの建築作品――近代建築運動への顕著な貢献――」として、世界文化遺産に登録されました。

1959年に開館した、国立西洋美術館

記念日
- 時の記念日（時間への認識を新たにするため設けられた記念日。天智天皇の時代、671年のこの日に、水時計が初めて作られたことによる）

誕生日
- 徳川光圀（日本／1628年／水戸藩藩主）
- 山岡鉄舟（日本／1836年／剣術家・政治家）

クイズ
1913年の今日、森永製菓が初めて「ミルクキャラメル」という商品名で販売開始。売り方は？　❶はかり売り　❷バラ売り

豆知識　衣替えの習慣は、どこから？

衣替えは、中国で、旧暦の4月1日と10月1日に夏服と冬服を入れ替えていたことから始まった習慣です。日本へは、平安時代に伝わりました。最初は貴族だけの習慣で、年2回、夏と冬に替えるだけでしたが、江戸時代には年に4回になり、季節ごとに着るものも細かく決まっていました。

明治維新後、こよみは旧暦から新暦になりました。それに合わせ、夏服は6月1日～9月30日、冬服が10月1日～5月31日となり、6月1日と10月1日が衣替えとなったのです。

学校や官公庁、制服のある会社などは、現在もこの日をめどに衣替えを行っています。

クイズの答え　6/9の答え：テニス　6/10の答え：❷バラ売り

6/11 世界初の海底トンネルが日本で試運転を開始した日

世界初の海底トンネルは本州と九州を結ぶ「関門鉄道トンネル」の下り線で、1942年6月11日に試運転が行われました。旅客用に開通したのは1942年11月15日、上り線の開通は1944年です。今も大切に使われており、下り線は3614メートル、上り線は3605メートルです。

本州と九州をへだてていた関門海峡は、潮の流れが急で流れの向きが激しく変化し、船の運航は危険なため、海底トンネルの建設が望まれていました。

関門鉄道トンネルを掘っている現場

記念日
- かさの日（1988年に制定。今日は、こよみの上で梅雨に入る日のため、日本洋傘振興協議会が制定した）

誕生日
- リンデ（ドイツ／1842年／工学者）
- リヒャルト・シュトラウス（ドイツ／1864年／作曲家）

クイズ
1873年の今日、日本初の銀行、第一国立銀行が設立されました。名称に数字のつく銀行はいくつまで設立されたでしょう？

6/12 中大兄皇子が蘇我入鹿を襲撃した日

645年6月12日、蘇我入鹿が暗殺されました。暗殺を決行した中大兄皇子と中臣鎌足の目的は、豪族の蘇我一族が握っていた権力を取りもどし、天皇中心の政治を行うことでした。

その後、「大化」という元号を定め、都を難波（現在の大阪）にうつすとともに、戸籍をつくり、税制を統一しました。それまで貴族や豪族が支配していた土地や人々を、国が管理する「大化の改新」が行われたのです。

紙幣や切手の肖像画にも登場した中臣鎌足（後の藤原鎌足）。写真は1891年の百円札
日本銀行金融研究所貨幣博物館所蔵

記念日
- 恋人の日（ブラジルのサンパウロ商業協会が制定。縁結びの神、聖アントニオの日の前日の6月12日を、恋人どうしが写真をおくる日とした）

誕生日
- 伊藤忠兵衛〔2代〕（日本／1886年／実業家）
- アンネ・フランク（ドイツ／1929年／『アンネの日記』の著者）

クイズ
1884年の今日、日本初のバザーが鹿鳴館で行われました。上流貴婦人たちが売ったのは？ ❶手芸品 ❷花 ❸写真

6/13 豊臣秀吉が明智光秀を破り天下統一に乗り出した日

1582年、羽柴秀吉（のちの豊臣秀吉）は、毛利を攻めていました。6月2日、秀吉の応援にかけつけた織田信長は、京都の本能寺で明智光秀のうらぎりにより自殺。信長が討たれた知らせは、2日後に秀吉の元に届きました。秀吉は、約4万人の軍をつれて光秀を追い、山崎（現在の京都府）で戦います。1582年6月13日、秀吉は、主君の敵、明智光秀を破りました。光秀はいったん逃げましたが、農民によって殺されました。

滋賀県の西教寺には明智光秀とその一族の墓がある

記念日
- はやぶさの日（2010年の今日、日本の小惑星探査機「はやぶさ」が帰還。はじめは2007年夏の帰還予定だったがトラブル発生により延びた）

誕生日
- マクスウェル（イギリス／1831年／物理学者）
- 白瀬矗（日本／1861年／探検家）

クイズ
1861年のこの日に生まれた白瀬矗は南極を探検したことで有名な探検家です。ところで、北極と南極、どちらが寒い？

クイズの答え　6/11の答え：153（第百五十三国立銀行が1879年に設立）　6/12の答え：❶手芸品　6/13の答え：南極（冬の平均気温は、北極で−20〜−30℃、南極は−30〜−50℃）

6/14 星条旗が正式にアメリカの国旗になった日

1777年6月14日、アメリカは星条旗を正式に国旗として制定しました。純真さと潔白を表す白と、大胆さと勇気を表す赤、警戒と忍耐と正義を表す青で構成されています。左上の青い部分にある白い星は、アメリカの州を表しています。

制定当時は13州だったため、13個の星が並びましたが、並べ方には決まりがなかったので、円だったり縦横だったりとさまざまなデザインがありました。

13個の星が円に並んだ1777年の星条旗。現在は50個の星が並んでいる

記念日
- 世界献血デー（ABO式血液型を発見し、ノーベル賞を受賞した、オーストリアのカール・ラントシュタイナーの誕生日に由来する）

誕生日
- 川端康成（日本／1899年／小説家）
- ゲバラ（アルゼンチン／1928年／革命家）

クイズ
1914年の今日は、オリンピック委員会で、五輪旗を制定した日です。五輪の色は、青、黄色、緑、赤、もう1色は何色？

6/15 「上を向いて歩こう（スキヤキ）」が全米1位になった日

1961年に日本で大ヒットしていた坂本九の歌う「上を向いて歩こう」。1962年には海外でも発売。「スキヤキ」という題名にし、歌声なしで発売すると、イギリスでは好調でしたがアメリカではほとんど売れません。ところがアメリカのラジオでオリジナルを紹介したところ、問い合わせが殺到。1963年5月3日に歌声入りが発売されると、5月11日にはアメリカのヒットチャートで79位に初登場、どんどん順位を上げ、1963年6月15日、とうとう1位になりました。

1961年の第5回レコード祭歌謡大会で歌う坂本九
提供：日刊スポーツ／朝日新聞社

記念日
- 生姜の日（石川県金沢市「波自加彌神社」で、「はじかみ大祭」が行われる。波自加神社は日本でだたひとつの、香辛料の神をまつる神社）

誕生日
- 空海（日本／774年／真言宗の開祖）
- 佐藤信淵（日本／1769年／経政家）

クイズ
1912年の今日、日本初の特急列車が出発。新橋から下関間を走ったこの特急列車には、どんな車両がついていたでしょうか？

6/16 初の女性宇宙飛行士テレシコワが宇宙へ飛び立った日

1963年6月16日、世界で初めて女性飛行士が宇宙へ飛び立ちました。ソビエト連邦（現在のロシア連邦）のガガーリンが史上初の有人飛行に成功してから2年後のことです。ソビエト連邦のテレシコワがたった1人で乗った「ヴォストーク6号」は無事に軌道に乗り、71時間ほどで地球を48周しました。宇宙で最初に発した言葉は、事前に決めてあったコールサインの「わたしはカモメ」でした。

ヴォストーク6号を操縦するテレシコワの姿がテレビで流れた
提供：SPUTNIK／時事通信フォト

記念日
- ケーブルテレビの日（1972年の今日、有線テレビジョン放送法が成立したことから、郵政省（現在の総務省）が制定）

誕生日
- 松本良順（日本／1832年／医師）
- 石森延男（日本／1897年／児童文学者）

クイズ
今日は菓子や餅を神前に供えて、病よけと健康を祈る「嘉祥の日」。食べるとよいとされる和菓子の数はいくつ？

クイズの答え　6/14の答え：黒　6/15の答え：展望車　6/16の答え：16個

6/17 土地と人民の支配権を国に返す版籍奉還が始まった日

1867年の大政奉還後も、土地や人民は藩主である大名に支配されていました。政府の大久保利通たちは、藩主たちに、土地とそこに住む人民を支配する権利を、朝廷に返すようにうながしました。

1869年6月17日、薩摩（現在の鹿児島県）・長州（山口県）・土佐（高知県）・肥前（佐賀県）の4藩主が版籍を奉還し、他の藩主もならいました。

その後、政府の統制力が強まり、やがて藩ではなく府県を置く、1871年の廃藩置県へと進んでいき、現在の47都道府県になっていくのです。

大久保利通（1830-1878年）

記念日
- いなりの日（いなりの「い〜（1）な（7）」と読むゴロ合わせから、毎月17日をいなりの日に。長野県の食品メーカーが制定）

誕生日
- グノー（フランス／1818年／作曲家）
- エッシャー（オランダ／1898年／版画家）

クイズ
1871年の今日、皇族以外が菊の紋章を使用することが禁止されました。この菊の紋章の花びらの数は何枚？ ❶8枚 ❷16枚 ❸32枚

6/18 ひめゆり学徒隊が解散した日

第二次世界大戦中の1945年3月、沖縄で、女学校の生徒と職員が看護隊として組織されました。その「ひめゆり学徒隊」は、沖縄陸軍病院で、傷病兵たちの看護をしていました。4月、アメリカ軍が沖縄本島に上陸し、激戦が始まります。防空壕を病院とし、懸命に介護を続けていましたが、1945年6月18日、日本軍から解散命令が出されました。翌日には、壕内に手榴弾が投げ込まれるなど、アメリカ軍の攻撃はすさまじく、多くの人が犠牲となりました。

ひめゆり学徒隊の慰霊碑。碑の手前のあいているところが第三外科壕

記念日
- 海外移住の日（1908年の今日、本格的な海外移住団がブラジルのサントス港に到着したことから。国際協力事業団が制定）

誕生日
- エドワード・S・モース（アメリカ／1838年／動物学者）
- 横山光輝（日本／1934年／漫画家）

クイズ
1815年の今日、ワーテルローの戦いに敗れた、フランス皇帝は誰？ ❶ルイ14世 ❷エリザベス1世 ❸ナポレオン

6/19 日本初の地方自治体「京都府」が誕生した日

京都は、平安京が定められた794年から明治初期まで、日本の政治や文化の中心でした。日本初の地方自治体として「京都府」ができたのも、廃藩置県にさきがけた1868年6月19日です。その時は、今の京都府の南東部にあたる、山城の国だけでしたが、1871年の廃藩置県で、京都の中央部の桑田、船井、何鹿が加わりました。さらに1876年には、丹後五郡と丹波の天田郡が合併して、現在の京都府になりました。

1876年の京都府の地図　提供：国際日本文化研究センター

記念日
- 朗読の日（芸術文化として朗読を普及させようと、日本朗読文化協会が制定。「ろう（6）どく（19）」のゴロ合わせから）

誕生日
- 白河天皇（日本／1053年／第72代天皇）
- 太宰治（日本／1909年／小説家）

クイズ
1909年のこの日に生まれた小説家、太宰治の作品はどれでしょう？ ❶走れメロス ❷鼻 ❸こころ

クイズの答え　6/17の答え：❷16枚　6/18の答え：❸ナポレオン　6/19の答え：❶走れメロス

6/20 100メートル走で人類が10秒の壁を破った日

1968年6月20日、人類の長年の夢だった100メートル走での10秒の壁が破られました。全米陸上競技選手権大会で、9秒9の世界記録が出たのです。男子100メートルの準決勝、満員の観客がかたずをのむなか、アメリカのジム・ハインズとロニー・レイ・スミス、チャールズ・グリーンの3人が9秒9の同タイムでゴールインしました。
現在、100メートル走の世界記録は9秒58で、ジャマイカのウサイン・ボルトが2009年に記録したものです。（2017年10月現在）

世界記録を出したウサイン・ボルト。第12回IAAF世界選手権大会にて
提供：(C)Color China Photo/amanaimages

記念日
- 世界難民の日（2000年12月4日の国連総会で、毎年6月20日を世界難民の日に制定。難民の保護や援助に対する関心を高めてもらうことが目的）

誕生日
- ホプキンズ（イギリス／1861年／生化学者）
- 竹鶴政孝（日本／1894年／実業家）

クイズ
2007年の今日、法律が変わり、自転車での歩道通行ができるようになったのは、70歳以上と何歳未満の人？

6/21 参勤交代が制度化された日

1635年6月21日、参勤交代が「武家諸法度」によって制度化されました。関東の譜代大名は半年おき、その他の大名は1年おきに、領地と江戸を行き来します。その際に行う大名行列には、たいへんお金がかかります。たとえば、加賀藩百万石、前田家の場合、家来の数は約4000人で、費用は5333両、今の5億円以上にもなりました。お金を使わせて大名を貧しくし、幕府に歯むかえないようにしたのです。

加賀藩大名行列図屏風
提供：石川県立歴史博物館

記念日
- えびフライの日（曲がったえびの形が6に見えること、「フ（2）ライ（1）」と読むゴロ合わせから。香川県の食品メーカーが制定）

誕生日
- 村岡花子（日本／1893年／児童文学者）
- サルトル（フランス／1905年／哲学者、小説家）

クイズ
梅雨どきで食べものが腐りやすいことから、今日は、「冷蔵庫の日」に。ところで、冷蔵室の温度は？　❶2～6℃　❷10～15℃

6/22 ガリレオ・ガリレイが2度目の有罪になった日

イタリアの天文学者ガリレオは、望遠鏡を改良して天体観測を行い、地動説の証拠を見つけて発表。教会の聖職者たちは、神の天動説をくつがえすものだと訴え、ガリレオは1616年の宗教裁判で有罪になりました。しかしその後も地動説の主張をやめなかったため、70歳のガリレオは監禁され、2度目の宗教裁判が行われました。1633年6月22日、再び有罪を下されたガリレオは、自宅謹慎のまま1642年1月に亡くなります。裁判が誤りとローマ教皇が認め無罪になったのは、死後約350年もたった1983年でした。

ガリレオ・ガリレイ（1564－1642年）

記念日
- ボウリングの日（1861年の今日、長崎県の外国人居留地に日本初のボウリング場ができたことから。日本ボウリング場協会が制定）

誕生日
- 堀越二郎（日本／1903年／航空機設計者）
- 山本周五郎（日本／1903年／小説家）

クイズ
今日は「かにの日」。理由でないのはどれ？
❶かに座の最初の日であることが多い
❷ゴロ合わせ　❸五十音の順番

クイズの答え　6/20の答え：13歳未満　6/21の答え：❶2～6℃　6/22の答え：❷ゴロ合わせ

6/23 「昭和新山」誕生の噴火が始まった日

1944年6月23日、北海道の有珠山の周辺の平らな麦畑で、噴火が始まりました。じつはその前年末から、周辺で前兆地震が起きていたのです。そして1945年9月には海抜407メートルの山に成長し、「昭和新山」と名付けられました。地元の郵便局長だった三松正夫さんが、このようすを火山活動の一部始終として記録し、世界的にも有名になりました。昭和新山をふくむ有珠山周辺は、2009年に「洞爺湖有珠山ジオパーク」として、ユネスコ世界ジオパークに認定されました。

わずか1年ほどで山になった昭和新山

記念日
- 沖縄慰霊の日（1945年の今日、太平洋戦争中、2か月以上におよんだ沖縄県での地上戦が終結した。20万人の民間人をふくむ犠牲者が出た）

誕生日
- 三木露風（日本／1889年／詩人）
- 岸田劉生（日本／1891年／画家）

クイズ
1997年の今日、冒険家の大場満郎は、世界初の北極海単独横断に成功。どんな方法？
❶スキーと徒歩　❷バイク　❸犬ぞり

6/24 空飛ぶ円盤が発見され、宇宙人がいるとうわさになった日

1947年6月24日、アメリカ人のケネス・アーノルドが、自家用飛行機でワシントン州カスケード山脈付近を飛行中、9つの光る飛行物体を見つけました。彼は物体が飛んでいるようすを「川で皿を投げ、水を切っているみたいだった」と話し、それを聞いた新聞記者が大きく報じました。きっと宇宙人が乗っているとうわさになり、その乗り物を空飛ぶ円盤と呼ぶようになりました。これが世界初の「空飛ぶ円盤」の目撃談のようです。

1952年にアメリカで撮影されたという「空飛ぶ円盤」

行事
- 伊雑宮御田植祭（三重県の伊勢神宮内宮の別宮、伊雑宮で行われる田植え神事。「磯部の御神田」として、国指定の重要無形民俗文化財に）

誕生日
- 加藤清正（日本／1562年／武将、大名）
- ローゼンブッシュ（ドイツ／1836年／岩石学者）

クイズ
1935年の今日、逓信省電気試験所が実験に成功した電話は何でしょう？　今は簡単にできるようなことが画期的でした。

6/25 子どもたちを乗せた「ゾウ列車」が運行した日

第二次世界大戦のさなか、政府は全国の動物園に「逃げ出すと危険な動物」を殺すよう命じます。終戦後、日本のゾウは、名古屋市の東山動物園にいる2頭だけになりました。動物園は、なかなかゾウを見られない子どもたちを、名古屋に呼ぶことにしました。そして、1949年6月25日、東京発の特別列車「ゾウ列車」が運行したのです。このお話は、『ぞうれっしゃがやってきた』という本にもなっています。

「ゾウ列車」でやって来た子どもたちとゾウ
提供：名古屋市東山動植物園

記念日
- 住宅デー（住宅の建築に関わる職人の、仕事や技能を知ってもらおうと、1978年に全国建設労働組合総連合が制定）

誕生日
- 菅原道真（日本／845年／政治家、学者）
- ガウディ（スペイン／1852年／建築家）

クイズ
1966年の今日、国民祝日法が改正されました。この年に新しく休みになった2つの祝日は何でしょう？

クイズの答え　6/23の答え：❶スキーと徒歩　6/24の答え：テレビ電話　6/25の答え：敬老の日と体育の日

6/26 「ハーメルンの笛吹き男」が出現した日

ドイツ民話に「ハーメルンの笛吹き男」という話がありますが、これは実話が元になったといわれています。1284年6月26日、ドイツのハーメルンで130人の子どもが行方不明になりました。その後、教会のステンドグラスに「6月26日に、ハーメルン生まれの130人の子どもたちが、市内で誘拐された」と彫られたそうです。真実はいまだにわかっていません。

この事件をもとにした話をグリム兄弟らが書き、世界的に有名になりました。

ステンドグラスを模写した水彩画

記念日
- ●露天風呂の日（「ろ（6）・（てん）ぶろ（26）」のゴロ合わせから、岡山県湯原町が制定。湯原温泉は公共の露天風呂が多い）

誕生日
- ●メシエ（フランス／1730年／天文学者）
- ●バック（アメリカ／1892年／小説家）

クイズ
今日は「世界格闘技の日」。1976年にプロレスラーのアントニオ猪木とプロボクサーのモハメド・アリが戦いました。勝敗は？

6/27 織田信長の後継者を決める清須会議が開かれた日

1582年6月27日、織田信長の家来の頭であった柴田勝家は、信長の正統な後継者を決めるため、清洲城で「清須会議」を開きました。信長の次男である信雄と、三男の信孝とで争っていましたが、信長の敵である明智光秀を討った羽柴秀吉の意見が通り、信長の孫の三法師が3歳で家督を継ぐことになったのです。

その後、秀吉と勝家の対立は強まり、1583年4月には賤ヶ岳の戦いで秀吉が勝利、天下統一に近づきました。

三法師をかかえる秀吉
日本城郭資料館所蔵

記念日
- ●ちらし寿司の日（ちらし寿司の誕生のきっかけをつくったといわれる備前藩主の池田光政の命日から、広島県の食品メーカーが制定）

誕生日
- ●小泉八雲（ギリシア／1850年／随筆家）
- ●ヘレン・ケラー（アメリカ／1880年／福祉活動家、作家）

クイズ
今日が誕生日の随筆家で『怪談』を出版した、小泉八雲の本名は？ ❶ラフカディオ・ハーン ❷チンギス・ハーン

6/28 福井地震が発生した日

1948年6月28日、戦後の街の立て直しを図っていた福井県福井市周辺は大きな地震におそわれました。地震の規模はマグニチュード7.1、福井平野の南北に長い範囲で強くゆれました。この地域の震度は当時の最大で6とされましたが、この地震をきっかけに震度7が設けられました。福井市では、建物の約80％が倒壊し、死者数は福井県と石川県で3769人。震源が浅く、地盤が弱かったため、被害が大きくなりました。

地震直後の福井市の大和百貨店

記念日
- ●貿易記念日（1859年に江戸幕府が5か国と自由貿易の開始を布告。通商産業省[現在の経済産業省]が制定）

誕生日
- ●ルソー（フランス／1712年／思想家、小説家）
- ●長岡半太郎（日本／1865年／物理学者）

クイズ
1570年の今日、「姉川の戦い」で織田・徳川連合軍が圧勝しました。敵は誰でしょう？ ❶浅井・朝倉連合軍 ❷上杉・武田連合軍

クイズの答え　6/26の答え：引き分け　6/27の答え：❶ラフカディオ・ハーン　6/28の答え：❶浅井・朝倉連合軍

6/29 ビートルズがおくれてやってきた日

1966年6月29日、イギリスのロックグループ、ビートルズが来日しました。到着は28日夕方の予定でしたが、台風で飛行機が11時間ほどおくれ、29日の午前3時半ごろに到着しました。

柔道や剣道など日本古来の武道の競技館である日本武道館でロックコンサートを行うことは当時批判されていました。しかし、ビートルズのおかげで、日本武道館は世界中に知れわたり、「ロックの殿堂」と呼ばれるようになりました。

羽田空港に到着したビートルズ
提供：時事

記念日
- 佃煮の日（佃煮発祥の地といわれる東京都佃島の守り神である住吉神社の大祭の日程にちなんで。全国調理食品工業協同組合が制定）

誕生日
- 伊沢修二（日本／1851年／教育家）
- サン＝テグジュペリ（フランス／1900年／飛行家、小説家）

クイズ
1912年の今日は、ストックホルムオリンピックが開催された日です。日本はオリンピック初参加。何か国集まったでしょう？

6/30 アインシュタインが相対性理論を発表した日

1905年6月30日、アインシュタインは、ドイツの物理雑誌に「特殊相対性理論」を発表しました。当時のタイトルは「動いている物体の電気力学」でした。「特殊相対性理論」とは、光の速さを基準にして時間を定義したものです。このことにより、光速に近づくと時間の流れが遅くなるといった、時間や空間がのびたり縮んだりすることを発見しました。

アインシュタインのこの発見は、その後の物理学の世界に大きな影響をあたえました。

アルバート・アインシュタイン（1879－1955年）

行事
- 夏越の祓（平安時代からある、6月と12月の末日に行う行事［大祓］で、6月のものをいう。地域や神社によって、行事の内容は異なる）

誕生日
- アーネスト・サトウ（イギリス／1843年／外交官）
- 弘田龍太郎（日本／1892年／作曲家）

クイズ
1985年の今日、日本人の寿命が世界最高になりました。このとき男女の平均寿命はそれぞれ何歳だったでしょうか？

豆知識　梅雨の時期に、なぜ幸せな花嫁なの？

「6月の花嫁」を意味する「ジューンブライド」。この月に結婚式を挙げると幸せになれるといわれています。しかし日本では、雨の多い、じめじめする梅雨の時季。めでたい結婚式には向かないようなのに、なぜでしょう？

ジューンブライドは、ヨーロッパ起源の風習から生まれました。ローマ神話の女神、ユノを由来とする説が有力です。結婚や出産、育児の象徴とされており、女性や子ども、家庭の守護神ともいわれています。「6月に結婚すると幸せになれる」といわれる理由は、ここからきているというわけです。

また、ヨーロッパでは、この月は1年間で最も雨が少なく、天気の良い日が多い時季にあたります。起源の地域に合った風習なのです。

ユノ

クイズの答え　6/29の答え：28か国（2016年のリオオリンピックは207の国と地域が参加）　6/30の答え：男性74.78歳、女性80.48歳（2015年現在は男性80.79歳、女性87.05歳）

7月

異名
- 文月（七夕月、七夜月、女郎花月）

国民の祝日
- 海の日（7月第3月曜日：海の恩恵に感謝する）

二十四節気
- 小暑（7月7日ごろ：暑さがはじまり梅雨があけるころ）
- 大暑（7月23日ごろ：夏の暑さがもっとも厳しくなるころ）

誕生石
- ルビー（熱情、仁愛、威厳）

誕生月の花
- ユリ（純粋、純潔）

7/1 児童向け文芸誌『赤い鳥』が創刊された日

1918年7月1日、日本初の児童向け文芸誌『赤い鳥』が創刊しました。創刊号のトップをかざったのは、芥川龍之介の『蜘蛛の糸』です。ほかにも、童話や童謡などが掲載されていました。発行したのは作家の鈴木三重吉で、自分も作品を発表しながら、文学界に新しい作家をたくさん送りだしました。三重吉は、芸術としてもすぐれた童謡を望んでおり、詩人の北原白秋が中心となって、多くのすばらしい歌を子どもたちに残しました。

『赤い鳥』第1号。当時は横書きの文字が、右から左へ書かれている

記念日
- 国民安全の日（交通事故や火災やガス中毒などに対し、日常の安全意識を高めようという目的で、1960年に国により制定）

誕生日
- ブレリオ（フランス／1872年／飛行家）
- ダイアナ（イギリス／1961年／元イギリス皇太子妃）

クイズ
今日は「郵便番号記念日」。1968年のこの日、日本で郵便番号が導入されました。このときの郵便番号は最長何ケタだった？

7/2 京都の国宝、金閣が放火により炎上した日

1950年7月2日、京都の国宝、金閣が炎上しました。この寺の若い徒弟が、金閣の美しさをねたんで放火したのです。火災報知器が故障しており、金閣は全焼しました。再建されたのは1955年のことです。
この寺は、舎利殿である金閣が特に有名で金閣寺と呼ばれていますが、正しくは鹿苑寺といいます。室町幕府第3代将軍、足利義満が、1397年に京都北山に山荘として北山殿を築き、義満の死後、鹿苑寺となりました。

焼けた金閣

記念日
- うどんの日（香川県の讃岐地方ではとくに田植えや麦刈りが終わるころに労をねぎらうため、うどんを食べる習慣があった）

誕生日
- ヘッセ（ドイツ／1877年／詩人、小説家）
- 石川達三（日本／1905年／小説家）

クイズ
1900年の今日、硬式飛行船ツェッペリンがドイツで世界初の飛行に成功。この飛行船に使われた、空気より軽い気体は何？

7/3 遣隋使として小野妹子が隋に派遣された日

607年7月3日、聖徳太子が隋（現在の中国）に、小野妹子ら遣隋使を派遣しました。妹子が持参した国書には「日出ずる処の天子…（日が昇る国の天子から…）」とあり、聖徳太子は隋と対等な外交をしたいと考え、この表現にしたようです。「天子は自分だけ」とする隋の煬帝は、倭（現在の日本）の王が天子と名のることに激怒しました。しかし、煬帝は倭が高句麗（現在の中国東北部から朝鮮北部）と手を組むのをおそれ、倭との調和を選びました。

大阪府にある小野妹子の墓

記念日
- ソフトクリームの日（1951年の今日、東京の明治神宮外苑で開催された進駐軍主催のカーニバルの中の模擬店でソフトクリームが販売された）

誕生日
- カフカ（チェコ／1883年／小説家）
- 梁田貞（日本／1885年／作曲家）

クイズ
今日は「七味の日」。七味唐辛子の材料は、唐辛子、胡麻、陳皮、罌粟、菜種、麻の実、もう1つは？　ヒント：小粒でもピリリと辛い

クイズの答え　7/1の答え：5ケタ　7/2の答え：水素　7/3の答え：山椒

7/4 アメリカがイギリスからの独立を宣言した日

1776年7月4日、のちにアメリカの州となる13の地域が、イギリスからの独立を宣言しました。この宣言は、その後アメリカ合衆国大統領となるジェファーソンが最初に考えたもので、「人間は生まれながらにして平等、自由、幸福の追求ができる」と記されています。当時はイギリスの植民地で、税金や輸入に不満をつのらせ、独立戦争を行っていました。そして独立宣言から7年後の1783年、正式にアメリカの独立が認められました。

独立記念日の花火。手前はワシントン記念塔

記念日
- アメリカ独立記念日（アメリカでは自由を喜ぶ祝日として、多くの企業や学校は休みとなる。「インディペンデンスデー」とも呼ぶ）

誕生日
- フォスター（アメリカ／1826年／作曲家）
- 中谷宇吉郎（日本／1900年／物理学者）

クイズ
今日は、「な（7）し（4）」でゴロ合わせ、「梨の日」です。「幸水」や「豊水」などの品種がある日本梨の生産量日本一は何県？

7/5 豊臣秀吉が全国統一をなしとげた日

1590年7月5日、豊臣秀吉が全国を統一しました。織田信長がたおれた後、秀吉が天下統一の夢を引きつぎました。秀吉は数々の大名と戦い、したがわせながら、四国や九州にも勝ち進んでいきました。この間、秀吉は関白・太政大臣となり、朝廷から「豊臣」という名字をあたえられます。関東の大名、北条氏は最後まで秀吉に抵抗していましたが、ついにこの日「小田原攻め」でほろぼされ、秀吉の全国統一がなしとげられました。

豊臣秀吉（1536－1598年）
豊臣秀吉肖像（一部）高台寺所蔵

記念日
- 江戸切子の日（伝統的なガラス工芸である、江戸切子の代表的なカットパターンの一つ、「魚子」という文様にちなんだゴロ合わせ）

誕生日
- コクトー（フランス／1889年／詩人、小説家）
- 山階芳麿（日本／1900年／鳥類学者）

クイズ
1687年の今日、数学者ニュートンは、今でも重要な科学書とされる『プリンキピア』を出版。ニュートンが発見した有名な法則は？

豆知識　「山開き」「川開き」

7月は、各地の「山開き」や「川開き」がニュースの話題になることがあります。どちらも日にちが定められているものでなく、それぞれの山や川で日を決めています。

山開きは、夏の一定期間だけ山登りを許可している山に、登っても良い最初の日で、登山の安全を祈る日です。昔、登山は信仰行事だったため、いつでも好きなようにはできませんでした。山開きは、山の雪がとけ、安全な時期に行われるので、早いところでは4月から登ることができます。

川開きは7月中旬から8月上旬が多いようです。川開きは、川涼みや夕涼みを行う最初の日で、納涼祭や花火大会が行われる川もあり、水の事故を防止する水神祭をかねています。7月に行われる、有名な隅田川花火大会が、「両国の川開き」の始まりです。

クイズの答え　7/4の答え：千葉県　　7/5の答え：万有引力の法則

7/6 浅間山が大噴火し天明の大飢饉を引き起こした日

1783年7月6日、長野県と群馬県の境にある浅間山が大噴火しました。昔から何回も噴火していますが、特にこのときは規模が大きく、関東の広い範囲で被害があり、多くの死者が出て、「天明の大噴火」と呼ばれます。さらに「天明の大飢饉」を引き起こしたともいわれています。巨大な噴煙は、成層圏にまで達する20キロメートルという高さで噴き上がり、江戸の町（現在の東京）にも火山灰がたくさん降ったそうです。

浅間山の観光名所「鬼押出し」という溶岩の光景は、1783年の噴火でできた

記念日
- ワクチンの日（1885年の今日、フランスの細菌学者のルイ・パスツールが狂犬病ワクチンを接種し、成功したことにちなむ）

誕生日
- アントワーヌ・ド・ジュシュー（フランス／1686年／植物学者）
- ポター（イギリス／1866年／童話作家）

クイズ
1912年の今日、オリンピックの第5回ストックホルム大会に日本が初参加、開会式で行進しました。日本の代表選手は何人？

7/7 日本初の乳酸菌飲料「カルピス」の誕生日

1919年7月7日は、「カルピス」の誕生日です。日本初の乳酸菌飲料「カルピス」が、発売されました。1923年の関東大震災では、トラック隊で「カルピス」を被災者に配りました。第二次世界大戦中は、陸海軍で「軍用カルピス」が飲まれていました。その後、1950年代からは、オレンジやグレープなど、フルーツ味の「カルピス」を発売。1973年には「カルピスソーダ」、1991年には「カルピスウォーター」が登場し、人々を楽しませています。

発売当初の「カルピス」。水でうすめて飲むのは今と同じ
※「カルピス」はアサヒ飲料(株)の登録商標です。

記念日
- 川の日（七夕の天の川のイメージがあること、7月が河川愛護月間であること、季節的に水に親しみやすいことから制定）

誕生日
- 河野広中（日本／1849年／政治家）
- シャガール（ロシア／1887年／画家）

クイズ
かぐや姫が7月7日に竹の中から生まれたといわれているので、この日は「竹・タケノコの日」。姫が月に帰ったのは何月何日？

7/8 向井千秋さんが日本女性初の宇宙飛行に出発した日

1994年7月8日、日本人女性初の宇宙飛行士、向井千秋が、宇宙へ出発しました。搭乗したのは、アメリカのスペースシャトル「コロンビア」で、ケネディ宇宙センターから打ち上げられました。この時の飛行は実験の数が多かったこともあり、14日以上という、それまでのスペースシャトル計画で、当時、女性宇宙飛行士として一番長い時間を宇宙で過ごしました。向井は、金魚の宇宙酔い実験を行い、宇宙で生まれたメダカとともに帰還しました。

向井千秋
提供：JAXA/NASA

記念日
- 「なわ」の日（「な（7）わ（8）」のゴロ合わせ。10月2日を"「跳び」の日"に制定し、合わせてなわとびを使った基礎体力の向上を図る）

誕生日
- ツェッペリン（ドイツ／1838年／航空技術者）
- ロックフェラー（アメリカ／1839年／実業家）

クイズ
1869年の今日、日本の外交活動を担う外務省が創設されました。外国で、日本人が一番多く住んでいる国はどこ？

クイズの答え
7/6の答え：2人（三島弥彦、金栗四三。ともに陸上競技）　7/7の答え：8月15日（旧暦）　7/8の答え：アメリカ（42万1665人。2016年10月1日現在）

7/9 ジェットコースターという名前が初めて使われた日

急カーブや高所からハイスピードで落ちるスリルを楽しむ、遊園地で人気のアトラクションといえばジェットコースター。日本にはじめて登場したときは、ローラーコースターと呼ばれていました。「ジェットコースター」という名が初めて登場したのは、1955年7月9日、東京にある後楽園ゆうえんち（現在の東京ドームシティアトラクションズ）でのことです。時速約50キロメートルで550メートルの距離をかけぬけ、子どもたちを楽しませました。

後楽園ゆうえんちの「ジェットコースター」

行事
- 四万六千日・ほおずき市（今日と7月10日の2日間。東京の浅草にある浅草寺の縁日のこの日にお参りをすると、四万六千日分のご利益があるという）

誕生日
- レスピーギ（イタリア／1879年／作曲家）
- 長谷川路可（日本／1897年／画家）

クイズ
1854年の今日、江戸幕府は日本船の目印として「日の丸」の旗を定めました。日の丸のことを、英語で何というでしょう？

7月

7/10 伊能忠敬の『大日本沿海輿地全図』を幕府に献上した日

1821年7月10日、伊能忠敬が17年をかけて日本中を歩き、測量してつくった、日本初の精密な地図『大日本沿海輿地全図』が幕府に献上されました。忠敬はその3年前に亡くなっていたので、弟子たちが完成させたのです。忠敬の地図は江戸時代よりも、幕末から明治時代に重宝されました。外国との交流が盛んになり、精密な地図が必要になったからです。献上から50年後の1871年、一般市民向けの日本地図が発行されますが、それも忠敬の地図がもとになりました。

『大日本沿海輿地全図』1873年ごろに写したもの。大図は全214枚だった

記念日
- 納豆の日（1992年にゴロ合わせで全国納豆協同組合連合会が制定。加盟会社が各地で老人ホームへの納豆の無料提供や一般への割引を行う）

誕生日
- 中村不折（日本／1866年／画家）
- プルースト（フランス／1871年／小説家）

クイズ
1962年の今日、国際協力の通信衛星テルスターが打ち上げられました。生中継の信号はどの海をこえるようになった？

豆知識　七夕祭りは7月7日だけではない？

「七夕祭り」は、7月7日に願いごとを書いた短冊を笹竹に結び、織姫と彦星におそなえする祭りです。中国の伝説と日本各地の習わしがいっしょになってできたものといわれています。

中国の星祭りの伝説は、「昔、織女と牽牛はとても仲がよく、楽しいことばかりして仕事をしなくなる。そのため、神が怒り、天の川をはさんで二人をはなればなれにした。1年に1度、七夕の夜にだけ二人は会うことができる」というお話です。

いっぽう日本では、旧暦7月15日に先祖の霊が家にもどってくるという言い伝えがありましたが、この行事が7日に行われるようになり、七夕の行事にもつながったようです。七夕祭りの行事は、旧暦や1か月おくれの8月7日など、さまざまな日程で行われています。有名な宮城県の仙台七夕まつりは、8月6日から8日に開催されます。

クイズの答え　7/9の答え：the Rising-Sun　7/10の答え：大西洋（アメリカ、イギリス、フランスの間で、電話とテレビの通信実験に成功した）

7/11 「真珠王」御木本幸吉が真珠の養殖に成功した日

1893年7月11日、三重県鳥羽の御木本幸吉が真珠の養殖に成功しました。真珠は、貝殻の内側に核になるものがついたとき、貝の内側がその核をくるむように成長するとできる玉です。幸吉はアコヤ貝の貝殻内面の真珠層に、半円状の真珠の核を固着させ、その表面を真珠層でおおう、という実験をしました。養殖場をはじめてから3年、実験中のアコヤ貝の中に半円真珠を発見しました。その後、幸吉は真円真珠の養殖にも成功します。真珠を世界中で販売し、「真珠王」と呼ばれました。

アコヤ貝にできた半円の養殖真珠

記念日
- ラーメンの日（7をレンゲ、11をはしに見立てたことと、日本で最初にラーメンを食べたといわれる水戸黄門の誕生日からこの日に制定）

誕生日
- 久米邦武（日本／1839年／歴史学者）
- 穂積陳重（日本／1856年／法学者）

クイズ
今日は「世界人口デー」。1987年のこの日、地球の人口が50億人を突破したからです。日本の人口は何年から減っている？

7/12 源頼朝が征夷大将軍となり鎌倉幕府が始まった日

1192年7月12日、源頼朝が朝廷から征夷大将軍に任命され、鎌倉幕府が成立しました。この10数年前から、政治を独占している平氏に反発する武士団が各地にでき、頼朝は武士を中心とした政権をつくる準備を始めていました。頼朝は自分を討とうとした弟、義経をかくまったとして奥州藤原氏をほろぼし、全国を軍事支配したのです。征夷大将軍を頂点に、武士が政治を行う「幕府」という体制は、ここから明治維新まで続いていきます。

源 頼朝像

記念日
- 洋食器の日（ナイフは洋食器の代表のひとつ。「ナ（7）イ（1）フ（2）」のゴロ合わせから、日本金属洋食器工業組合が制定）

誕生日
- イーストマン（アメリカ／1854年／発明家）
- モディリアーニ（イタリア／1884年／画家）

クイズ
1925年の今日、現在のNHKである東京放送局がラジオの本放送を開始。では、東京の次に本放送を始めた都市はどこ？

7/13 FIFAワールドカップの第1回大会が開幕した日

1930年7月13日、サッカーのFIFAワールドカップ 第1回ウルグアイ大会が始まりました。南米の小国ウルグアイの首都モンテビデオに、13か国の選手が集まり、熱戦をくりひろげたのです。ウルグアイととなりの国であるアルゼンチンは、伝統的に「絶対負けられない」相手。両国は決勝に勝ち上がり、観衆は大興奮。決勝の主審が「自分に生命保険をかけてくれ」と言ったほどです。結果、ウルグアイが4対2で勝利、初代世界チャンピオンにかがやきました。

1930年ワールドカップの決勝で、だき合うウルグアイの選手たち
提供：Getty Images

行事
- 盆迎え火（先祖の霊に家のありかを知らせる目的の迎え火。おがらを門口で燃やし、霊が来るのを助けるもの。13日の夕方に行うところが多い）

誕生日
- 中川幸庵（日本／1874年／医師）
- 青木繁（日本／1882年／画家）

クイズ
1995年の今日、NASAの宇宙探査機ガリレオが木星の大気圏に突入。1610年に科学者のガリレオが発見した木星の衛星は何個？

クイズの答え 7/11の答え：2010年 7/12の答え：名古屋市（愛知県） 7/13の答え：4個（この4個の衛星を「ガリレオ衛星」と呼ぶ）

7/14 フランス革命がパリのバスティーユから始まった日

1789年7月14日、パリの民衆がバスティーユ監獄をおそったことをきっかけに「フランス革命」が始まりました。このころ、フランスは王族や貴族がぜいたくをし、民衆から重い税金を取り立てていました。ルイ16世は財政を立て直すため、僧侶、貴族、平民の代表を集めて話し合おうとしますが、平民たちは国民議会をつくります。これを王が武力でおさえ込んだので民衆が怒り、武器を手にバスティーユへ向かったのです。

襲撃を受けたバスティーユ監獄

記念日
- しんぶん配達の日（毎日ニュースを届けて活字文化の一端をになう、新聞の戸別配達制度とその制度を支える新聞配達業従事者を労い制定）

誕生日
- 後鳥羽天皇（日本／1180年／第82代天皇）
- 緒方洪庵（日本／1810年／蘭学者、医師）

クイズ
1977年の今日、日本初の静止気象衛星「ひまわり1号」が打ち上げられ、1989年まで活躍。今、活躍しているのは何号？

7/15 任天堂がファミコンを発売した日

1983年7月15日、任天堂が家庭用ゲーム機「ファミリーコンピュータ」を発売しました。「ファミコン」と呼ばれて、大ブームを巻き起こしました。それまでも家庭用ゲーム機は発売されていましたが、価格のわりに性能がよいことなどから、消費者に受け入れられたのがファミコンだったのです。1985年に発売されたゲームソフト「スーパーマリオブラザーズ」も大ヒットを飛ばし、キャラクターは今でも愛されています。

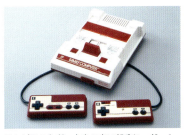
テレビにつなぎ、中央の赤い部分に、ゲームソフトのカセットを入れて遊ぶ

行事
- 中元（祖先を供養し、両親に食べ物を贈る風習が、現在は世話になっている人などに贈り物をして日ごろの感謝を表す日となった）

誕生日
- レンブラント（オランダ／1606年／画家）
- 国木田独歩（日本／1871年／詩人、小説家）

クイズ
1945年の今日、日本で「宝くじ」が、戦争中らしい名前で発売されました。その名前は何でしょう？

7/16 宇都宮駅で日本初の駅弁が販売された日

1885年7月16日、日本初の駅弁が登場したので、今日は「駅弁記念日」です。初の駅弁は、ごまをまぶした梅干しおにぎり2個にたくあん2切れが、竹の皮につつまれているものでした。この駅弁は、栃木県宇都宮の旅館、白木屋が、当時5銭で売り出したそうです。現在の東北本線、宇都宮駅で、上野から宇都宮間が開通したときに登場したといわれています。その後、長距離列車が増え、駅弁が必要とされるようになっていくのです。

日本初の駅弁
再現提供：松廼屋

行事
- 盆送り火（7月13日に迎えた霊を送り出す。焚いた送り火の煙に乗って霊が帰るとされる。祭壇のお供え物は精霊舟に乗せて川や海に流すのが習わし）

誕生日
- 池田成彬（日本／1867年／実業家）
- アムンゼン（ノルウェー／1872年／探検家）

クイズ
「ナナ（7）イ（1）ロ（6）」で、今日は「虹の日」。虹の色の数は国によって違います。日本では七色ですがアメリカでは？

クイズの答え　7/14の答え：ひまわり8号（2022年からはひまわり9号）　7/15の答え：勝札　7/16の答え：6色

7/17 富士山が大噴火し、小さな湖が2つできた日

864年7月17日、富士山で大規模な噴火が起こりました。「貞観の噴火」と呼ばれ、富士山の噴火記録としては最大クラスです。山頂からの噴火ではなく、西北斜面に噴火口がいくつも開き、そこから溶岩が流れ出る噴火でした。このころ、富士山の北側には「剗の海」という大きな湖がありましたが、東京ドーム640杯分もの溶岩が流れこみ、ほぼうまってしまいました。2つに分かれて残ったのが、現在の西湖と精進湖です。

現在の富士山と西湖

記念日
- ●理学療法の日（1966年に日本理学療法士協会が設立されたことを記念して制定。理学療法とは運動機能が低下した人に行う物理的な治療法）

誕生日
- ●徳川家光（日本／1604年／江戸幕府第3代将軍）
- ●ルンマー（ドイツ／1860年／物理学者）

クイズ
1868年の今日、明治政府は「江戸」を「東京」と呼ぶように定めました。最初、「東京」は何と発音されていたでしょうか？

7/18 信長が義昭を追放し、室町幕府が滅亡した日

1573年7月18日、織田信長が自分の命令にそむいた将軍、足利義昭を京都から追放したことで、約230年続いた室町幕府は滅亡しました。

このころは、各地の戦国大名が争いをくり返しており、その中で織田信長のように、戦力を高める大名も現れました。それとともに室町幕府は支配力を失っていきます。義昭を第15代将軍にしたのは信長でしたが、義昭は室町幕府の権力を取り戻そうとしたため、怒りをかってしまったのです。

足利義昭（1537－1597年）

記念日
- ●光化学スモッグの日（1970年の今日、東京都杉並区の高校でグラウンドにいた生徒が、光化学スモッグが原因で次々と倒れたことから）

誕生日
- ●フック（イギリス／1635年／物理学者）
- ●マンデラ（南アフリカ／1918年／大統領）

クイズ
2011年の今日の未明、第6回女子ワールドカップで、日本女子代表「なでしこジャパン」が初優勝。この大会の開催国は？

7/19 日本で初めて女性が大臣になった日

1960年7月19日、衆議院議員の中山マサが、第1次池田内閣の厚生大臣になり、日本初の女性大臣が誕生しました。中山マサは長崎市生まれで、アメリカに留学した後、活水女子英語専門学校や長崎市立高等女学校の教員をしていました。戦後の1947年に旧大阪2区より衆議院議員に立候補して当選。その後、8回当選しています。厚生大臣としての在任期間は5か月と短いですが、母子家庭への児童扶養手当を実現しました。

中山マサ（1891－1976年）

記念日
- ●やまなし桃の日（生産量全国一の山梨県の桃。日付は「百」をモモと読み、1月1日から数えて"二百日目"に当たることの多い7月19日とした）

誕生日
- ●コルト（アメリカ／1814年／発明家）
- ●ドガ（フランス／1834年／画家）

クイズ
1843年の今日、大型船として初めて鉄でできたグレート・ブリテン号が進水しました。それまで船の材料は何だった？

クイズの答え　7/17の答え：とうけい　7/18の答え：ドイツ　7/19の答え：木

7/20 アメリカの宇宙船アポロ11号が月面に着陸した日

1969年7月20日、アメリカの宇宙船アポロ11号が月に着陸しました。世界中の約6億人が生中継を見つめる中、宇宙飛行士アームストロングは人類で初めて月面におり立ちました。続いてオルドリンも月面をふみました。着陸したのは「静けさの海」と呼ばれる広い平地で、2人は2時間半、月面を歩いて岩石の採取などを行いました。アームストロング船長による「1人の人間にとっては小さな1歩だが、人類にとっては偉大な1歩だ」という言葉は有名です。

月面を歩くオルドリン宇宙飛行士
提供：NASA

行事
- 鷺舞神事（島根県弥栄神社に伝わる古典芸能神事。雄鳥と雌鳥の2羽で白い鷺の格好をした踊り手が舞う。国の重要無形民俗文化財に指定）

誕生日
- ペトラルカ（イタリア／1304年／詩人）
- 伊藤仁斎（日本／1627年／思想家）

クイズ
1971年の今日、マクドナルドの日本1号店が開店したので、今日は「ハンバーガーの日」。このときのハンバーガーはいくら？

7/21 世界初の女性首相がセイロンで誕生した日

1960年7月21日、セイロン（現在のスリランカ）で、シリマボ・バンダラナイケが首相に選ばれ、世界初の女性首相が誕生しました。1959年に、夫で首相だったソロモン・バンダラナイケが暗殺されたため、その志をついだのです。シリマボ・バンダラナイケは1972年に新憲法を制定し、国名をセイロンからスリランカ共和国としました。そして、イギリス連邦自治領から、イギリス連邦加盟の完全独立国になったのです。

1976年に来日。当時の総理大臣、三木武夫と
提供：時事

記念日
- 自然公園の日（1957年の自然公園法の制定にちなみ厚生労働省が設けた記念日。自然公園とは国立公園、国定公園と都道府県立自然公園の総称）

誕生日
- ジャン・ピカール（フランス／1620年／天文学者）
- ヘミングウェイ（アメリカ／1899年／小説家）

クイズ
1856年の今日、アメリカの駐日総領事として、ハリスが下田に到着。ハリスが江戸幕府の井伊直弼と結んだ条約は？

豆知識　土用の丑の日に、なぜうなぎ？

「土用」は、昔の日本のこよみ「二十四節気」で、季節の変わり目の、立春、立夏、立秋、立冬前の18日間のことです。それぞれ土用が始まる日を「土用の入り」といい、現在のカレンダーでは7月20日前後に夏の土用が始まります。

現在は、夏の土用だけ話題になることがほとんどです。夏の「土用の丑の日」が有名ですが、これは江戸時代に平賀源内がうなぎ屋に頼まれて「土用の丑の日にうなぎを食べると暑さ負けしない」という宣伝文句を考え、それが全国に広まったため、夏の土用だけが風物詩として伝わりました。

それより1000年ほども前から、日本人は夏にうなぎを食べていたようで、"夏にうなぎを食べると体によい"、という和歌が『万葉集』に残っています。

土用の期間は18日間ありますが、丑の日は12日に1回あるので、夏の土用の丑の日が2回になる年もあります。

クイズの答え　7/20の答え：80円　　7/21の答え：日米修好通商条約

7/22 フランシスコ・ザビエルが鹿児島に上陸した日

1549年7月22日、日本にキリスト教を広めるため、イエズス会の宣教師、フランシスコ・ザビエルが鹿児島に上陸しました。その後、ほかの宣教師も来日し、各地で布教を始めました。キリスト教は、日本人の考え方とちがうところもありましたが、宣教師が医療活動などを行ったこともあって、人々の間に広まっていき、各地に南蛮寺と呼ばれる教会も建てられました。大阪の堺で、ザビエルを手厚くもてなした屋敷跡は今、「ザビエル公園」となっています。

フランシスコ・ザビエル
(1506－1552年)
神戸市立博物館所蔵

記念日
- げたの日（下駄の寸法を表すのによく使われる7と、雪道を下駄で歩いたときに地面に残る下駄の歯のあとが「二二」に見えることから）

誕生日
- メンデル（オーストリア／1822年／修道院僧、生物学者）
- 浜口庫之助（日本／1917年／作曲家）

クイズ
今日は「ナ（7）、ッ（2）、ツ（2）」のゴロ合わせで「ナッツの日」です。「ナッツの王様」と呼ばれるのは何というナッツ？

7/23 商業目的で鯨をとることが禁止された日

1982年7月23日、鯨の研究や調査を行う国際機関、国際捕鯨委員会が、商業目的で鯨をとることを禁止する「商業捕鯨モラトリアム」を決定しました。これにより、シロナガスクジラやホッキョククジラなど、13種の鯨類をとることが禁止されました。日本には昔から鯨を食べる文化があります。その国が歴史的につちかってきた食習慣や食文化を大切にしてほしい、という主張もあり、商業捕鯨に対する議論は続いています。

日本最古の捕鯨図。やりで鯨をしとめようとしている
大阪歴史博物館所蔵

記念日
- 文月ふみの日（7月の異名「文月」、「ふ(2)み(3)」のゴロ合わせで毎月23日は「ふみの日」である今日、手紙に関心をもってもらおうと制定）

誕生日
- 二宮尊徳（日本／1787年／農政家）
- 幸田露伴（日本／1867年／小説家）

クイズ
1972年の今日、アメリカ初のランドサット地球観測衛星が打ち上げられました。ランドサットはこれまで何機打ち上げられている？

7/24 豊臣秀吉に象が届いた日

1597年7月24日、ルソン（現在のフィリピン）の総督の使者が大坂城を訪れ、豊臣秀吉に象をおくりました。秀吉はこの象をたいへん気に入り、自分で瓜や桃をあたえたそうです。もともと室町時代後期の1543年に九州の種子島にポルトガル人が漂着してから、毎年のように貿易船を九州に派遣するようになっていました。鉄砲やカステラなどもポルトガルから日本に伝わっており、象のようなめずらしい動物も外国から来ています。

スペインやポルトガルとの交易を描いた屏風絵。象が描かれている
神戸市立博物館所蔵
Photo : Kobe City Museum / DNPartcom

記念日
- 劇画の日（劇画ブームの先駆けとなった漫画雑誌『ガロ』の創刊日、1964年7月23日に由来。白土三平の『カムイ伝』などを掲載）

誕生日
- アレクサンドル・デュマ（フランス／1802年／小説家）
- 谷崎潤一郎（日本／1886年／小説家）

クイズ
1950年の今日、琵琶湖が「自然公園法」に基づき、国定公園の第1号に指定されました。琵琶湖があるのは何県でしょう？

クイズの答え　7/22の答え：マカダミアナッツ　　7/23の答え：8機（2017年現在）　　7/24の答え：滋賀県

7/25 杉原千畝が「命のビザ」を発給、6000人の命を救った日

1940年7月25日、リトアニアの日本領事代理の杉原千畝は、外務省に反してビザを発給し、6000人もの命を救いました。第二次世界大戦が始まる前年、ナチスの迫害からのがれ、オランダ領に脱出を望む数百人のユダヤ人が、日本の通過ビザを求めてきたのです。千畝は外務省にかけあいましたが拒否されます。しかし自分の判断でビザを発給し、ユダヤ人を脱出させたのです。「命のビザ」と呼ばれ、後年イスラエルから「諸国民の中の正義の人賞」がおくられました。

杉原千畝（1900－1986年）

記念日
- かき氷の日（かき氷の別名である「夏氷」のゴロ合わせ、「な（7）つ（2）ご（5）おり」から、日本かき氷協会が制定）

誕生日
- バイエル（ドイツ／1803年／ピアニスト）
- ランゲルハンス（ドイツ／1847年／病理学者）

クイズ
1814年の今日、イギリスの技術者であるスティーブンソンが蒸気機関車を初走行させました。蒸気をつくるために燃やしたものは？

7/26 『東海道四谷怪談』が初めて演じられた日

1825年7月26日、4代目鶴屋南北の代表作『東海道四谷怪談』が、江戸（現在の東京）の中村座で初めて歌舞伎で演じられました。「お岩さん」というむすめが出てくる怪談として、今でも有名です。

お岩さんはうらみをもったまま死に、その後も、ゆうれいになって夫らを悩ませるというお話です。そのころ本当にあった事件をもとにした作品で、公演は大成功だったそうです。

「神谷伊右エ門　於岩のばうこん」より。提灯にのりうつったお岩が、夫の神谷伊右衛門をおどしている

記念日
- 夏風呂の日（「なつ（7）ぶ（2）ろ（6）」のゴロ合わせ。夏風呂の愛好家らが制定。夏でも風呂に入ることでさっぱりできることをアピール）

誕生日
- バーナード・ショー（アイルランド／1856年／劇作家）
- ユング（スイス／1875年／心理学者）

クイズ
2005年の今日、宇宙飛行士、野口聡一が国際宇宙ステーションへ飛びたちました。日本人初の何をした？　❶実験　❷船外活動

7/27 世界初のジェット旅客機、コメットが初飛行に成功した日

1949年7月27日、世界初のジェット旅客機、イギリスのコメットが初飛行に成功しました。高速スピードと乗りごこちのよさで好評でした。3年後の1952年から、南アフリカ線に就航しています。当時、イギリスの航空技術は高かったものの、設計技術ではジェット旅客機を安全に、安定した飛行をさせることが難しく、大きな事故が続きました。コメットはいったん耐空証明が取り消されましたが、1957年に再登場し、世界で初めて北大西洋線に就航しました。

コメットの試作初号機

記念日
- スイカの日（夏を代表する食べ物であるスイカのしま模様を綱に見立て、「な（7）つのつ（2）な（7）」で、「夏の綱」と読むゴロ合わせから）

誕生日
- 高橋是清（日本／1854年／第20代内閣総理大臣）
- 山本有三（日本／1887年／劇作家）

クイズ
今日は「スイカの日」。さて、スイカの生産量が全国一の県はどこ？　❶青森県　❷滋賀県　❸熊本県

クイズの答え　7/25の答え：石炭　　7/26の答え：❷船外活動　　7/27の答え：❸熊本県

7/28 中国の工業都市、唐山で大地震が発生した日

1976年7月28日、中国の、重化学工業都市として有名な唐山を大地震がおそいました。地震の大きさはマグニチュード7.8で、死者24万人、重傷者は8万人以上、少なくとも70万人以上の負傷者が出たといわれています。早朝に地震が起きたため、多くの人は就寝中に、れんが造りの家の下敷きになって亡くなりました。たくさんの家がこわれ、被害は首都、北京にまでおよんだそうです。大きな被害でしたが、1980年代にはほぼ復興しました。

地震直後のようす
提供：中国通信／時事通信フォト

記念日
●菜っ葉の日（「な（7）っ（2）ぱ（8）」のゴロ合わせ。ほうれん草などの葉物野菜を食べて、夏バテを防ごうという目的で制定）

誕生日
●片山哲（日本／1887年／政治家）
●中村乃武夫（日本／1924年／服飾デザイナー）

クイズ
1821年の今日、南米のペルーが独立したので「ペルー独立記念日」です。ところでペルーの面積は日本より広い？ せまい？

7/29 パリの名所、エトワール凱旋門が完成した日

1836年7月29日、パリのエトワール凱旋門が完成しました。1806年、フランス皇帝ナポレオンの命令で建設されたものです。完成までに30年かかり、ナポレオンがこの凱旋門を見ることはありませんでした。

凱旋門は、戦争の勝利を祝うために古代ローマ人がつくり始めた記念の建物です。一般にアーチ型で、街路にかかるように建てられ、戦いに勝った王や皇帝が行進するようにできています。

パリのエトワール凱旋門

記念日
●福神漬の日（福神漬の名前の由来である七福神のゴロ合わせ、「しち（7）ふ（2）く（9）」から。食品メーカーが制定した）

誕生日
●大橋新太郎（日本／1863年／実業家）
●ムッソリーニ（イタリア／1883年／政治家）

クイズ
1855年の今日、江戸幕府が海軍士官を育てる学校「海軍伝習所」を開設。第1期生で幕末に活躍したのは誰？

7/30 アメリカがNASA（アメリカ航空宇宙局）を設置した日

アメリカは日本の日付の1958年7月30日、アメリカ航空宇宙局、NASAを設置しました。NASAのもとになったのは、1915年から航空技術の開発を進めていた国家航空諮問委員会でした。

前年の1957年にソビエト連邦（現在のロシア連邦）が世界初の人工衛星スプートニク1号を打ち上げています。アメリカはこれを追いこすため、それまで空軍、海軍、陸軍がそれぞれ行っていた宇宙開発事業をまとめ、NASAをつくったのです。

NASAの発射場のひとつ、ケネディ宇宙センター

記念日
●梅干しの日（新物の梅干しが食べられることから。昔から難が去るといわれていて、「なん（7）さ（3）る（0）」で、ゴロ合わせにもなっている）

誕生日
●ヘンリー・フォード（アメリカ／1863年／実業家）
●新美南吉（日本／1913年／児童文学者）

クイズ
1912年の今日、大正天皇が即位し、元号が「大正」となりました。大正時代は西暦何年まであったでしょうか？

クイズの答え　7/28の答え：広い　7/29の答え：勝海舟　7/30の答え：1926年

7/31 サン＝テグジュペリが行方不明になった日

世界中の人々に愛されている童話『星の王子さま』の作者、フランス人の小説家でパイロットのサン＝テグジュペリが1944年7月31日、行方不明になりました。第二次世界大戦中、ナチス軍の偵察をするために、連合国軍のパイロットとしてコルシカ島を離陸し、北アフリカ上空で墜落、そのまま消息をたったのです。

それから50年以上たった2000年、サン＝テグジュペリが乗っていた航空機の残骸が地中海で発見され、話題となりました。

1935年、右がサン＝テグジュペリ
提供：Getty Images

行事
- 八戸三社大祭（青森県八戸市で行われる祭り。8月4日まで。大型の山車が市内を練り歩く。「山・鉾・屋台行事」としてユネスコ無形文化遺産に登録）

誕生日
- ウィリアム・スミス・クラーク（アメリカ／1826年／教育者）
- 柳田国男（日本／1875年／民俗学者）

クイズ
1971年の今日は、アポロ15号の月面車の走っているようすがテレビで生中継された日です。この月面車、何人乗り？

豆知識 「夏日」と「真夏日」何で決まる？

夏になると、天気予報で「明日は夏日になりそうです」ということが多くなります。よく聞いていると「真夏日」といっていることもあります。じつは、「夏日」と「真夏日」は少しちがいます。

「夏日」は日最高気温が25℃以上になる日のことで、「真夏日」は日最高気温が30℃以上の日のことです。どちらも暑い期間の長さを示す値として使われ、「夏日」は夏の季節の目安となり、「真夏日」は夏の暑さを表す指標になっています。1年の夏日の日数は平均で、札幌約46日、東京約105日、福岡約124日。1年の真夏日の日数は平均で、札幌約7日、東京約45日、福岡約54日ぐらいです。

それ以外にも、日本気象協会は「体感温度指数」「汗かき指数」「アイス指数」「ビール指数」などを発表して、暑さの目安を人々に伝えています。

これらとともに、4月〜9月に発表される「熱中症情報」が真夏では特に気になってきます。日本気象協会の熱中症情報は、熱中症を予防する目的で1954年にアメリカでつくられた暑さ指数のWBGTで示されています。

熱中症は、温度と湿度が高いところにいるために、からだの中の水分や塩分のバランスが悪くなり、さまざまな症状があらわれることです。症状にはめまいや頭痛、吐き気、けいれん、意識がなくなるなどがあります。無理をせず、水分をとったり、すずしいところで休むなど、心がけるようにしましょう。

●夏の運動に関する指針 （日本体育協会「スポーツ活動中の熱中症予防ガイドブック」より一部抜粋）

気温と呼び名	暑さ指数 WBGT ※気温の参考	熱中症予防運動指数	
35℃以上 猛暑日	35℃以上	運動は原則中止	特に子どもの場合は中止すべき。
30℃以上 真夏日	31〜35℃	厳重警戒（はげしい運動は中止）	体力の低い人、暑さに慣れていない人は運動中止。
25℃以上 夏日	28〜31℃	警戒（積極的に休息）	激しい運動では、30分おきくらいに休息をとる。
	24〜28℃	注意（積極的に水分補給）	運動の合間に、積極的に水分、塩分を補給する。
	24℃未満	ほぼ安全（適宜水分補給）	熱中症の危険は小さいが、適宜、水分、塩分の補給を。

クイズの答え： 7/31の答え：2人乗り

もっと伝わる！原稿（げんこう）の読み方❶
口の開け方を練習！

口の開け方を工夫すると、自分の言葉が、相手にとって聞き取りやすくなります。
口を大きく開けるポイントを紹介（しょうかい）します。
「あ行」から「わ行」まで、鏡を見ながら「あ———」と声に出して練習してみましょう。

口をたてに開ける

大きく口を開けようとするとき、自然と横に大きくなる。
しゃべるときの口は、たてに大きくなるように開けると、声がまっすぐ相手に届（とど）くので聞き取ってもらいやすくなる。

口の形を意識（いしき）する

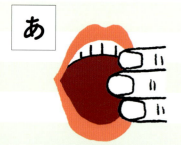
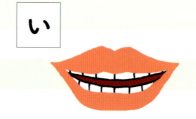

指がたてに3本入るくらい、大きく開ける。

口のはしが、横いっぱいに広がるように開ける。

ろうそくの火を消すときのように、とがらせる。

わらったときのように、口のはしを少し上げる。

「あ」と「う」の間くらいの大きさに開ける。

8月

異名
- 葉月（紅染月、雁来月、燕去月）

国民の祝日
- 山の日（8月11日：山の恩恵に感謝する）

二十四節気
- 立秋（8月8日ごろ：秋がはじまる日）
- 処暑（8月23日ごろ：暑さが弱まり、朝夕が涼しくなる）

誕生石
- ペリドット（夫婦の幸福、和合）

誕生月の花
- ヒマワリ（敬慕、愛慕、あこがれ）

8月

8/1 日本が清に宣戦布告をした日

1894年8月1日、日本が清（現在の中国）に対して、宣戦布告をしました。かねてから、日本と清は朝鮮の支配権をめぐって対立していたのです。朝鮮で2月に起きた農民の反乱で両国が出兵すると、7月25日には戦争状態に入りました。いわゆる「日清戦争」の始まりです。

戦争に勝った日本は、清に朝鮮の独立を認めさせ、遼東半島などをゆずり受けました。この戦争後、日本は帝国主義国家となっていくのです。

日清戦争。日本軍の兵士たちが発砲している

記念日
- ●水の日（水の使用量が多い8月。今日から1週間、「水の週間」として、1977年当時の国土庁が制定し、節水を呼びかけた）

誕生日
- ●室生犀星（日本／1889年／詩人）
- ●松方三郎（日本／1899年／登山家）

クイズ
1924年の今日、兵庫県に甲子園球場が完成。この球場で「夏の高校野球」が行われたのはいつ？ ❶1924年 ❷1974年 ❸2014年

8/2 都心で歩行者天国が実施された日

「歩行者天国」が始まったのは、1970年8月2日のこと。車両の通行を禁じ、道路を全面的に歩行者専用とする試みは、銀座や新宿、池袋、浅草などの都心で実施されました。当時、自動車による大気汚染や騒音問題が深刻でした。そこで、歩行者天国によって自動車の交通量をへらそうとしたのです。この日は日曜日で、銀座では23万人の人出があり、大にぎわい。東京都が測定した一酸化炭素濃度は、それまでの5分の1にとどまりました。

東京の銀座商店街。車道を人がうめつくしている
提供：朝日新聞社

記念日
- ●金銀の日（1928年、アムステルダムオリンピックの陸上2種目で織田幹雄選手が日本初の金メダル、人見絹枝選手が銀メダルを獲得したことから）

誕生日
- ●三浦梅園（日本／1723年／哲学者）
- ●木下順二（日本／1914年／劇作家）

クイズ
今日は「おやつの日」。むかし、おやつは「八つ時」にとる間食のことでした。八つ時とは今の何時？ ❶12〜13時 ❷14〜15時

8/3 大宝律令が完成した日

701年8月3日、文武天皇の命令で始まった「大宝律令」が完成しました。大宝律令は、日本で最初の完備された法律で、「律」は現代の刑法、「令」は行政法、民法、商法などにあたります。

唐（現在の中国）の律令制度を手本に、刑部親王や藤原不比等らが日本に合わせて編集を進めました。そして、20年の歳月をかけた大宝律令の完成は、天皇を中心とする中央集権国家の体制を固めるものとなったのです。

藤原不比等（659-720年）

記念日
- ●はちみつの日（「はち（8）みつ（3）」のゴロ合わせ。はちみつはどんな花からとれたかで種類が分けられる。日本ではレンゲみつが人気）

誕生日
- ●伊達政宗（日本／1567年／大名）
- ●豊臣秀頼（日本／1593年／大名）

クイズ
今日は「はさみの日」。はさみの切れ味が悪くなったら、何を切るとよい？ ❶紙 ❷アルミはく ❸ラップ

クイズの答え　8/1の答え：❶1924年　8/2の答え：❷14〜15時　8/3の答え：❷アルミはく

8/4 アンネ・フランク一家が連行された日

第二次世界大戦中の1944年8月4日、アンネ・フランクの一家ら、8人がナチス・ドイツの秘密国家警察に連行されました。ユダヤ系ドイツ人であった一家は、ナチスによる迫害をおそれてアムステルダムの隠れ家で生活していたのです。当時、アンネはまだ15歳でした。

後に、アンネが隠れ家でのくらしをつづった日記が見つかり、ただ一人生き残った父親によって出版されました。これが、有名な『アンネの日記』です。

アンネ・フランク（1929-1945年）
提供：AFP＝時事

記念日
- 箸の日（「は(8)し(4)」のゴロ合わせ。東京の日枝神社では、1メートルの大きな箸をそなえ、古い箸を焼いて供養する祭が行われる）

誕生日
- 吉田松陰（日本／1830年／思想家）
- 清水良雄（日本／1891年／画家）

クイズ
今日は「吊橋の日」。奈良県十津川村は、傾斜の激しい土地柄、吊橋がたくさんあります。いくつくらいある？　❶10　❷30　❸60

8/5 チリの鉱山で落盤事故が発生した日

2010年8月5日、チリ北部にあるサンホセ鉱山で落盤事故が発生し、地下700メートルに33人の作業員が閉じこめられました。生存は絶望的でしたが、17日後に「33人は無事」と書かれたメモが探査用ドリルの先に結びつけられていました。33人は、わずかな食料を分け合いながら生きのびていたのです。作業員は全員、10月13日に救出用カプセル「フェニックス」で引きあげられ、奇跡の生還を果たしたのでした。

生還した作業員たちと「フェニックス」
提供：EPA＝時事

記念日
- タクシーの日（1912年の今日、日本で初めて、タクシー会社が東京の有楽町で営業を開始した。日本初のタクシーはT型フォードだった）

誕生日
- 玄宗（中国／685年／唐の第6代皇帝）
- 壺井栄（日本／1899年／小説家）

クイズ
1884年の今日、フランスからアメリカに贈られた"あるもの"の建築が開始。今やニューヨークのシンボルの、あるものとは？

豆知識　「ねぶた」と「ねぷた」、何が違う？

8月初めの祭りで有名な「青森ねぶた祭」と「弘前ねぷたまつり」。「ぶ」なのか「ぷ」なのかは、地域の方言の違いのようです。「ねぶた」は青森を中心とした北津軽地方や下北地方、「ねぷた」は弘前を中心とした津軽地方の市町村で使われ、それぞれかけ声や灯籠の形式が異なります。しかし、いずれも七夕の「眠り流し」の灯籠流しに由来し、秋の収穫前に睡魔を追いはらうものという説もあります。この「眠り流し」が「ねむたながし」「ねむた」「ねぷた」と変わっていったのではないかといわれています。どれも、人形や扇などの形につくった大きな灯籠に火をともし、屋台にのせて、かけ声をあげながら街中を引きまわします。

クイズの答え　8/4の答え：❸60　　8/5の答え：自由の女神

8/6 広島に原爆が投下された日

第二次世界大戦末期の1945年8月6日、アメリカ軍のB-29爆撃機「エノラ・ゲイ」が、広島市に世界初となる原子爆弾を投下しました。上空580メートルで爆発すると、強烈な熱線と放射線、すさまじい勢いの爆風が発生。市街地はほぼ焼きつくされ、14万人が亡くなりました。また、生存者も放射線による後遺症に長く苦しめられました。戦後、8月6日には原爆の犠牲者を追悼し、平和をいのる式典が行われています。

爆心に近かった旧広島県産業奨励館は、現在「原爆ドーム」として被災の悲惨さを伝える

行事
- 仙台七夕まつり（宮城県仙台市で、今日から8月8日まで行われる。伊達政宗の時代から続く伝統行事で、東北三大祭のひとつ）

誕生日
- アレクサンダー・フレミング（イギリス／1881年／細菌学者）
- 長与善郎（日本／1888年／小説家）

クイズ
今日は「ハムの日」。ハムやソーセージは、肉を、ある調味料でつけると長期保存できるようにしたものです。その調味料とは？

8/7 篠山層群で「丹波竜」の化石が見つかった日

2006年8月7日、兵庫県丹波市の篠山層群で、恐竜の化石が見つかりました。発見者は、地学愛好家の足立洌さんと村上茂さんです。「人と自然の博物館」に持ちこむと、恐竜の化石であることがわかりました。その後、関係機関が本格的な発掘調査を行い、さまざまな生物の化石を発見しました。なかでも、多くの骨や歯が見つかった恐竜は新種で、後に「タンバティタニス・アミキティアエ」という学名がつきました。これが通称「丹波竜」です。

丹波竜の全身骨格のレプリカ。丹波竜は国内最大級の草食恐竜

記念日
- 鼻の日（「は（8）な（7）」のゴロ合わせ。においの種類によって変わるが、刺激臭の場合、犬は人間の一億倍の嗅覚がある）

誕生日
- 司馬遼太郎（日本／1923年／小説家）
- アベベ・ビキラ（エチオピア／1932年／マラソン選手）

クイズ
今日は「バナナの日」。バナナがスポーツ時に最適な理由は？ ❶エネルギーに変わりやすい ❷たんぱく質が多い ❸すべりやすい

8/8 ASEANが結成された日

1967年8月8日、「バンコク宣言」が採択され、ASEAN（東南アジア諸国連合）が発足。フィリピン、マレーシア、インドネシア、タイ、シンガポールの5か国が加盟しました。ベトナム戦争のさなか、中国やベトナムなどの社会主義国に対抗するうえで、地域間の協力が必要だったのです。地域の経済成長と社会・文化の発展、諸問題の解決を目的とするASEANは、現在10か国まで拡大し（2017年現在）、地域の発展に努めています。

ASEANに加盟している10か国

記念日
- そろばんの日（そろばんをはじくときに、「パチ（8）パチ（8）」と音がすることから。毎年8月8日に、全日本珠算選手権大会が開かれる）

誕生日
- 新渡戸稲造（日本／1862年／農学者）
- ディラック（イギリス／1902年／理論物理学者）

クイズ
2008年の今日、北京オリンピックが開幕しました。この大会の日本代表で、メダルを3つ取った北島康介選手は何の選手？

クイズの答え 8/6の答え：塩　8/7の答え：❶エネルギーに変わりやすい　8/8の答え：水泳

8/9 長崎に原爆が投下された日

長崎市に原爆が投下されたときの「キノコ雲」

1945年8月9日、アメリカ軍によってB-29爆撃機「ボックス・カー」が長崎市に原子爆弾を投下しました。広島への原爆投下から3日後のことです。当初、アメリカ軍は、福岡県の小倉に投下する予定でしたが、雲におおわれていたため、長崎に変更したのです。この原爆によって、長崎では約7万4000人が亡くなりました。

1968年、日本は「核兵器を作らない、持たない、持ち込ませない」という非核三原則を言明しました。

記念日
- ハンバーグの日（「ハ（8）ンバーグ（9）」のゴロ合わせ。冷凍食品メーカーが制定。夏休み中もたくさん食べてほしいという願いから）

誕生日
- 源 実朝（日本／1192年／鎌倉幕府第3代将軍）
- ヤンソン（フィンランド／1914年／児童文学作家）

クイズ
1821年の今日、江戸の両国でペルシアから連れてきた動物の見世物がありました。その動物は？　ヒント：せなかにこぶがあります

8/10 御成敗式目が制定された日

北条泰時（1183-1242年）

1232年8月10日、初の武家法となる「御成敗式目」が制定されました。「貞永式目」ともいいます。承久の乱がおさまり、鎌倉幕府の勢力が広がると、御家人がからんだ土地の争いが多く起こります。政権をにぎる北条泰時は、公平な裁判のために武士の法律が必要と考え、御家人の領地に関することのほか、武士の道徳や守護・地頭の権利と義務、家族制度などを定めました。この御成敗式目は、後の武士の法律の手本となりました。

記念日
- 道の日（道路の大切さを考える日。1920年の今日、初めて道路整備の計画が行われたことに由来する。国土交通省が1986年に制定）

誕生日
- 徳川頼房（日本／1603年／初代水戸藩主）
- 大久保利通（日本／1830年／政治家）

クイズ
2003年の今日、沖縄に戦後初の電車が登場しました。その愛称は？　❶ゆいレール　❷ちゅらレール　❸エイサーレール

8/11 しんかい6500が最深記録を達成した日

1989年8月11日、日本の有人潜水調査船「しんかい6500」は、造船所による公式試運転で三陸沖日本海溝を6527メートルの深さまでもぐり、世界最深記録を達成しました。この記録は、2012年6月まで破られることのなかった大記録でした。

深海にもぐるしんかい6500
提供：海洋研究開発機構／時事

しんかい6500には、地球内部の動きや生命の進化、環境変動の謎を解き明かす役割があります。日本のみならず、世界の深海調査研究の中心として、今も活躍し続けています。

祝日
- 山の日（「山に親しむ機会を得て、山の恩恵に感謝する」ための、国民の祝日。2016年から実施されている）

誕生日
- 幣原喜重郎（日本／1872年／政治家）
- 吉川英治（日本／1892年／小説家）

クイズ
1338年の今日、足利尊氏が征夷大将軍になりました。何幕府の初代将軍？
❶鎌倉幕府　❷室町幕府　❸江戸幕府

クイズの答え　8/9の答え：ラクダ　8/10の答え：❶ゆいレール　8/11の答え：❷室町幕府

8/12 日航ジャンボ機が御巣鷹山に墜落した日

1985年8月12日、羽田空港発、伊丹空港行きの日本航空123便が、群馬県と長野県の県境にある御巣鷹山に墜落しました。

午後6時12分に羽田空港を出発した123便は、離陸後わずか12分で機体に不具合が発生します。激しい上下、蛇行運動を続け、午後6時56分に御巣鷹山に激突しました。乗員・乗客520名が死亡、4名が救出されましたが、単独事故として、航空史上最悪のものとなりました。

御巣鷹山に墜落した日航ジャンボ機
提供：時事

行事
- 阿波おどり（今日から8月15日まで開催。徳島県の盆踊り。三味線や笛、鉦、太鼓に合わせて、身をくねらせ踊りながら行進する）

誕生日
- シュレーディンガー（オーストリア／1887年／物理学者）
- 淡谷のり子（日本／1907年／歌手）

クイズ
1990年の今日、名神高速の瀬田西ICから中国自動車道の山崎ICの間で、当時の新記録が誕生しました。何の新記録？

8月

8/13 「夏の甲子園」が始まった日

1924年8月13日は、「夏の甲子園」で知られる全国高等学校野球選手権大会が、初めて甲子園球場で行われた日です。当時は、全国中等学校優勝野球大会と呼ばれ、それまでは収容人数400名の豊中運動場で行われていました。開催10回目にあたり、この年の8月1日に完成したばかりの甲子園球場に大会会場を移したのです。5万人をこえる収容人数もあって人気を呼び、夏の甲子園は、季節を代表する風物詩となりました。

現在の阪神甲子園球場

記念日
- 函館・夜景の日（「や（8）けい（Kはトランプの13）のゴロ合わせ。北海道の函館山から見る夜景は「100万ドルの夜景」と呼ばれ有名）

誕生日
- 梅原末治（日本／1893年／考古学者）
- ヒッチコック（イギリス／1899年／映画監督）

クイズ
1716年の今日は、徳川吉宗が第8代将軍に就任した日です。ある食品の価格の安定に努めた吉宗は、何将軍とも呼ばれた？

8/14 日本の特許第1号「さび止め」が認定された日

1885年8月14日、特許第1号に「さび止め塗料とその製法」が認定されました。「専売特許条例」が設けられた年のことです。出願者は、彫刻家であり漆工芸家としても知られた堀田瑞松です。瑞松は、たまたま耳にした政府要人の話に興味を持ち、強力な船舶用さび止め剤の開発に取り組んだのでした。完成したさび止め剤は、漆を主成分に、かきしぶやしょうがなど国産原料で作られました。よごれを防ぐ作用もあったそうです。

堀田瑞松（1837－1916年）

行事
- 平戸のジャンガラ（長崎県平戸市に伝わる念仏踊り。造花がついた5色笠をかぶり、太鼓をたたきながら踊る。雨乞いや豊作を願う）

誕生日
- シートン（イギリス／1860年／動物文学作家）
- 広瀬秀雄（日本／1909年／天文学者）

クイズ
1950年の今日、8大都市の小学校で完全給食の実施が発表されました。その内容は、ミルク、おかず、もうひとつは？

クイズの答え　8/12の答え：渋滞（135キロメートルの渋滞になった）　8/13の答え：米将軍　8/14の答え：パン

8/15 第二次世界大戦が終わった日

1945年8月15日の正午、ラジオで昭和天皇の玉音放送がありました。これにより、事実上、第二次世界大戦が終わりました。

戦争中、日本は、アメリカ、イギリス、中国による連合軍から、無条件降伏をふくむさまざまな条件を求められましたが、受け入れませんでした。しかし、広島、長崎への原爆投下、ソビエト連邦（現在のロシア連邦）から日本への宣戦布告があったため、ようやく受け入れを決め、日本は敗戦国となったのです。

アメリカでトルーマン大統領が日本の降伏を発表

記念日
- すいとんで平和を学ぶ日（戦時中、米の代わりであった「すいとん」を食べ、平和の尊さを伝える日。愛知県犬山市の「すいとんの会」が制定）

誕生日
- 山東京伝（日本／1761年／戯作者、絵師）
- 小川一眞（日本／1860年／写真家）

クイズ
1769年の今日は、英雄・ナポレオンの誕生日。多くの名言を残しましたが、彼の「辞書になかった文字」とは何でしょう？

8/16 日本人水泳選手が世界新記録を樹立した日

1949年8月16日、ロサンゼルスで開催された水泳の全米選手権で、古橋廣之進が1500メートル自由形で世界新記録を樹立。18日には400メートル自由形、19日には800メートル自由形で世界新を記録しました。

じつは前年の日本選手権でも2種目で世界新記録を出していたものの、戦後の日本は国際水泳連盟を除名されていたため、公式記録として認められなかったのです。

この日の大記録は、アメリカの新聞で「フジヤマのトビウオ」と絶賛されました。

古橋廣之進（1928－2009年）

記念日
- トロの日（「トロ（16）」のゴロ合わせで、毎月この日をトロの日とする。全国で寿司店を運営している企業が制定）

誕生日
- 山鹿素行（日本／1622年／儒学者）
- スタンリー（アメリカ／1904年／生化学者）

クイズ
今日は送り盆の日。ナスに足をつけたものを供える習慣があります。ある動物に見立てているのですが、その動物とは？

豆知識　お盆について、どれだけ知っている？

日本の夏を代表する季節行事の「お盆」。期間は地域によって異なりますが、旧暦の7月15日を中心に行う先祖を供養する行事です。仏教の「盂蘭盆会」もしくは「盂蘭盆」を省略して「お盆」と呼ぶようになったといわれています。お盆の歴史は古く、推古天皇の時代の606年に朝廷で、初めて行われたようです。

一般的に、13日は祖先を迎える「迎え盆」、16日は祖先を送りだす「送り盆」を行います。この間、家庭では「盆棚」をかざって祖先を迎えます。

地域や宗派によってさまざまな風習がありますが、京都の「五山送り火」は、送り盆に行う「送り火」の一種です。また、盆おどりも、先祖や1年以内に亡くなった人の霊をなぐさめ、送りだすためのものです。

伝統ある季節行事には、それぞれ深い意味があるのです。

クイズの答え　8/15の答え：不可能　8/16の答え：牛

8/17 源頼朝が伊豆で兵を挙げた日

1180年8月17日、源頼朝は、平氏を倒すために兵を挙げました。1159年の「平治の乱」の後、頼朝は14歳で伊豆に流されてからこの日まで約20年間、源氏一族をとむらいながら過ごしました。そして、後白河法皇の皇子、以仁王が平氏討伐の命令を下すと、ついに頼朝は立ち上がります。はじめ頼朝にしたがう武士は少数でしたが、やがて平氏に不満を持つ武士たちが集まり、同年10月の富士川の戦いで平氏を破るのでした。

以仁王（1151－1180年）

記念日
- パイナップルの日（「パ（8）イ（1）ナ（7）ップル」のゴロ合わせ。パイナップル業界を主導する企業が制定）

誕生日
- 林有造（日本／1842年／政治家）
- 岡田武松（日本／1874年／気象学者）

クイズ
1948年の今日、横浜ゲーリック球場（現在の横浜スタジアム）にて、日本初の夜間試合が開催。カタカナで何という？

8/18 旧ソ連の無人探査機が月に軟着陸した日

1976年8月18日は、ソビエト連邦（現在のロシア連邦）の無人月探査機「ルナ」24号が、月の北東半球に位置する「危難の海」に軟着陸した日です。着陸から15分後、地球からの遠隔操作でシステムが作動すると、2.6メートルの深さから170グラムの土壌採取に成功しました。分析したところ、月に水が存在している確かな証拠が初めて得られたのです。これは、ライバルであるアメリカの月探査に先んじる成功でした。

ルナ24号　(c) Gakken /amanaimages

記念日
- ビーフンの日（ビーフンは米でできた麺のこと。「米」という漢字が「八十八」に分解できることから今日が記念日になった）

誕生日
- 最澄（日本／767年／日本天台宗の開祖）
- 伊藤左千夫（日本／1864年／歌人、小説家）

クイズ
1909年の今日、東京からワシントンへの苗木2000本の寄贈が決定。ポトマック河畔に植樹された、この木は何の木？

8/19 ねずみ小僧が処刑された日

1832年8月19日、江戸の大泥棒、ねずみ小僧次郎吉が36歳で処刑されました。博打による借金に追われた次郎吉は、27歳で盗みに入ると、身軽さを生かして、次々と不用心な武家屋敷だけを狙いました。次郎吉はこの日まで71か所、90度のぬすみを重ねたのです。
のちに芝居にもなり、「武家屋敷だけを狙い、盗んだお金は貧乏人にほどこす」義賊として描かれ、庶民の間で人気を集めました。

ねずみ小僧次郎吉。江戸市村座で上演された『鼠小紋東君新形』の役者絵

記念日
- 俳句の日（「は（8）いく（19）」のゴロ合わせ。俳句とは5・7・5の、3句17音で表現し、季語を入れる。季語がないものは川柳と呼ばれる）

誕生日
- オービル・ライト（アメリカ／1871年／発明家）
- シャネル（フランス／1883年／服飾デザイナー）

クイズ
1929年の今日、"空飛ぶ豪華客船"と呼ばれたツェッペリン号が、霞ケ浦飛行場に着陸。この乗り物は何でしょう？

クイズの答え　8/17の答え：ナイター　8/18の答え：サクラ　8/19の答え：飛行船

8/20 銀座に自動式の3色信号機が登場した日

1931年8月20日、東京の銀座尾張町などの交差点34か所に、自動式の3色信号機が設置されました。

当時の信号機は、交差点の真ん中に置かれていましたが、信号の色の意味がわからずに、従わない人が続出しました。そのため、交差点のすみに警察官を配置したり、赤には「トマレ」、黄には「チウイ」、青には「ススメ」と、文字を書いたりしました。信号の意味を人々が理解するようになるには、かなり時間がかかったようです。

丸の内交差点に設置された信号機

記念日
- 誕生記念筆の日（赤ちゃん筆の日。ハッピー（8）筆（20）とし、赤ちゃんの髪の毛で記念の筆をつくる企業が制定）

誕生日
- 高杉晋作（日本／1839年／長州藩士）
- ポアンカレ（フランス／1860年／大統領）

クイズ
1841年の今日、全106冊の物語『南総里見八犬伝』が書き上がりました。かかった年は？ ❶8年 ❷18年 ❸28年

8/21 会津地方で大地震が発生した日

1611年8月21日、会津地方を中心に大地震が発生しました。「慶長会津地震」です。マグニチュードは6.9と推定されています。この地震により、喜多方市の山崎地区で山崩れが発生。日橋川がせき止められたためにできたのが山崎新湖です。湖は東西に約4キロメートル、南北に約2〜2.5キロメートルにわたる大きさと推測され、多くの村を水没させたといいます。しかし、山崎新湖はおよそ50年で消滅しました。

山崎新湖の推定図

記念日
- 献血の日（1964年、それまでの「売血制度」を廃止して、すべての輸血用血液を「献血」にすることが定められた）

誕生日
- 浜田彦蔵（日本／1837年／通訳者）
- 遠山啓（日本／1909年／数学者）

クイズ
1970年の今日、プロボウラーの中山律子選手が女子初のパーフェクトゲームを達成。ストライクの数は何回？

8/22 東京に初の路面電車が走った日

1903年8月22日、新橋と品川の間に路面電車が開通しました。それまで市民の交通手段の主役は馬車鉄道でしたが、技術の進歩により電化されていきました。この日開通した東京電車鉄道も、東京馬車鉄道が改称したもので、のちの都電の基礎となりました。なお、路面電車は、車掌が運行に必要な合図として鐘を鳴らすことから、チンチン電車と呼ばれました。路面電車の開通を記念し、8月22日は「チンチン電車の日」とされています。

大正時代にかかれた絵葉書。電車の混雑ぶりがわかる

記念日
- はいチーズ！の日（写真をとるときのかけ声、「は（8）い（1）チ（2）ーズ（2）！」のゴロ合わせ。インターネット写真サービスの会社が制定）

誕生日
- 足利義満（日本／1358年／室町幕府第3代将軍）
- ドビュッシー（フランス／1862年／作曲家）

クイズ
1978年の今日、冒険家の植村直己が、グリーンランド3000キロメートルの単独縦断に成功しました。ソリをひいた動物は？

クイズの答え 8/20の答え：❸28年　8/21の答え：12回　8/22の答え：犬

8/23 白虎隊が飯盛山で最期をむかえた日

幕末期、鳥羽・伏見の戦いで勝利した新政府軍が現在の福島県会津にある鶴ヶ城にせまると、会津藩を守るため、16～17歳の少年で編成された部隊「白虎隊」も出陣することになりました。しかし、戸ノ口原の戦いで新政府軍に敗れてしまいます。1868年8月23日、20人の白虎隊が飯盛山に逃げましたが、そこから見えたものは黒いけむりに包まれる鶴ヶ城でした。絶望した少年たちは、そこで自ら命を絶ったのです。

福島県会津若松駅前にある、白虎隊士の像

記念日
- ●油の日（油の大切さを考える日。たくさんの油をしぼる、てこの原理を使った機械「長木」を発明した離宮八幡宮が、遷宮した日を記念日とした）

誕生日
- ●ルイ16世（フランス／1754年／国王）
- ●三好達治（日本／1900年／詩人）

クイズ
2015年の今日、寝台特急「北斗星」が上野駅に到着し、運行を終えました。車体の色からついた愛称は？

8/24 石川五右衛門がかまゆでにされた日

1594年8月24日、石川五右衛門が京都の三条河原で親子ともにかまゆでで処刑されました。世間をさわがせた強盗として処刑された五右衛門は、豊臣秀吉をねらった「泥棒学校」の主宰者でもあったなど、人々の間でさまざまなうわさが広がりました。歌舞伎や浄瑠璃などでも多く五右衛門が登場しますが、実在したかどうかは諸説あります。なお、五右衛門風呂の名前の由来にもなっています。

かまゆでの刑にあう五右衛門と子

記念日
- ●歯ブラシの日（「歯（8）ブ（2）ラシ（4）」のゴロ合わせ。歯ブラシを使った虫歯予防をもっと広めようと、口腔ケア商品の開発販売をする企業が制定）

誕生日
- ●滝廉太郎（日本／1879年／作曲家）
- ●平田篤胤（日本／1776年／国学者）

クイズ
1823年の今日、イギリスの学校でサッカーの試合中、ボールをかかえたまま相手ゴールに突進したことから誕生したスポーツは？

8/25 世界初のインスタントラーメンが誕生した日

1958年8月25日、日清食品から世界初のインスタントラーメン「チキンラーメン」が35円で発売されました。開発したのは創業者の安藤百福です。百福は開発にあたって、①おいしい、②長く保存できる、③簡単に調理できる、④値段を安くする、⑤安全である、という5つの目標をかかげました。すべての目標を達成したチキンラーメンは、手軽さとおいしさでまたたく間に評判となりました。インスタントラーメンは、今では世界中で愛されています。

発売当初のパッケージ

記念日
- ●パラスポーツの日（2020年に東京パラリンピックの開会式が予定されたため、NPO法人「アダプテッドスポーツ・サポートセンター」が制定）

誕生日
- ●榎本武揚（日本／1836年／政治家）
- ●菊池正士（日本／1902年／物理学者）

クイズ
1989年の今日、アメリカの惑星探査機、ボイジャー2号が最接近したのは？
❶月　❷太陽　❸海王星

クイズの答え　8/23の答え：ブルートレイン　8/24の答え：ラグビー　8/25の答え：❸海王星

8/26 リンドバーグ夫妻が霞ケ浦に到着した日

1931年8月26日は、世界的に有名だった飛行家のリンドバーグが、妻のアンとともに霞ケ浦に到着した日です。リンドバーグ夫妻は、水上飛行機シリウス号で、北太平洋横断飛行をしているところでした。

ニューヨークを出発した後、アラスカ、千島列島、根室を経て霞ケ浦に着いた夫妻を、地元民は厚くもてなしました。夫妻は大阪や福岡にも立ち寄り、9月19日に中国へ出発したのでした。

リンドバーグ夫妻をひと目見ようと人々がおしよせた

行事
- 吉田の火祭り（富士山の山じまいの祭り。日本三大奇祭のひとつ。夜には市中に立てられた、70本を超える長さ3メートルの大松明に火がつけられる）

誕生日
- コロンブス（イタリア／1451年／航海者）
- ラボアジェ（フランス／1743年／化学者）

クイズ
1789年の今日、「人間および市民の権利の宣言」が採択されました。どの国でのこと？
❶フランス　❷アメリカ　❸イギリス

8/27 シャルルが水素ガス気球実験に成功した日

1783年8月27日、フランスの物理学者のシャルルが、パリのシャン・ド・マルス公園で水素ガスを使ったガス気球を飛ばす実験に成功しました。気球は翌日、24キロメートル先のジュノスまで飛んだことが確認されました。シャルルの気球は、空気よりも軽いガスを利用するという簡単な原理で、たちまち世界各国に広まりました。なお、同じ年の11月21日、モンゴルフィエ兄弟は自作の熱気球により、人類初の気球の有人飛行に成功しました。

1783年12月1日には、シャルルも有人飛行に成功

記念日
- ジェラートの日（ジェラートブームの火付け役となった映画「ローマの休日」が、アメリカで公開された日にちなんだ）

誕生日
- ヘーゲル（ドイツ／1770年／哲学者）
- 宮沢賢治（日本／1896年／詩人、童話作家）

クイズ
今日は宮沢賢治の誕生日。代表作の『注文の多い料理店』で、食べられそうになった人間を助けたのは？　❶犬　❷猫　❸ねずみ

8/28 民放のテレビ放送が始まった日

1961年ごろの日本テレビ本社屋

1953年8月28日、同年2月にテレビ放送を始めたNHKに続き、民間のテレビ放送も始まりました。第1号の局は日本テレビで、この日の午前11時20分に放送が開始されました。しかし、当時はまだテレビが高価だったために、一般家庭にはなかなかありませんでした。そこで、駅やデパート、公園などに「街頭テレビ」が登場します。人々は、そこに集まってボクシングや大相撲の放送を見て熱狂しました。

記念日
- テルミンの日（テルミンはロシア生まれの世界初の電子楽器。電子回路の上に手をかざし、音の高低や音量をあやつる。発明者テルミンの誕生日）

誕生日
- ゲーテ（ドイツ／1749年／詩人、小説家）
- ミュラー（ドイツ／1797年／考古学者）

クイズ
1880年の今日、三味線職人、松永定次郎が国産第1号となる楽器を作りました。それは何？　❶ギター　❷バイオリン

クイズの答え　8/26の答え：❶フランス　8/27の答え：❶犬　8/28の答え：❷バイオリン

8/29 日本初のケーブルカーが開業した日

1918年8月29日、奈良県生駒山に日本初となるケーブルカー「生駒鋼索線」が開業しました。現在の生駒ケーブルです。鳥居前と宝山寺を結ぶこのケーブルカーは、生駒山中腹にある宝山寺の参拝客のために建設されたものです。開業後の営業は順調で、初年度の乗客数は144万人にのぼりました。後に複線化し、日本の登山鉄道の発展の基礎となりました。なお、生駒ケーブルは、踏切のあることでも有名です。

開業したばかりの生駒鋼索線。左下に駕籠が写っている

記念日
- 文化財保護法施行記念日（文化財保護法とは文化財を保護する法律。1949年の法隆寺金堂炎上がきっかけとなり、議員によって提案された）

誕生日
- メーテルリンク（ベルギー／1862年／劇作家、詩人）
- マイケル・ジャクソン（アメリカ／1958年／歌手）

クイズ
1974年の今日、宝塚歌劇団で池田理代子原作のまんがを舞台化、初日を迎えました。人気を集めた、この演目のタイトルは？

8/30 戦後初の国産旅客機が初飛行に成功した日

1962年8月30日、戦後初めての国産輸送機量産をめざし、試作1号機が初飛行に成功しました。同機は、午前7時21分に名古屋空港を飛び立つと、伊勢湾上空を飛行して空港にもどりました。このときの飛行時間は56分でした。1974年までに182機が生産され、国内では民間航空をはじめ、自衛隊や海上保安庁が採用し、国外にも輸出されました。また、試作1号機は、千葉県の航空科学博物館で屋外展示されています。

試作1号機

記念日
- ハッピーサンシャインデー（太陽のような笑顔ですごすとハッピーな気分になれる。8をハッピー、30をサンシャインと読むゴロ合わせ）

誕生日
- メアリー・シェリー（イギリス／1797年／小説家）
- ファント・ホッフ（オランダ／1852年／化学者）

クイズ
1945年の今日、厚木飛行場にマッカーサー元帥が到着。あるものをくわえた姿が有名ですが、それは何？ ❶パイプ ❷タバコ ❸アメ

8/31 ダイアナ元皇太子妃が事故で亡くなった日

1997年8月31日、イギリスのダイアナ元皇太子妃がパリ市内で自動車事故にあい、亡くなりました。この事故の原因は、パパラッチと呼ばれる、有名人を追い回すカメラマンをふり切ろうと高速で走っていたところ、トンネルの側壁にぶつかったものとされています。チャールズ皇太子と別れて1年目のできごとでした。この悲劇は大きく報道され、日本でも新聞の号外が発行されました。

ダイアナ元皇太子妃（1961－1997年）

記念日
- 宿題の日（学べる喜びに気づく日。夏休み最終日の今日、学べることの大切さに気づいてもらうことを願ってイギリスのチャリティー団体が制定）

誕生日
- ヘルムホルツ（ドイツ／1821年／生理学者、物理学者）
- 高橋和巳（日本／1931年／作家）

クイズ
今日は「や（8）さ（3）い（1）」のゴロ合わせで野菜の日。さて、スイカは野菜？ それともくだもの？

クイズの答え　8/29の答え：ベルサイユのばら　8/30の答え：❶パイプ　8/31の答え：野菜（農林水産省の分け方で「果実的野菜」）

9月

異名
- 長月（菊月、紅葉月、寝覚月）

国民の祝日
- 敬老の日（9月第3月曜日：老人を敬愛し、長寿を祝う）
- 秋分の日（9月23日ごろ：祖先をうやまい、亡くなった人をしのぶ）

二十四節気
- 白露（9月8日ごろ：草の葉に白露がつきはじめる）
- 秋分（9月23日ごろ：昼と夜の長さが等しくなる）

誕生石
- サファイヤ（慈愛、誠実、徳望）

誕生月の花
- リンドウ（正義感、的確）

9/1 第二次世界大戦が始まった日

1939年9月1日、第二次世界大戦が始まりました。ドイツはソビエト連邦（現在のロシア連邦）との約束を破り、この日、ポーランドに侵攻を始めました。そこでポーランドと同盟を結んでいたイギリスとフランスが2日後の9月3日、ドイツに宣戦布告をしたのです。

さらに、1941年12月8日に日本がアメリカとイギリスに宣戦布告したことで、全世界を巻きこむ大きな戦争となりました。

ポーランドに侵攻するドイツ軍
提供：dpa/時事通信フォト

記念日
- 防災の日（1923年の9月1日午前11時58分、マグニチュード7.9の関東大震災が起こり、大きな被害にあったことを忘れないため）

誕生日
- バローズ（アメリカ／1875年／小説家）
- 幸田文（日本／1904年／小説家）

クイズ
立春から数えて210日目を「二百十日」といいます。どんな特徴がある？
❶台風　❷晴天　❸雪

9/2 ユニセフが「子どもの権利条約」を発効した日

世界中の子どものために活動する国際連合の中の機関「ユニセフ」は、1990年9月2日「子どもの権利条約」を発効しました。この条約は、大きく分けて4つの子どもの権利を守るように定めています。①病気やけがの治療を受けられるなどの「生きる権利」、②教育を受けたり遊んだりできる「育つ権利」、③悪いことから「守られる権利」、④意見を言ったり活動を行える「参加する権利」です。2017年3月の時点で、196の国と地域が条約を結んでいます。

子どもにも「権利」がある

記念日
- 宝くじの日（「く（9）じ（2）」のゴロ合わせ。当選しても引き換えず、時効となる宝くじが多いことから、ＰＲの一環として1967年に制定）

誕生日
- 伊藤博文（日本／1841年／初代内閣総理大臣）
- 宮口しづえ（日本／1907年／児童文学作家）

クイズ
紀元前31年の今日、女王クレオパトラがひきいるエジプト軍がローマ軍に負けました。この有名な女王はクレオパトラ何世？

9/3 王貞治選手が756号ホームラン、世界新記録を出した日

1977年9月3日、読売巨人軍の王貞治選手が通算756号ホームランを打ち、世界新記録を打ち立てました。新記録が出たのは後楽園球場で行われた巨人－ヤクルト戦。王はライトスタンドに40号ホームランを打ちこみました。

この2日後、政府は王の新記録をたたえ、日本初の国民栄誉賞をおくりました。引退までに868本のホームランを打ち、2017年の時点で王の記録はまだやぶられていません。

世界新記録の通算756号目のホームランを放ち、祝われてグラウンドを回る王選手
提供：時事

記念日
- 組踊の日（組踊は、ユネスコ無形文化遺産に登録された沖縄の伝統芸能。1719年に始まった古典的な音楽舞踏劇で、沖縄県浦添市が制定）

誕生日
- アンダーソン（アメリカ／1905年／物理学者）
- 家永三郎（日本／1913年／歴史学者）

クイズ
今日は「グ（9）ミ（3）」のゴロ合わせで「グミの日」。グミはドイツ語ですが、もとは何のこと？　❶肉　❷ゴム　❸フェルト

クイズの答え
9/1の答え：❶台風　9/2の答え：クレオパトラ7世　9/3の答え：❷ゴム

9/4 世界初の本格的な海上空港、関西国際空港が開港した日

1994年9月4日、大阪湾の泉州沖5キロメートルに関西国際空港が開港しました。この空港は完全な人工島として築かれ、世界初の本格的な海上空港として注目を集めました。周りに民家や施設がないため、24時間いつでも航空輸送ができます。

関西にはもともと兵庫県伊丹市に大阪国際空港、通称・伊丹空港がありましたが、騒音などの問題があったため、将来の航空輸送を考えて関西国際空港をつくったのです。

関西国際空港

記念日
- 串の日（「く（9）し（4）」というゴロ合わせから。イベントの多いこの時期に片手で食べられる串ものをPR。冷凍食品メーカーが制定）

誕生日
- ブルックナー（オーストリア／1824年／作曲家）
- リチャード・ライト（アメリカ／1908年／小説家）

クイズ
今日は「ク（9）ラシ（4）ック」で「クラシック音楽の日」。ベートーベンは第三交響曲「英雄」を、だれに贈ろうとした？

9/5 ポーツマス条約に調印し、日露戦争が終わった日

1905年9月5日、アメリカのポーツマスで、日本からは小村寿太郎、ロシアからはヴィッテらが出席した会議で、通称ポーツマス条約と呼ばれる、日露講和条約が結ばれました。これにより前年1904年から始まった日露戦争が終わり、勝利をおさめた日本は、大陸へ勢力を広げていったのです。

この戦争で日本に勝利をもたらした軍人、乃木希典や東郷平八郎は当時英雄とされました。

ポーツマス会議のようす

記念日
- クリーン・コール・デー（「クリーン（9）・コール（5）」のゴロ合わせ。石炭エネルギーを理解してもらうことを目的に制定された）

誕生日
- ルイ14世（フランス／1638年／国王）
- 棟方志功（日本／1903年／版画家）

クイズ
今日は、世界的な版画家、棟方志功の誕生日。志功は誰の作品にあこがれた？
❶ピカソ ❷ムンク ❸ゴッホ

豆知識　「防災の日」には、自分の地域の防災を確認しよう

9月1日は「防災の日」ですが、「防災」は地震の被害を防ぐことだけではありません。1995年に発生した「阪神・淡路大震災」は強い揺れによる建物の倒壊と火災による被害が大きく、2011年に起きた「東日本大震災」は地震による津波も被害を大きくしました。地域や季節によっては台風や大雨、なだれなどの被害も考えられます。

自分が住んでいる地域で、どのような災害が起こりうるのか考えてみましょう。そして災害が起こった時、どこに避難するのか、また、どういう行動をとればよいのか知っておくことが大切です。

【避難袋を用意しよう】

クイズの答え　9/4の答え：ナポレオン　9/5の答え：❸ゴッホ

9/6 マゼラン隊が初の世界一周をなしとげた日

1522年9月6日、3年前にスペインの港を出発したマゼラン隊の船、ビクトリア号が同じ港にもどり、初の世界一周を果たしました。この航海によって、地球が丸いことが証明されたのです。また、マゼラン隊が通った、アメリカ大陸の南端とフエゴ島の間のせまい海峡はマゼラン海峡と名づけられました。しかしマゼラン自身は航海中、フィリピンで殺されてしまいます。265人いた乗務員のうちもどってきたのは18人でした。

マゼラン（1480－1521年）

記念日
● 黒の日（芋焼酎「黒伊佐錦」の発売30年を記念し制定。鹿児島の黒毛和牛、黒豚、黒酢など黒文化を楽しんでもらうため）

誕生日
● ラ・ファイエット（フランス／1757年／軍人）
● 星新一（日本／1926年／小説家）

クイズ
今日は森永のチョコボールのキャラクター「キョロちゃんの日」。3匹いるキョロちゃんはみんな同じ年。さて何歳？

9/7 世界初のボクシングのタイトルマッチが行われた日

1892年9月7日、ボクシングの歴史が大きく変わりました。アメリカのニューオーリンズで、グローブを着けて行う、世界初のヘビー級タイトルマッチが行われたからです。ほかの階級ではすでに行われていましたが、この試合以降、グローブを着けることが当たり前になり、現在の形に近いボクシングが世界に広まっていきました。ちなみに、この試合で使われたグローブは、現在のヘビー級グローブの半分の重さでした。

この試合の勝者、ジェームス・J・コーベット

記念日
● クリーナーの日（「ク（9）リーナ（7）ー」のゴロ合わせ。メガネをきれいにあつかうことをすすめようと、メガネクリーナー製造会社が制定）

誕生日
● 嵯峨天皇（日本／786年／第52代天皇）
● エリザベス1世（イギリス／1533年／女王）

クイズ
今日はブラジルの独立記念日。1822年のこの日、ポルトガルから独立しました。ブラジルの代表的なダンス曲は？

9/8 日本が48か国とサンフランシスコ平和条約を結んだ日

1951年9月8日、アメリカのサンフランシスコで開かれていた会議で、日本の吉田茂総理大臣が、アメリカやイギリスなど自由主義陣営の48か国と「サンフランシスコ平和条約」を結びました。

当時、日本は第二次世界大戦が終わった1945年9月から、連合国軍、おもにアメリカに占領されていました。しかし、この平和条約が1952年4月28日に発効されたことで、日本はようやく国際社会に復帰することになりました。

サンフランシスコ平和条約に署名する
吉田茂総理大臣

記念日
● 国際識字デー（イラン国王が軍事費の一部を字を読めるようにする「識字教育」に使うよう提案したことを記念して、日本ユネスコ協会連盟が制定）

誕生日
● ドボルザーク（オーストリア／1841年／作曲家）
● 池田菊苗（日本／1864年／物理化学者）

クイズ
1900年の今日、夏目漱石が文部省第1回給費留学生としてイギリスに出発しました。漱石の肖像画が使われた紙幣は何円札？

クイズの答え 9/6の答え：5歳　9/7の答え：サンバ　9/8の答え：1000円

9/9 お昼に「ドン」という音が鳴るようになった日

1871年9月9日、明治政府が「午砲の制」を発布したため、皇居に正午所を設置し、正午に空砲を一発打つことになりました。「午砲」とは、正午を知らせるために打つ銃砲のことです。このころはまだ、お金持ちしか時計を持っていなかったので、一般の人は家の中で正確な時間がわからなかったのです。午砲は「ドン」と呼ばれて市民に親しまれました。1922年に廃止され、1929年からはサイレンに変わりました。

実際に使われていた午砲。現在は江戸東京たてもの園にある

節句
● 重陽の節句（五節句のひとつで「菊の節句」ともいう。平安時代から、日本では菊花を浮かべた酒を飲み、長寿をいのった）

誕生日
● リシュリュー（フランス／1585年／政治家）
● トルストイ（ロシア／1828年／小説家、思想家）

クイズ
今日は「救急の日」。救急車を呼ぶか迷ったときに使うとよい電話番号は#7119。本当に救急車が必要なときに使う番号は？

9/10 日本でカラーテレビ本放送が始まった日

1960年9月10日、日本でカラーテレビ本放送が始まりました。アメリカ、キューバに次ぎ、世界で3番目でした。

本放送が始まったといっても、すべての番組がカラーだったわけではありません。当初、1日のうちカラーで放送された時間は、NHKで約1時間、日本テレビが2時間ほどでした。

しかし、1964年の東京オリンピックに向けて、日本のカラー放送技術は急速に発展していきます。

1960年に発売された松下電器（現在のパナソニック）のカラーテレビ

記念日
● 下水道の日（下水道の整備の促進のため、1961年に、現在の国土交通省である建設省が制定。はじめは「全国下水道促進デー」だった）

誕生日
● 順徳天皇（日本／1197年／第84代天皇）
● コンプトン（アメリカ／1892年／物理学者）

クイズ
1951年の今日、映画『羅生門』が、ベネチア国際映画祭で日本初の大賞（金獅子賞）を受賞しました。この映画の監督は誰？

9/11 アメリカで、同時多発テロ事件が起きた日

2001年9月11日、アメリカで同時多発テロ事件が起こりました。テロリストが乗客を乗せた旅客機4機をハイジャックし、ニューヨークの世界貿易センタービル2棟に1機ずつぶつけ、崩壊させました。別の1機は、ワシントンの国防省ビルに突入、4機目は墜落と、亡くなった人は3000人を超え、世界中の人々が犠牲者をしのびました。

世界貿易センタービルの跡地は「グラウンド・ゼロ」と呼ばれ、追悼博物館が建てられました。

崩壊した世界貿易センタービル

記念日
● 警察相談の日（緊急ではないことを電話で警察に相談できるよう設けられた。専用の電話番号は、#9110。110番は緊急用）

誕生日
● ノイマン（ドイツ／1798年／物理学者）
● オー・ヘンリー（アメリカ／1862年／小説家）

クイズ
1900年の今日、日本初の公衆電話が上野駅と新橋駅に設置されました。翌月、京橋にできた初の公衆電話ボックスは何色？

クイズの答え　9/9の答え：119　9/10の答え：黒澤明　9/11の答え：白

9/12 少年たちが「ラスコーの壁画」を発見した日

1940年9月12日、フランス南西部の村で、地元の少年たちが旧石器時代の遺跡「ラスコーの壁画」を発見しました。5.5メートルもある大きな牛をはじめ、200点もの絵や形が、洞窟の壁や天井に描かれていました。一番多いのは馬で、牛や鹿も多く、そのほか猫、狼、熊、鳥、人間などが描かれています。この洞窟は住居ではなかったようで、洞窟の中に壁画を描き、豊作のお祈りなどに使っていたと考えられています。

ラスコーの洞窟に描かれた馬

記念日
● 水路記念日（新暦に直した1871年の今日、「水路局」が設置されたことから海上保安庁が制定。水路局では船舶の安全を守るための海図をつくっていた）

誕生日
● フランソワ1世（フランス／1494年／国王）
● 堅山南風（日本／1887年／画家）

クイズ
今日は「宇宙の日」。1992年のこの日、スペースシャトル「エンデバー」で宇宙に飛び立った日本人宇宙飛行士は？

9/13 重要人物を警護するSPが警視庁に誕生した日

1975年9月13日、首相や内外の重要人物を警護するセキュリティポリス「SP」が、警視庁に誕生しました。
「警視庁」は東京都を担当する警察組織で、46道府県の県警などは「警察庁」所属の警察組織です。SPが属する警視庁の警護課では、警護第1係は内閣総理大臣、第2係は大臣、第3係は重要人物、第4係は外国の重要人物、というように警護する人物により担当が分かれています。

発足当日のSP。背広姿で「腰撃ち」を披露
提供：(C)共同通信社／アマナイメージズ

記念日
● 一汁三菜の日（毎月13日。日本の、昔ながらの健康によいといわれる献立「一汁三菜」にちなんで、食品メーカーが制定）

誕生日
● 杉田玄白（日本／1733年／蘭方医）
● クララ・シューマン（ドイツ／1819年／ピアニスト）

クイズ
1926年の今日、日本航空が、日本初の海外定期航空便を始めました。日本のどの都市から中国の大連へ運行させた？

9/14 日本初の女子留学生、津田梅子が女子英学塾を開いた日

1900年9月14日、日本初の女子留学生だった津田梅子が、現在の津田塾大学の前身、「女子英学塾」を開きました。当時の塾生は10人でした。梅子は、明治時代初期に募集された女子留学生の1人で、1871年に6歳でアメリカへわたりました。11年後に帰国しますが、女性の地位が低かった当時の日本におどろき、再びアメリカ留学をしました。帰国後は華族女学校で先生をしながら、「学校をつくる」という夢を持ち続け、それを実現させたのです。

津田梅子（1864-1929年）

行事
● 鶴岡八幡宮例大祭（今日から9月16日まで行われる、鶴岡八幡宮での最も大きな祭り。最終日に走る馬から矢を放つ流鏑馬神事が見どころ）

誕生日
● フンボルト（ドイツ／1769年／博物学者）
● 赤塚不二夫（日本／1935年／漫画家）

クイズ
1994年の今日、プロ野球選手のイチローが、シーズン安打192本の日本新記録を達成。この時、イチロー選手がいた球団は？

クイズの答え 9/12の答え：毛利衛　9/13の答え：大阪　9/14の答え：オリックス・ブルーウェーブ（現在のオリックス・バファローズ）

9/15 徳川家康が「関ヶ原の戦い」で勝利した日

1600年9月15日、「関ヶ原の戦い」が起こりました。戦いに勝った徳川家康が政権をにぎることとなり、江戸幕府を開くきっかけになりました。その前に政権をにぎっていた豊臣秀吉が1598年に亡くなり、あとつぎの秀頼が5歳だったことから、五大老の一人である家康は力をつけていきました。秀吉の恩を受けていた石田三成や小西行長らは、家康をしりぞけるため戦いをいどみましたが、この関ヶ原で負けたのです。

関ヶ原の戦いを描いた屏風絵

記念日
- 老人の日（老人の福祉への関心や理解を深める日。1966年から2002年までは、今日が「敬老の日」として国民の祝日だった）

誕生日
- 岩倉具視（日本／1825年／政治家）
- アガサ・クリスティー（イギリス／1890年／小説家）

クイズ
今日は「石狩鍋記念日」。北海道の郷土料理である石狩鍋には何の魚が入っている？
❶マグロ　❷サケ　❸アジ

9/16 アメリカの学者が「大森貝塚」の発掘を開始した日

1877年9月16日、アメリカの動物学者、モース博士と日本人学生たちが、「大森貝塚」の発掘調査を始めました。これは日本で初めての学術調査でした。この3か月前の6月、モース博士が横浜から新橋へ向かう汽車に乗った際、その車窓から東京の品川で大森貝塚を発見したのです。同じ1877年の12月に出された報告書『大森介墟古物編』は、日本初の学問的な発掘調査の報告書とされています。

現在、大森貝塚は大森貝塚遺跡庭園として開放されている

記念日
- オゾン層保護のための国際デー（オゾン層保護やフロン等対策のために国連環境計画（UNEP）が1994年に制定）

誕生日
- 渡辺華山（日本／1793年／蘭学者、画家）
- 竹久夢二（日本／1884年／画家）

クイズ
1835年の今日、イギリスの博物学者であるダーウィンがガラパゴス諸島に上陸。ここでの研究をもとに書かれた有名な著書は？

豆知識　お月見の月を「中秋の名月」というのはなぜ？

9月22日前後に「十五夜」があり、お月見、名月、中秋の名月とも呼ばれます。「中秋」というのは、旧暦の8月15日のことをさし、現在使っている新暦の9月22日前後です。こよみが誕生する前は、月の満ち欠けによって月日を知り、祭や農作業の日を決めたりしていました。そして、この十五夜は、祭りなどを行う重要な日だったのです。

昔の中国には、中秋の名月を楽しむ風習がありました。平安時代にそれが日本に伝わり、貴族が月見を楽しむようになりました。そののち庶民にも広がり、十五夜に月見をするようになったのです。

ところで、秋にも七草があります。「秋の七草」は、萩、尾花（すすき）、葛、撫子、女郎花、藤袴、桔梗で、十五夜の日にかざり、神様が月からおりてくる目印にするそうです。

クイズの答え　9/15の答え：❷サケ　9/16の答え：『種の起源』

9/17 世界初、本格的な都市交通のモノレールが発進した日

東京オリンピックが開幕する3週間ほど前の1964年9月17日、東京モノレールが開業し、羽田空港と浜松町の間を約15分で結びました。これは日本初の旅客用で、世界的に見ても、初めての本格的な都市交通機関としてのモノレールでした。

当時、最新鋭の東京モノレールは、各国から訪れるオリンピック選手たちを運んだのです。

当時の東京モノレール

記念日
- イタリア料理の日（イタリア語の「料理」を意味する「ク（9）チー（1）ナ（7）」のゴロ合わせ。イタリア料理の普及や発展をめざして制定）

誕生日
- シャルル3世（フランス／879年／国王）
- 正岡子規（日本／1867年／俳人）

クイズ
今日は「モノレール開業記念日」。実験的に、ある施設ですでに走っていました。それはどこ？ ❶上野動物園　❷後楽園遊園地

9/18 満州事変の引き金となる柳条湖事件が起きた日

1931年9月18日、中国の奉天（現在の瀋陽）近くの柳条湖で、満州にとどまる日本の関東軍が南満州鉄道の線路を爆破。関東軍は、この爆破は中国兵のしわざ、といいました。これが「柳条湖事件」です。

さらに関東軍は、柳条湖事件は日本の権利と利益をおかして損害をあたえるとし、軍事行動を始めたのが「満州事変」です。当時、日本の若槻禮次郎内閣は、事変を拡大させない、と発表しましたが、関東軍は無視して満州各地を占領していきました。

当時の総理大臣、若槻禮次郎（1866－1949年）

記念日
- かいわれ大根の日（日本かいわれ協会が制定。9月は会合を開いた月、18日は、1をくき、8を横にして並べ、かいわれの葉の形に見立てた）

誕生日
- 横山大観（日本／1868年／画家）
- 高橋健二（日本／1902年／ドイツ文学者）

クイズ
1971年の今日、「カップヌードル」が発売。当時若者の間で何を使って食べるのが流行した？ ❶スプーン　❷フォーク　❸はし

9/19 明治時代になり、平民も苗字を持つことが許された日

1870年9月19日、平民も苗字を持つことが許されました。明治政府が戸籍を整理するためと、役人、農民、職人、商人の四民平等の実現からでした。江戸時代、苗字を持っていいのは武士や広い土地を所有する名主などに限られていました。政府は前年、一般武士を「士族」、農民、職人、商人を「平民」としました。そしてこの日、平民に苗字が許されたのです。しかし平民はなかなか慣れず、苗字をつけようとしなかったので、政府は1875年に苗字を使うことを義務にしました。

法令全書の一部

記念日
- 愛知のいちじくの日（愛知県の特産物である、いちじくのPRのため、JAあいち経済連が制定。多く出回る7月から10月の19日とした）

誕生日
- フーコー（フランス／1819年／物理学者）
- 小杉天外（日本／1865年／小説家）

クイズ
2015年の今日、日本代表がワールドカップで、強豪の南アフリカに34-32で、歴史的逆転勝利。そのスポーツは？

クイズの答え　9/17の答え：❶上野動物園　9/18の答え：❷フォーク　9/19の答え：ラグビー

9/20 児童たちが教科書を黒く塗りつぶした日

第二次世界大戦後の1945年9月20日、教科書の指示された部分を、児童たちが、墨で塗りつぶしました。これが「墨塗り教科書」です。戦争に負けた日本は、連合国最高司令官総司令部、GHQの指令により、教科書の中の、軍国主義や国家神道などの部分を削除することになりました。古い教科書を回収し、新しい教科書をつくる命令が出ましたが、新しい教科書が間に合わず、古い教科書を塗りつぶして使ったのです。

墨塗り教科書

記念日
- 空の日（1911年の今日、山田式飛行船の東京上空初飛行を記念して1940年に制定されたのが「航空の日」。これを発展させて「空の日」となった）

誕生日
- 大石久敬（日本／1725年／農政学者）
- 杉本健吉（日本／1905年／画家）

クイズ
1957年の今日、国産ロケット1号機「カッパー4C」の発射が成功。何県のロケット実験場から打ち上げられたでしょう？

9/21 蔵前国技館で、土俵の四本柱が取りのぞかれた日

1952年9月21日、蔵前国技館の土俵の四隅にあった柱を取りのぞき、吊り屋根にして、四隅に柱の色を残した房をさげました。観客は柱で目の前がさえぎられることなく、相撲の取り組みを楽しみました。もともと大相撲は両国国技館で行われていました。しかし、関東大震災や大空襲で焼けてしまい、1950年から1984年までは蔵前で行われていました。1985年になってようやく大相撲は両国へもどりました。

房の色は、青、赤、白、黒の4色

記念日
- 国際平和デー（一日を通して平和に過ごすことを呼びかけるための国際デー。世界の停戦と非暴力の日として、国連が制定）

誕生日
- ウェルズ（イギリス／1866年／小説家）
- ホルスト（イギリス／1874年／作曲家）

クイズ
今日は「国際平和デー」。毎年この日、国連事務総長が鳴らすのは、日本政府が国連に贈った何？　❶平和の鐘　❷平和のらっぱ

9月

9/22 WWFジャパンが設立された日

1971年9月22日、世界で16番目の「世界自然保護基金」として、WWFジャパンが設立されました。WWFは人と自然が調和して生きられる未来をめざして、現在、約100か国で活動している環境保全団体です。世界中で多くの野生動物を絶滅の危機から救うことを目的に、1961年にスイスで誕生しました。
現在は、野生生物が生きるさまざまな自然環境や生態系の保全、地球温暖化をふくむ世界的な環境問題にも取り組んでいます。

WWFのロゴ
©1986 Panda Symbol WWF
®"WWF" is a WWF Registered Trademark

記念日
- 禁煙の日（毎月22日。22をハクチョウに見立て、「スワンスワン（吸わん吸わん）」で禁煙の意味をもつ。禁煙推進学術ネットワークが制定）

誕生日
- ファラデー（イギリス／1791年／化学者、物理学者）
- 吉田茂（日本／1878年／第45、48〜51代内閣総理大臣）

クイズ
1862年の今日、アメリカの第16代大統領リンカーンが「奴隷解放予備宣言」をしました。この時、アメリカは何戦争中だった？

クイズの答え　9/20の答え：秋田県　9/21の答え：❶平和の鐘　9/22の答え：南北戦争

9/23 太陽系8番目の惑星、海王星が発見された日

1846年9月23日、ドイツの天文学者、ガレが海王星を発見しました。じつはこの日、ガレはフランスの天文学者、ルヴェリエから手紙を受けとっており、そこには太陽系8番目の、のちに海王星と名づけられる惑星を探すための正確な位置が記されていました。すぐにガレは海王星を発見したのですが、手紙の送り主のルヴェリエを発見者と考える天文関係者は多いようです。

海王星は、ローマ神話の海の神の名前で「ネプチューン」と呼ばれています。

海王星

記念日
- 動物虐待防止の日（動物愛護週間である9月20日から9月26日の期間の真ん中の日に、日本動物虐待防止協会が制定）

誕生日
- アウグストゥス（ローマ帝国／紀元前62年／初代皇帝）
- 葛飾北斎（日本／1760年／浮世絵師）

クイズ
1809年の今日、イギリスのフォルシュが万年筆のもととなるペンで特許を取得。改良された万年筆を日本で売りはじめたのはいつ？

9/24 高橋尚子選手が女子陸上で初の金メダルにかがやいた日

2000年9月24日、シドニーオリンピックの女子マラソンで、高橋尚子選手が日本で女子陸上初の金メダルにかがやきました。しかも、2時間23分14秒という、当時のオリンピック最高記録での優勝でした。

試合では22キロメートル地点から高橋選手とルーマニアのシモン選手の一騎打ちに。33キロメートルくらいから高橋選手がスパートをかけ、笑顔でゴールし、日本中をわかせました。

高橋選手のゴールの瞬間　提供：Lehtikuva／時事通信フォト

記念日
- 清掃の日（1971年の今日、「廃棄物処理及び清掃に関する法律」が施行されたことから、環境省が制定）

誕生日
- 大倉喜八郎（日本／1837年／実業家）
- 長新太（日本／1927年／絵本作家）

クイズ
1965年の今日、国鉄は、指定席などをオンラインシステムで発券する窓口を開設。その通称は？　❶べんりな窓口　❷みどりの窓口

9/25 世界で初めてトライアスロンが行われた日

トライアスロンは、1人の選手が水泳と自転車、マラソンの3種目を連続して行うスポーツです。

1974年9月25日、アメリカで世界初のトライアスロンが行われました。その後、アイアンマン世界選手権第1回大会が1978年にハワイで行われ、それから世界にどんどん広がっていきました。日本で初めての大会は1981年に行われました。2000年からはオリンピックの正式種目になっています。

トライアスロンの日本選手権は1995年から開催されている
© Satoshi Takasaki/JTU

記念日
- プリンの日（毎月25日。プリンを食べて笑顔になってほしいという願いから乳製品メーカーが制定。笑顔＝「ニッ（2）コ（5）リ」のゴロ合わせ）

誕生日
- ケッペン（ロシア／1846年／気象・気候学者）
- 魯迅（中国／1881年／文学者）

クイズ
1985年の今日、奈良県の藤ノ木古墳の石室などが発掘されました。この古墳の大きさは？　❶約10メートル　❷約50メートル

クイズの答え　9/23の答え：1895年（ウォーターマン社の毛細管作用の万年筆）　9/24の答え：❷みどりの窓口　9/25の答え：❷約50メートル

9/26 観測史上最大の伊勢湾台風が東海地方をおそった日

1959年9月26日、東海地方に大きな被害をもたらした台風15号が来襲しました。台風は紀伊半島を横切り、愛知県に接近、岐阜県西部から富山県を通って日本海に抜けていきました。特に伊勢湾周辺で暴風となり、記録的な高潮がおこりました。この台風による死者・行方不明者は5000人以上、57万戸をこえる家や建物が被害を受けたのです。観測史上最大の被害となり、台風15号は「伊勢湾台風」と名づけられました。

被災者の避難に、自衛隊と米軍が出動した

記念日
- ワープロ記念日（1978年の今日、世界初の日本語の、文字を打つ、記憶、印字などができる機械、ワードプロセッサー第1号機が発売された）

誕生日
- エリオット（イギリス／1888年／詩人）
- ガーシュイン（アメリカ／1898年／作曲家）

クイズ
1580年の今日、イギリスのドレークが世界で2人目の世界一周に成功。ドレークはもとは何をしていた人？ ❶海賊 ❷山賊

9/27 戦後最悪の噴火災害となる御嶽山が噴火した日

2014年9月27日、長野県と岐阜県にまたがる御嶽山が噴火しました。死者58人、行方不明者5人、負傷者69人という人的被害が出て、戦後最悪の噴火災害となりました。御嶽山は1979年にも同じくらいの規模で噴火しましたが、早朝だったため死者が出なかったと考えられます。2014年の噴火で多くの被害が出たのは、登山にふさわしい紅葉の季節で、よく晴れた土曜日の昼だったため、頂上の近くにたくさんの登山者がいたからです。

噴煙直後の御嶽山のようす
（防災ヘリ まんなか号より　平成26年9月27日撮影）

記念日
- 世界観光デー（国連世界観光機関（UNWTO）が定める国際デーのひとつ。「世界観光の日」とも。1989年に制定された）

誕生日
- 戸坂潤（日本／1900年／哲学者）
- 宇野重吉（日本／1914年／俳優、演出家）

クイズ
1989年の今日、横浜ベイブリッジが開通。主塔の先端が日没から24時までの毎20～30分と毎50～0分に、10分間ずつ光ります。何色？

9月

9/28 マラソン競技のもとが誕生した日

紀元前490年9月28日、アテネ軍はペルシャ戦争で、ギリシャのマラトンという村に上陸した強敵ペルシャ軍を、たくみな戦術によって敗退させました。これが「マラトンの戦い」です。

当時のペルシアの王、ダレイオス1世

この勝利を味方に伝える使者が、マラトンからアテネまで約40キロメートルを休みなく走り続け「われらが勝った」と告げて、死んだという話があります。陸上競技のマラソンはこの話をもとに生まれました。

記念日
- 世界狂犬病デー（世界保健機関［WHO］などによって制定された。狂犬病の影響やその予防法などについて人々に知ってもらうことが目的）

誕生日
- 島津斉彬（日本／1809年／薩摩藩主）
- コンドル（イギリス／1852年／建築家）

クイズ
1971年の今日、日本初の科学衛星が打ち上げられ、多くの科学的成果をもたらしました。この衛星の名前は何でしょう？

クイズの答え　9/26の答え：❶海賊　9/27の答え：青色　9/28の答え：しんせい

9/29 共同声明により、日中の国交が正常化された日

1972年9月29日、当時の内閣総理大臣、田中角栄が中国を訪れ、「日中共同声明」を発したことで、日本と中国の国交正常化がなされました。

日本と中国は、1949年からこの年まで、国交がありませんでした。中国は当時、文化大革命による混乱がおさまり、近代化を進めていました。いっぽう日本は、アジアの国々とよい関係を築こうとしているところでした。

1978年8月には、日中共同声明をふまえた上で、日中の平和友好条約が結ばれました。

署名する田中角栄総理（左から2人目）と周恩来中国首相（右から2人目）
提供：時事

記念日
- 接着の日（「くっ（9）つ（2）く（9）」のゴロ合わせ。日本接着剤工業会が制定。接着剤の機能や役割を知ってもらうことが目的）

誕生日
- ネルソン（イギリス／1758年／軍人）
- 徳川慶喜（日本／1837年／江戸幕府第15代将軍）

クイズ
今日は「来る（9）福（29）」と読ませて「招き猫の日」。招き猫の左手は「客」を呼んでいますが、右手は何を呼んでいる？

9/30 菅原道真の申し出により遣唐使が廃止された日

894年9月30日、唐（現在の中国）の文化や技術を学び、取り入れるために行われてきた遣唐使が廃止されました。

607年に始まった遣隋使から、遣唐使へと、約290年にわたり、大陸への派遣が続いていました。しかし、このころには唐がおとろえており、学者で政治家だった菅原道真が遣唐使に任じられたものの、遣唐使の役割はすでに終わっているとして中止を求めたため、日本から唐に行くことはなくなりました。

菅原道真（845－903年）

記念日
- クミンの日（カレーに使うスパイスのひとつ、クミン。使うスパイスをクミンだけにしたカレーを作る日にと食品メーカーが制定）

誕生日
- ガイガー（ドイツ／1882年／物理学者）
- カポーティ（アメリカ／1924年／小説家）

クイズ
1951年の今日、日本で初めてプロレスの試合が行われました。この年、日本プロレス界の大スターがデビュー。それは誰？

豆知識　台風が大きな被害をもたらしやすいのはいつ？

台風の影響で、強風や大雨、高潮、波浪などが発生します。1つの被害というより、いくつかが重なることで、大きな被害になることが多いのです。

1934年以降で、死者・行方不明者の多かった13件の台風を見ると、そのうち9月が11件で、10月は2件です。この時期は、日本列島の近くに「秋雨前線」があり、大雨の被害が増えると考えられます。

被害が特に大きい自然災害には、日本独自の名前がつきますが、台風名も気象庁が決めています。

上陸・最接近した年月日	台風名	死者・行方不明者数
1934年9月21日	室戸台風	3036人
1945年9月17日	枕崎台風	3756人
1947年9月15日	カスリーン台風	1930人
1954年9月26日	洞爺丸台風	1761人
1958年9月26日	狩野川台風	1269人
1959年9月26日	伊勢湾台風	5098人
1990年9月19日	平成2年台風第19号	40人
1991年9月27日	平成3年台風第19号	62人
1993年9月3日	平成5年台風第13号	48人
2004年9月7日	平成16年台風第18号	46人
2004年10月20日	平成16年台風第23号	98人
2011年9月3日	平成23年台風第12号	98人
2013年10月16日	平成25年台風第26号	43人

クイズの答え　9/29の答え：金運　9/30の答え：力道山

10月

異名
- 神無月（神去月、神在月〔出雲地方〕、時雨月）

国民の祝日
- スポーツの日（10月第2月曜日：健康な心身をつちかう）

二十四節気
- 寒露（10月8日ごろ：露がこおりそうなころ）
- 霜降（10月23日ごろ：霜や冷たい雨が降りはじめるころ）

誕生石
- オパール（希望、幸福、安楽）

誕生月の花
- コスモス（調和）

10/1 日本初の新幹線が東京－大阪間で開業した日

1964年10月1日、「夢の超特急」と呼ばれた、日本初の新幹線が開業しました。それまで特急で6時間以上かかっていた東京－大阪間を、4時間で走りぬけました。東京オリンピック開幕目前の日のことです。

丸い鼻の「0系」車両は、日本の技術力を集めたものでした。改良を重ねながら走りましたが、2008年、多くの鉄道ファンに見送られて引退しました。現在は、N700系が東京から新大阪間を、約2時間30分で走っています。

「0系」の車両

記念日
- メガネの日（日付を数字で書くと「1001」。両端の「1」をメガネのツルに、「00」をメガネのレンズに見立て、日本眼鏡関連団体協議会が制定）

誕生日
- 川口松太郎（日本／1899年／小説家、劇作家）
- カーター（アメリカ／1924年／第39代大統領）

クイズ
1948年のこの日、警察を呼ぶ電話番号ができました。それは何番でしょう？ 今も同じ番号です。

10/2 江戸で大地震が発生した日

1855年10月2日、現在の東京で、安政江戸地震が発生しました。震源は東京湾で、地震の規模はマグニチュード7程度、震源の深さは40～50キロメートルの直下型地震といわれています。江戸市中は、地震による火災や建物の倒壊によって、かいめつ状態になりました。死者数は7000人以上とされています。2013年末に、首都直下型地震について、30年以内に70％程度の確率で発生すると想定されたことが発表されました。

安政江戸地震のようす

記念日
- 豆腐の日（「とう（10）ふ（2）」のゴロ合わせ。豆腐の数え方は「1丁」。「丁」に偶数の意味があるので、昔は「1丁」で2個分を指した）

誕生日
- ガンジー（インド／1869年／政治家）
- 武谷三男（日本／1911年／物理学者）

クイズ
1970年の今日貫通した、当時日本最長の山陽新幹線用のトンネルはどれ？ ❶青函トンネル ❷六甲トンネル ❸関門トンネル

10/3 日本武道館が開館した日

1964年10月3日、日本の武道の試合会場となる日本武道館の開館式が行われ、「演武始めの儀」として、弓道、相撲、剣道、柔道が披露されました。日本武道館は、この数日後に行われる東京オリンピックで、初めて正式競技に採用された柔道の競技会場となりました。

その後、1966年に行われたビートルズの来日公演をきっかけに、武道だけでなく、ロックコンサートも開催されるようになりました。

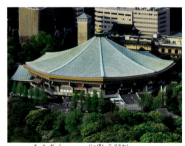
東京都千代田区にある日本武道館

記念日
- 登山の日（「と（10）ざん（3）」のゴロ合わせ。登山を通して自然の素晴らしさを知り、その恩恵に感謝する日）

誕生日
- 津田左右吉（日本／1873年／歴史学者）
- 下村湖人（日本／1884年／小説家、教育者）

クイズ
1988年の今日、アニメ「それいけ！アンパンマン」が放送開始。第1回に登場しなかったのは？ ❶ジャムおじさん ❷しょくぱんまん

クイズの答え 10/1の答え：110番　10/2の答え：❷六甲トンネル　10/3の答え：❷しょくぱんまん

10/4 史上初の人工衛星打ち上げが成功した日

人類が本格的な宇宙開発に乗り出したのは、1950年代です。宇宙への一番乗りは、ソビエト連邦（現在のロシア連邦）でした。1957年10月4日、世界で最初の人工衛星、スプートニク1号の打ち上げに成功したのです。主な目的は、電離層観測などの観測実験です。スプートニク1号の打ち上げ成功は、世界の宇宙開発の幕開けとなりました。宇宙から地球を観測する道を開いたという点でも、画期的なプロジェクトでした。

スプートニク1号
© Gakken /amanaimages

記念日
- 都市景観の日（「都（10）市（4）」のゴロ合わせ。よい都市景観の整備を進めることを目的に、現在の国土交通省である建設省が制定）

誕生日
- ミレー（フランス／1814年／画家）
- 福井謙一（日本／1918年／理論化学者）

クイズ
今日は、ある魚の日です。1985年に制定されたのですが、その魚は何？　ゴロ合わせです。❶イワシ　❷イトウ　❸マグロ

10/5 日本人が初めてヒマラヤ登頂に成功した日

1936年10月5日、堀田弥一を隊長とする、立教大学登山隊がヒマラヤのナンダ・コート峰、標高6867メートルの登頂に成功しました。
悪天候やヤマビルの襲来、高山病などでなかなか進むことができませんでした。最初に頂上をめざしたのは9月29日でしたが、降雪や疲れから、頂上まで100メートルというところで一旦引き返します。そして、2度目の挑戦がこの日のこと。午後2時55分、日本人が初めてヒマラヤの高峰に立ったのです。

ヒマラヤ山脈

記念日
- 世界教師デー（ユネスコが制定。世界には読み書きのできない子がいる国や地域が多いため、教師の育成や地位向上が大切であることを発信する日）

誕生日
- 徳川家斉（日本／1773年／江戸幕府第11代将軍）
- ルイ・リュミエール（フランス／1864年／発明家）

クイズ
1817年の今日、浮世絵師の葛飾北斎が120畳の大きさの紙に、ある絵を描きました。それは何？　❶富士山　❷波　❸達磨

豆知識　10月は神無月？　神在月？　あるなしどっち？

昔から、10月には日本全国の神様が、島根県の出雲大社へ会議に出かけると考えられてきました。神様が出かけてしまう土地では神様がいないので「神無月」、反対に出雲の国には神様がたくさん集まるので「神在月」となります。
出雲大社にいる神様は、大国主神で、大地を象徴する神様です。そのたくさんの子どもたちである神様が全国各地において、その地域を管理していたのです。はじめは大国主神の家族で、年に一度、10月に集まって話し合いをしていました。やがて、他の神様もそこに集まるようになったのだそうです。
出雲大社に集まった神様たちは、人の運命や来年の天候、農作物のでき具合などを話し合っているといわれています。

クイズの答え　10/4の答え：❶イワシの日（い（1）わ（0）し（4））　　10/5の答え：❸達磨

10/6 音が出た最初の映画がニューヨークで公開された日

1927年10月6日、音と映像が合体した、長編としては初のトーキー映画『ジャズ・シンガー』が、ニューヨークで公開されました。

そもそも映画が誕生したのは、19世紀末。そのころ映画に音はなく、セリフは字幕を使っていました。

『ジャズ・シンガー』で音が出たのは一部の歌とセリフだけでしたが、「音がいっしょに聞こえる」と大ヒット。その後、全編通して、今のように楽しめる映画になっていくのです。

映画『ジャズ・シンガー』のポスター

記念日
- 国際協力の日（開発途上国の経済支援をする「コロンボ・プラン」に日本が初めて加盟したことを記念する日）

誕生日
- ウェスティングハウス（アメリカ／1846年／発明家）
- ル・コルビュジエ（スイス／1887年／建築家）

クイズ
1969年の今日、千葉県松戸市役所に、市民のためにすばやく動く課が誕生。どれ？
❶すぐやる課　❷行動課　❸すばや課

10/7 毒入り菓子がスーパーに並んだ日

1984年10月7日、京都府のスーパーで、「どくいり　きけん　たべたら　死ぬで」と書かれた菓子が発見されました。犯人は「かい人21面相」と名乗り、企業やマスコミ、警察あてに、脅迫状や挑戦状を次々と送りつけました。同年3月のグリコの社長誘拐から始まった、通称「グリコ・森永事件」です。翌年、犯人から一方的に「終結宣言」が出され、事件は終わりましたが、犯人はつかまらず、2000年2月、時効が成立しました。

メッセージのシールがはられた菓子
提供：朝日新聞社

記念日
- 盗難防止の日（日本損害保険協会が制定。2015年の車の盗難件数は約11万件で、検挙件数は約5万7000件。それぞれの件数は年々減っている）

誕生日
- ボーア（デンマーク／1885年／物理学者）
- 本間一夫（日本／1915年／福祉活動家）

クイズ
1849年の今日、ミステリー作家エドガー・アラン・ポーが亡くなりました。彼の作品はどれ？　❶白猫　❷黒猫　❸三毛猫

10/8 佐藤栄作がノーベル平和賞を受賞した日

1974年10月8日、佐藤栄作元首相のノーベル平和賞受賞が決まりました。授賞理由は、1967年の国会で「核兵器をもたず、つくらず、もちこませず」という非核三原則を発表したことです。これは、日本の憲法の平和主義を示した日本政府の方針です。

栄作は、1964年11月から1972年7月まで、日本の首相をつとめました。7年8か月という長期政権でした。また、引退直前の1971年6月には、沖縄返還協定調印を果たしました。

佐藤栄作（1901－1975年）

記念日
- 木の日（今日の日付を漢字で「十」と「八」とし、組み合わせると「木」になるため。木材のよさを考える。全国木材組合連合会などが制定）

誕生日
- 名和靖（日本／1857年／昆虫学者）
- クレッチマー（ドイツ／1888年／精神医学者）

クイズ
今日は「ようかんの日」。一般的な、ねりようかんの材料でないものはどれ？
❶寒天　❷もち　❸あん

クイズの答え　10/6の答え：❶すぐやる課　10/7の答え：❷黒猫　10/8の答え：❷もち

10/9 男女共学が実施された日

1946年10月9日、国民学校令施行規則の一部改正が公布され、男女共学となりました。男女が同じ学校、同じ学級で学ぶことが法律で決められたのです。明治時代の小学校では、1、2年生は例外として共学でしたが、3年生以上は男女別々の教室で学んでいました。中学校は、完全に別の教室でした。戦後、法律の見直しがなされ、男女が同じ内容の教育を受けられるようになりました。このことは、「男女平等」の考え方につながっていきます。

昔は机もいすも木製だった

記念日
- トラックの日（「とらっ（10）く（9）」のゴロ合わせ。全日本トラック協会が制定。人々の生活や産業活動を支えるトラック輸送をめざす）

誕生日
- フィッシャー（ドイツ／1852年／有機化学者）
- ジョン・レノン（イギリス／1940年／ロック歌手）

クイズ
1874年の今日、「万国郵便連合」が発足しました。それにちなんだ何の日？
❶ふみの日　❷手紙の日　❸世界郵便デー

10/10 東京オリンピックが開幕した日

1964年10月10日、第18回オリンピックが東京で開催されました。93の国と地域から5500名を超える代表選手と役員が、アジアで初めて開催されるオリンピックに参加しました。

日本からは437人の選手が参加し、実施された20競技すべてに出場しました。日本のメダル獲得数は、金が16個、銀が5個、銅が8個と、その活躍は、日本のオリンピック史上に残るすばらしい成績でした。

聖火台へ向かう坂井義則

記念日
- ふとんの日（10がふたつ並んでいることから、「ふ（2）と（10）ん」のゴロ合わせ。全日本寝具寝装品協会が制定）

誕生日
- ヴェルディ（イタリア／1813年／作曲家）
- イサベル2世（スペイン／1830年／女王）

クイズ
東京オリンピックの開会式が行われたことを記念して今日は、国民の祝日に。今では10月第2月曜日ですが、それは何の日？

10/11 シュリーマンがトロイア遺跡の発掘を開始した日

トロイア遺跡は、ホメロスの叙事詩『イリアス』に登場する古代都市で、トルコにある世界遺産です。『イリアス』に書かれていたトロイア戦争の話は、長い間、伝説だと思われていました。

ドイツのシュリーマンは、本当の話だと信じ、1871年10月11日から、遺跡の発掘を始めました。1873年、とうとう財宝と遺跡を発見。遺跡のようすから、詩に書かれているように、長く続いたトロイア戦争が事実であることがわかったのです。

ハインリヒ・シュリーマン（1822－1890年）

記念日
- オクトーバーウインク（10と11をたおすと、ウインクをする目に見えるため。朝、起きて好きな人の名前の文字数をウインクするといいらしい）

誕生日
- ケルゼン（オーストリア／1881年／法学者）
- 榎本健一（日本／1904年／喜劇俳優）

クイズ
1915年の今日、博物学者のファーブルが亡くなりました。彼の代表作は？
❶昆虫記　❷動物記

クイズの答え　10/9の答え：❸世界郵便デー　　10/10の答え：スポーツの日　　10/11の答え：❶昆虫記

10/12 コロンブスが新大陸を発見した日

ポルトガルでは、インドまでの航路は東回りでした。船乗りのコロンブスは、その反対の西回りでインドへの航海を計画。ポルトガル国王に提案しますが金銭面で話がまとまらず、隣国のスペインのイサベル女王を説得し、出発しました。
1492年10月12日、現在のバハマ諸島に到達し、新大陸を発見しました。アメリカ大陸です。しかしコロンブスは、到達した場所はインドだと最後まで信じていました。

コロンブス（1451－1506年）

記念日
- 豆乳の日（豆乳を飲み、美しさを引き出してもらおうと日本豆乳協会が制定。健康にちなみ体育の日がある10月の、12を豆乳と読むゴロ合わせ）

誕生日
- エドワード6世（イギリス／1537年／国王）
- マクドナルド（イギリス／1866年／首相）

クイズ
1978年の今日、誕生したプロ野球の球団は今のどこ？ ヒント：パ・リーグのチームです。マスコットはレオとライナ。

10/13 経度の基点を決定、世界で共通の時刻が決まった日

ニュースで「現地時間」「日本時間」という言葉を聞きますが、これは「世界標準時」にもとづくものです。世界標準時が決まったのは1884年10月13日のこと。イギリスのロンドンにあるグリニッジ天文台を通る子午線を「経度0°」とし、これを基準にした時刻を、「世界標準時」としたのです。それまでは、国や地域がそれぞれ独自の時刻を使っていました。各国の交流が増え、世界共通の時刻が必要になったのです。

イギリスのグリニッジ天文台

記念日
- 豆の日（陰暦の9月13日は「十三夜」で、月に豆を供える風習があった。毎年日付が変わるため、全国豆類振興会が新暦の今日に固定して制定）

誕生日
- フィルヒョウ（ポーランド／1821年／病理学者）
- サッチャー（イギリス／1925年／首相）

クイズ
今日は「さつまいもの日」。さつまいもの原産地はどこ？
❶日本 ❷メキシコ ❸アフリカ

10/14 江戸幕府が朝廷に政権を返すと告げた日

1867年10月14日、江戸幕府第15代将軍の徳川慶喜が「政権を朝廷に返す」と告げました。これが「大政奉還」です。
このころは、薩摩藩と長州藩を中心に、倒幕への動きが進んでいた時代です。じつは大政奉還の10日ほど前、慶喜に「王政復古」を勧めたのは土佐藩。慶喜の命を守り、政局の主導権を幕府にもたせようとしたのです。徳川家は、政権を返すことで、倒幕派の動きをおさえました。

大政奉還の前日、慶喜は二条城に重臣を集めた

記念日
- 焼うどんの日（焼うどん発祥の地、福岡県小倉の焼うどんを全国に広めるために制定。そばの代わりに干しうどんで焼そばを作ったのがはじまり）

誕生日
- 陸羯南（日本／1857年／ジャーナリスト）
- アイゼンハワー（アメリカ／1890年／政治家）

クイズ
今日は「鉄道の日」。1872年、新橋から横浜間を結んだ鉄道が開通しました。その距離は？
❶29キロメートル ❷58キロメートル

クイズの答え　10/12の答え：埼玉西武ライオンズ　10/13の答え：❷メキシコ　10/14の答え：❶29キロメートル

10/15 「太陽暦」が始まった日

現在使われているこよみ、「太陽暦」のもとは、「ユリウス暦」といい、2000年ほど前から使われていました。しかし、太陽暦よりも1年が11分ほど長かったのです。1000年では約8日の差となり、こよみを改める必要がありました。そこで、1582年にローマ法王グレゴリウス13世が改暦を行い、10月4日の翌日を1582年10月15日とし、太陽暦の使用が始まりました。

日本が、太陽暦を採用したのは、それから291年後の1873年のことです。

グレゴリウス13世（1502－1585年）

記念日
- 助け合いの日（ふだんの生活での助け合いや、地域のボランティア活動への参加を呼びかける日。全国社会福祉協議会が1965年に制定）

誕生日
- ニーチェ（ドイツ／1844年／哲学者）
- 岡本綺堂（日本／1872年／劇作家、小説家）

クイズ
今日は「きのこの日」。日本特用林産振興会が制定しました。きのこは何のなかま？
❶植物　❷菌　❸バクテリア

10/16 「オイルショック」により原油価格が引き上げられた日

1973年10月16日、石油輸出国機構（OPEC）の6か国が、原油の価格を大幅に引き上げることにしました。第四次中東戦争中のことです。

この原油価格の引き上げは「オイルショック」と呼ばれ、日本では、トイレットペーパーや洗剤などの物価が上がるといううわさが広まっていきます。人々は買いだめに走り、パニック状態となりました。また、省エネ対策として、街のネオンの消灯やテレビの深夜放送休止なども行われました。

トイレットペーパーは品薄に

記念日
- 世界食糧デー（開発途上国でおこる、貧困による栄養失調や飢えについての関心を高める国際デー。国連食糧農業機関〔FAO〕の設立を記念して制定）

誕生日
- オースティン・チェンバレン（イギリス／1863年／政治家）
- ギュンター・グラス（ドイツ／1927年／小説家）

クイズ
1908年の今日、日本の警察で、事件解決の証拠として、ある捜査方法を採用。容疑者の体の一部を調べるのですが、それは何？

豆知識　紅葉前線は北から南へ

紅葉前線とは、全国の気象台が決めた標本木の、イロハカエデが紅葉した日をつないだ線のことです。標本木の葉の色が赤く変わった最初の日を結びます。

紅葉前線はサクラの開花と異なり、北から南へと移動します。近年は紅葉したといえない年もある地域も出てきました。秋に気温が下がり日が短くなると、葉の付け根に「離層」ができ、赤い色素だけが残って紅葉します。秋に、十分に寒くならないと、紅葉しないまま葉が落ちてしまうことがあるのです。

紅葉前線　気象庁資料より（1981～2010年平均値）

クイズの答え　10/15の答え：❷菌　　10/16の答え：指紋

10/17 日本で初めての水道が横浜で使われた日

1887年10月17日、日本で初めて、神奈川県の横浜で、近代的な水道が使われるようになりました。

横浜では、江戸時代末期に港が開かれ、人口が急激に増えました。水不足となり、井戸を増やそうとしましたが、埋め立て地の横浜の井戸水は塩分をふくみ、飲水に適さなかったのです。そこで神奈川県は、相模川と道志川の合流地点を水源とした水道を建設することにしたのです。

横浜水道創設当時の三井用水取入所

記念日
- 貧困撲滅のための国際デー（子どもの貧困を完全になくすことをめざして、人権と尊厳の尊重を呼びかける、国際デー）

誕生日
- サン＝シモン（フランス／1760年／哲学者）
- アーサー・ミラー（アメリカ／1915年／劇作家）

クイズ
1968年の今日、川端康成がノーベル文学賞を受賞しました。代表作は？
❶北国　❷南の国　❸雪国

10/18 発明王、エジソンが亡くなった日

1931年10月18日、発明王、トーマス・エジソンが亡くなりました。独学で学び、蓄音機や電灯、映画、蓄電池、アルカリ電池、電話の改良など、たくさん発明し、とった特許は1300件を超えました。

エジソンは、「発明はお金にならないとダメ」が信条で、人々が大切なお金を払う価値のあるものを作りたいと考えていたのです。発明で得たたくさんのお金で、発明のための研究を何十年も続けました。

トーマス・エジソン（1847－1931年）

記念日
- 統計の日（統計の重要性や関心、理解を高める日。統計とは社会の状況の性質や傾向について、数字を使って表し、把握すること）

誕生日
- チェンバレン（イギリス／1850年／日本学者）
- 馬場のぼる（日本／1927年／漫画家、絵本作家）

クイズ
今日は「冷凍食品の日」。10は冷凍の「凍」のゴロ合わせ。18の意味は？
❶保存期間が18日間　❷貯蔵適温が－18℃

10/19 日ソ共同宣言で日本とソビエト連邦が国交を回復した日

1956年10月19日、日本とソビエト連邦（現在のロシア連邦）で「日ソ共同宣言」が正式に調印されました。当時の日本の総理大臣、鳩山一郎がソビエト連邦首相のブルガーニンを訪問して、ソビエト連邦との国交の回復が実現しました。

第二次世界大戦後、日本とソビエト連邦は平和条約が結ばれていなかったため、国際法上は戦争が終わっていませんでしたが、この宣言により、国交の回復が実現したのです。

旧ソビエト連邦のクレムリン宮殿で行われた調印式　提供：時事

記念日
- ブラック・マンデー（1987年の今日、世界恐慌の下落率を上回るほど、ニューヨーク株式相場が大暴落。その日が月曜日だったためこの名に）

誕生日
- フレンセン（ドイツ／1863年／小説家）
- 山本豊市（日本／1899年／彫刻家）

クイズ
1907年の今日、のちの関西の鉄道会社が設立されました。どこでしょう？
❶小田急電鉄　❷京急電鉄　❸阪急電鉄

クイズの答え　10/17の答え：❸雪国　　10/18の答え：❷貯蔵適温が－18℃　　10/19の答え：❸阪急電鉄（箕面有馬電気軌道会社）

10/20 文永の役で神風が吹き、元軍が撤退した日

　1268年、現在の中国を支配していたモンゴル王朝、元のフビライ・ハンから、日本に手紙が来ました。北条時宗は使者を追い返します。怒った元は、数万人の兵で日本を攻撃、1274年10月20日、「文永の役」がはじまります。九州の約5000人の日本軍が迎え撃ちますが苦戦。しかし元軍が船に引き上げた日の夜、いきなり嵐が吹き荒れ、多くの船が沈没して元軍は撤退。2度目の攻撃、「弘安の役」でも暴風雨が発生し、海上の元軍はほぼ全滅しました。

『蒙古襲来絵詞』

記念日
- リサイクルの日（リサイクルは、ごみを再生可能な資源として「ひとまわり（10）ふたまわり（20）」と利用することから）

誕生日
- ランボー（フランス／1854年／詩人）
- 坂口安吾（日本／1906年／小説家）

クイズ
1856年の今日、農政家の二宮尊徳が亡くなりました。その通称は？
❶金太郎　❷金次郎　❸銀次郎

10/21 明治神宮外苑で学徒出陣壮行会が開かれた日

　1943年10月21日、現在の国立競技場跡地である明治神宮外苑競技場で、学徒たちを戦場に送り出す壮行会が開かれました。秋雨が降る中、行進する男子生徒は約2万5000人。全国で軍務についた学徒の総数は13万人ともいわれています。
　それまで大学や専門学校などに通う学生・生徒は軍務につかせずに戦争をしていましたが、形勢が悪化。兵隊が足りないため、学校に通っていた若い人たちをも戦地へ向かわせたのです。

学徒出陣壮行会で行進する学生たち

記念日
- あかりの日（1879年の今日、発明王エジソンが日本の竹を使ってフィラメントを作り、白熱電球を完成させた）

誕生日
- ノーベル（スウェーデン／1833年／化学者）
- 江戸川乱歩（日本／1894年／小説家）

クイズ
1833年の今日が誕生日の、ノーベルがつくったものは何？　❶白熱電球　❷ダイナマイト　❸蒸気機関車

10/22 都が京都市へ移った日

　794年10月22日、桓武天皇が都を京都市に移し、「平安京」と名付けました。その10年前、桓武天皇は、現在の京都府向日市と長岡京市のあたりに「長岡京」という都をつくったばかりでした。しかし、長岡京建設にあたった藤原種継が暗殺され、天皇の弟の早良親王が死ぬなど、天皇の身近で次々に不幸な事件が起こりました。やがて、これらは怨霊のせいではないかという人もあらわれたため、天皇は長岡京を捨て、京都市に新しい都をつくったのです。

平安京を復元した模型

行事
- 時代祭（京都三大祭のひとつ。毎年この日に時代風俗行列を行う。延暦時代から明治維新までの、当時と同様の衣裳を着た約2000人が行列をつくる）

誕生日
- リスト（ハンガリー／1811年／ピアニスト）
- ロバート・キャパ（ハンガリー／1913年／報道写真家）

クイズ
今日は「図鑑の日」。1908年に日本初の図鑑とついた本が発行されました。何の図鑑だった？　❶植物　❷動物　❸宇宙

クイズの答え　10/20の答え：❷金次郎　　10/21の答え：❷ダイナマイト　　10/22の答え：❶植物

10/23 新潟県中越地震が起きた日

2004年10月23日、午後5時56分、新潟県を中心とした中越地方に、マグニチュード6.8の大きな地震が起こりました。震度は、阪神・淡路大震災以来9年ぶりの震度7。電気、水道、ガスが使えなくなり、土砂崩れなどで通行できなくなりました。10万人以上が避難生活となったのです。地震のショックと、強くて長い余震により、ストレスで亡くなる人もいました。死者60人以上、負傷者4800人を超える犠牲者を出したのです。

新潟県中越地震で倒壊した家屋

記念日
- 津軽弁の日（眼科医として働きながら、優れた津軽弁の詩を多く残した詩人、高木恭造の命日を「津軽弁の日」とした）

誕生日
- 華岡青洲（日本／1760年／医師）
- 土井晩翠（日本／1871年／詩人）

クイズ
1869年の今日から始まった、東京－横浜間の電信線工事は何のため？
❶電気 ❷電報 ❸電子メール

10/24 「国際連合」が正式に発足した日

1919年、世界平和を目的に設立された国際連盟ですが、第二次世界大戦で崩壊しました。戦後、再び平和を願い、1945年10月24日に、50か国の代表が集まり、国際連合憲章を発効。国際連合が正式に発足しました。略して「国連」です。

日本は、ソビエト連邦（現在のロシア連邦）の反対で、なかなか参加できませんでしたが、1956年にようやく参加が認められました。2017年現在、国連に参加している国と地域は193です。

国際連合の旗。北極を中心に描かれた地球をオリーブの葉が囲んでいる (UN Photo/John Isaac)

記念日
- 天女の日（天女にちなんだまちおこしを進めている自治体が集まって「天女サミット」を開き、まちづくりのプロモーションとして制定）

誕生日
- レーウェンフック（オランダ／1632年／博物学者）
- ウェーバー（ドイツ／1804年／物理学者）

クイズ
1952年の今日、日本初の国会中継をNHKが放送しました。当時の日本の総理大臣は誰？ ❶伊藤博文 ❷吉田茂 ❸佐藤栄作

10/25 キリシタン弾圧により島原の乱が起こった日

1637年10月25日、農民が江戸幕府の代官を殺害。16歳の少年、天草四郎時貞が総大将となり、最終的に3万人ほどの反乱軍を組織、島原の乱が起こりました。この背景には、幕府によるキリスト教の厳しい取り締まりがありました。現在の長崎県である島原藩は、キリスト教の信者のキリシタン大名の領地でしたが、領主が殺されるなど、キリシタン弾圧がありました。幕府は十数万人の援軍を送り、総攻撃。反乱軍は大敗、4か月におよぶ島原の乱は終わりをつげました。

天草四郎像

記念日
- 世界パスタデー（1995年の今日、「第一回世界パスタ会議」がイタリア・ローマで開かれたことを記念して定められた）

誕生日
- ヨハン・シュトラウス2世（オーストリア／1825年／作曲家）
- ピカソ（スペイン／1881年／画家）

クイズ
1984年の今日、初めて日本の動物園にコアラがやってきました。コアラのエサは？
❶ササ ❷ユーカリ ❸セロリ

クイズの答え 10/23の答え：❷電報　10/24の答え：❷吉田茂　10/25の答え：❷ユーカリ

10/26 初代内閣総理大臣、伊藤博文が暗殺された日

1909年10月26日、伊藤博文が、中国のハルビン駅で、韓国の独立をめざす安重根に射殺されました。博文は日本の初代内閣総理大臣をつとめた人です。総理大臣をやめ、韓国統監になってからは、韓国の日本の植民地化を進めていました。事件を起こした安重根はその場で逮捕され、翌年3月26日に銃殺刑を受けました。8月には日韓併合条約が締結し、第二次世界大戦の終戦まで日本における韓国の統治が35年間続きました。

射殺される直前の伊藤博文
提供：朝日新聞社

記念日
- デニムの日（「デ（10）ニ（2）ム（6）」のゴロ合わせ。国産ジーンズの発祥の地である岡山県倉敷市児島の「児島ジーンズストリート推進協議会」が制定）

誕生日
- 伊東忠太（日本／1867年／建築家）
- ミッテラン（フランス／1916年／大統領）

クイズ
1963年の今日、茨城県東海村で、あるものを使っての、国内初の発電が開始されました。何を使った発電でしょう？

10/27 読書の秋、今日から2週間は「読書週間」

1924年から行われていた「読書連動週間」は、戦争のために中止されましたが、1947年11月17日から第1回「読書週間」として開催されました。読書週間は、戦後、「読書の力で平和な文化国家を作ろう」と、出版社と書店、公共図書館、マスコミが協力し、始められたものです。翌1948年からは、11月3日の「文化の日」を中心にした、10月27日から11月9日までの2週間と定められて、全国にひろがっていきました。

「こどもの読書週間」は4月23日から5月12日

記念日
- 文字・活字文化の日（出版文化の推進を目的に、「文字・活字文化振興法」が制定されたことにちなむ。読書週間の初日）

誕生日
- シンガー（アメリカ／1811年／発明家）
- 半村良（日本／1933年／小説家）

クイズ
今日は「テディベアズ・デー」。テディベアの名前の由来になったアメリカの大統領は？ ❶ルーズベルト ❷リンカーン

10/28 日本での最大級直下型地震、濃尾地震が発生した日

1891年10月28日、日本で最大級の直下型地震、濃尾地震が発生しました。岐阜県を震源とした、この地震のマグニチュードは過去最大級の8.0。ゆれは東北地方南部から九州地方にまでおよび、岐阜県や震源地に近い愛知県では、震度6〜7を記録。死者はおよそ7200名あまりにも達しました。この地震で、80キロメートルにもなる根尾谷断層帯が現れました。

「岐阜市街大地震之図」

記念日
- 速記記念日（速記とは演説などを聞きながら特別な記号で記録し、後でそれをふつうの文に書き直す技術。1882年初めて速記の講習会が開かれた）

誕生日
- クック（イギリス／1728年／探検家）
- 嘉納治五郎（日本／1860年／教育家）

クイズ
1972年の今日、ジャイアントパンダが初めて日本にやってきました。どの動物園？ ❶上野動物園 ❷アドベンチャーワールド

クイズの答え 10/26の答え：原子力　10/27の答え：❶ルーズベルト　10/28の答え：❶上野動物園

10/29 1枚10円で日本初の「宝くじ」が発売された日

1945年10月29日、1枚10円、1等の賞金が10万円の「宝くじ」が発売されました。賞品がもらえる「くじ」は江戸時代からあり、「富くじ」と呼ばれていました。「宝くじ」という名称を使ったのは、第二次世界大戦後で、このときが初めてです。副賞は肌着などに使われるカナキンという布を約46メートル、はずれ券4枚でタバコ10本がもらえました。第二次世界大戦後、もののない時代のため、大人気となりました。

戦後、発売された「宝くじ」

記念日
- てぶくろの日（「て（10）ぶ（2）く（9）ろ」のゴロ合わせ。作業用手袋に関心をもってもらおうと、手袋メーカーが制定）

誕生日
- ハレー（イギリス／1656年／天文学者）
- 井伊直弼（日本／1815年／江戸幕府大老）

クイズ
1187年の今日、陸奥の豪族、藤原秀衡が亡くなりました。秀衡が源頼朝からかくまったのは？ ❶源義経 ❷北条政子

10/30 火星人来襲!? アメリカがパニックになった日

1938年10月30日、アメリカで小説『火星人来襲』をもとにしたラジオドラマが放送されました。火星人が来たことを伝えるための「臨時ニュース」が、番組の途中で入るという演出でした。

ラジオを聞いた人々は本当のニュースだと思いこみ、大騒ぎになったといいます。ニュースを知る手段が、新聞やラジオが中心の時代です。

このラジオドラマをつくった演出家、オーソン・ウェルズは、人々を信じこませた才能を認められ、その後、俳優や映画監督として活躍しました。

オーソン・ウェルズ
（1915-1985年）

記念日
- たまごかけごはんの日（2005年に全国のたまごやしょうゆでたまごかけごはんを味わう、日本たまごかけごはんシンポジウムが初めて開かれた）

誕生日
- ドストエフスキー（ロシア／1821年／小説家）
- 上田敏（日本／1874年／評論家、英文学者）

クイズ
1890年の今日、「教育勅語」が発布されました。発布したのは誰？ ❶明治天皇 ❷大正天皇 ❸昭和天皇

10/31 ハロウィンは仮装してお菓子をねだる日？

10月31日はハロウィンです。ハロウィンの起源は、古代ヨーロッパの先住民ケルト人の伝統行事です。この日には、今の世界と霊界の間の門が開き、死者や魔女などがこの世界にやってくると考えられていました。魔物に似た装いをして、仲間と思わせ、身を守ったのです。

今では、それが仮装パーティや、子どもが「Trick or Treat!」（お菓子をくれないといたずらするぞ）と近所の家を回る風習になっています。

カボチャをくりぬいてつくった、「ジャック・オー・ランタン」をかざる

記念日
- ガス記念日（1872年の今日、日本初のガス灯が横浜に灯された。ガス灯は、ガスの燃える光を利用した明かりのこと）

誕生日
- フェルメール（オランダ／1632年／画家）
- 灰谷健次郎（日本／1934年／児童文学作家）

クイズ
1962年の今日、新幹線のテスト運転が行われました。この時の新記録は、時速何キロメートルだったでしょう？

クイズの答え 10/29の答え：❶源義経　10/30の答え：❶明治天皇　10/31の答え：時速200キロメートル

11月

異名
● 霜月（神帰月、神楽月、露隠月）

国民の祝日
● 文化の日（11月3日：自由と平和を愛し、文化をすすめる）
● 勤労感謝の日（11月23日：勤労を尊敬し、生産を祝う）

二十四節気
● 立冬（11月7日ごろ：冬がはじまる）
● 小雪（11月23日ごろ：雪が降りはじめる）

誕生石
● トパーズ（友情、友愛、希望）

誕生月の花
● キク（高貴）

11/1 3種類の新しい紙幣が発行された日

2004年11月1日、日本銀行は一万円札、五千円札、千円札の3種類のお札を、20年ぶりに新デザインにして発行しました。一万円札の表面には明治時代の思想家で慶應義塾大学の設立者、福澤諭吉。五千円札の表面には明治時代の小説家、樋口一葉。千円札の表面には細菌学者で黄熱病の研究に力を尽くした野口英世が描かれています。この紙幣デザインは、戦後5番目に発行されたので、アルファベットの5番目を使い「E券」と呼ばれます。

一万円札

五千円札

千円札

記念日
- いい姿勢の日（「1」を、背すじをのばした「いい姿勢」に見立て、この日に制定。肩こりや腰痛をよくするために、いい姿勢を保とうという日）

誕生日
- 土御門天皇（日本／1195年／第83代天皇）
- 萩原朔太郎（日本／1886年／詩人）

クイズ
今日は「ワン・ワン・ワン」と読ませて「犬の日」。日本で鳴き声は「ワンワン」。アメリカでは？ ❶バウワウ ❷ワフワフ

11/2 東京科学博物館が開館した日

1931年11月2日、東京の上野で、東京科学博物館が開館しました。現在の国立科学博物館です。日本でもっとも歴史がある、国立でただひとつの総合科学博物館で、国内の博物館をリードし、多数の貴重な標本資料を保管しています。この博物館の役割は、調査研究、標本資料の収集・保管、展示や学習支援です。多くの子どもたちが科学に興味を持つようにと、学習プログラムの開発もしています。

1930年、博物館建設中のようす

記念日
- 書道の日（「いい（11）もじ（02）」のゴロ合わせ。手書きで文字を書く大切さを伝える日。日本習字教育財団が制定）

誕生日
- アントワネット（オーストラリア／1755年／ルイ16世の妃）
- 岸田國士（日本／1890年／劇作家）

クイズ
2004年の今日、日本のプロ野球に、新球団「東北楽天ゴールデンイーグルス」が加盟。本拠地は？ ❶青森県 ❷山形県 ❸宮城県

11/3 湯川秀樹が日本人初のノーベル賞を受賞した日

1949年11月3日、理論物理学者の湯川秀樹の、日本初、ノーベル物理学賞受賞が決まりました。現在の素粒子論でよく使われる考え方を初めて取り入れたことが、物理学を大きく発展させることにつながりました。その功績がたたえられて受賞したのです。

湯川博士の受賞は、第二次世界大戦後、苦難にたえていた国民に明るさと希望をもたらしました。また、若い研究者に励ましと自信をあたえ、日本の科学を発展させる力となりました。

湯川秀樹（1907－1981年）

祝日
- 文化の日（「自由と平和を愛し、文化をすすめる」国民の祝日。皇居で文化勲章の親授式があり、多くの芸術祭が、この日を中心に開催される）

誕生日
- 武田信玄（日本／1521年／戦国武将）
- 手塚治虫（日本／1928年／漫画家）

クイズ
1954年の今日、映画『ゴジラ』第1作目が公開。初代ゴジラの体長は？ ❶25メートル ❷50メートル ❸100メートル

クイズの答え 11/1の答え：❶バウワウ　11/2の答え：❸宮城県　11/3の答え：❷50メートル

11/4 日本の領土を守る、沖ノ鳥島の護岸工事が終わった日

1989年11月4日、東京都の小笠原諸島の小島で、日本の最南端にある無人島、沖ノ鳥島の護岸工事が終わりました。この島は、満潮になると、島のほとんどが海にしずむため、波による侵食が心配されていました。島がなくなると、日本の排他的経済水域がせまくなってしまいます。

そこで国は、島のまわりをコンクリートで補強する工事を行いました。この工事で、沖ノ鳥島を中心とする半径200海里の排他的経済水域を守りました。

沖ノ鳥島　出典：国土交通省ホームページ

記念日
●ユネスコ憲章記念日（1946年の今日、教育・科学・文化を通じ国際協力を促進し、世界平和と安全に貢献するユネスコが発足した）

誕生日
●隠元（中国／1592年／僧）
●泉鏡花（日本／1873年／小説家）

クイズ
1869年の今日、イギリスの科学誌「ネイチャー」が創刊。現在も世界で人気の科学誌ですが、発行日は毎週何曜日？

11/5 ジャイアントパンダが日本で初めて公開された日

1972年11月5日、上野動物園で日本初のジャイアントパンダが一般公開されました。この年の日中国交正常化を記念して、オスのカンカンとメスのランランが、中国から贈られたのです。

パンダを見ようと上野動物園には1日約20万人、土日には約26万人もの人がやってきました。何時間も並んで待って、たった1分も見ることができないほどの混雑でした。パンダはいつの時代も動物園の人気者です。

上野動物園に到着したカンカン（左）とランラン（右）
提供：上野動物園／時事

記念日
●津波防災の日（2011年3月の東日本大震災で大きな津波被害が発生したことから、国民の津波防災の意識を高めるために制定。日付は安政南海地震の発生した日）

誕生日
●レイモンド・ローイ（フランス／1893年／工業デザイナー）
●ヴィヴィアン・リー（イギリス／1913年／女優）

クイズ
今日は「いいりんごの日」。ところで、次のうち、りんごの品種はどれ？
❶紅玉　❷巨峰　❸幸水

豆知識　「文化の日」ってどんな日？

1946年11月3日、日本はそれまでの大日本帝国憲法にかえて、新しく「日本国憲法」を公布しました。これを記念して、2年後の1948年から11月3日を国民の祝日「文化の日」としました。

じつは11月3日は、その前年で終戦の年である1945年以前も「明治節」という祝日でした。明治節は1852年のこの日に生まれた明治天皇の誕生日を祝うものです。しかし、第二次世界大戦の終わりとともに明治節は廃止され、その後「文化の日」になったのです。

現在、文化の日は、自由や平和・文化の発展を願う日です。文化を盛んにしようという意味もこめられているため、閣議によって決まる文化勲章の親授式や、文部科学大臣が決定する文化功労者賞の伝達式などの行事もこの日に行われます。

クイズの答え　11/4の答え：木曜日　11/5の答え：❶紅玉

11/6 世界初のインスタントカメラが発表された日

1948年11月6日、ポラロイド社から、ランド博士が発明した「ポラロイド・ランドカメラ」というインスタントカメラが発表されました。博士の娘が「なぜ、撮影してすぐ写真を見られないの？」とたずねたことがきっかけで、発明されたといわれています。撮影した1分後にカメラ本体からプリントされた写真が出てくるというのは、当時たいへん画期的なことでした。デジタルカメラの普及で姿を消すと思われましたが、現在は、インスタントデジタルカメラとプリンターの一体型が人気です。

初期のポラロイド・ランドカメラ
提供：Getty Images

記念日
- メロンの日（メロンのおいしさを多くの人に伝えるため、各産地ごとにふさわしい月の6日をメロンの日とし、アピールする）

誕生日
- シャルル・ガルニエ（フランス／1825年／建築家）
- スーザ（アメリカ／1854年／作曲家）

クイズ
1899年の今日、物理学者のキュリー夫妻が、ラジウムが出す放射性ガスについて記しました。このガスは？　❶ラドン　❷ゴジラ

11/7 「十月革命」が成功、世界初の社会主義政権が誕生した日

1917年11月7日、ロシア暦の10月25日、ロシアで「十月革命」が成功し、世界初の社会主義政権となるソビエト政権が誕生しました。ロシアの政治家、レーニンが中心となり、立ち上がったものです。このころ、第一次世界大戦中の世界は、各地で民族運動が高まったり、大国を解体させるために小国の独立をうながすなど、混乱が続いていました。その中でロシアは、民衆が帝国主義や秘密外交に反対していたことが、十月革命につながったのです。

レーニン（1870－1924年）

記念日
- いいおなかの日（「いい（11）おなか（07）」のゴロ合わせ。ヨーグルトの良さを広め、「いいおなか」を心がける日）

誕生日
- マリー・キュリー（ポーランド／1867年／物理学者）
- カミュ（アルジェリア／1913年／小説家）

クイズ
1336年の今日、足利尊氏が「建武式目」を定めたことによってできあがった幕府は？　❶鎌倉幕府　❷室町幕府　❸江戸幕府

11/8 ドイツの物理学者が「レントゲン」を発見した日

1895年11月8日、ドイツの物理学者、レントゲンが新しい光線を発見し、「正体がわからない」という意味で「X線」と名づけました。発見者にちなんで「レントゲン」と呼ばれています。レントゲンが自分の妻の手をX線で撮影したら、なんと骨だけが写りました。妻は「死んだ自分を見ているみたい」と言ったそうです。体を切らずに、骨などの状態を確認できるX線は、その後、医療を飛躍的に発展させました。

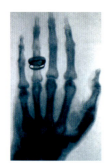
レントゲンが撮影した写真

記念日
- 刃物の日（「いい（11）は（8）」のゴロ合わせ。制定した岐阜県関市は、包丁の生産が日本一であることで有名）

誕生日
- ロールシャッハ（スイス／1884年／精神医学者）
- マーガレット・ミッチェル（アメリカ／1900年／小説家）

クイズ
今日は、「いい歯の日」。歯みがき粉でみがいたあとの、うがいのオススメ回数は？　❶1回　❷10回　❸100回

クイズの答え　11/6の答え：❶ラドン　　11/7の答え：❷室町幕府　　11/8の答え：❶1回

11/9 ドイツを分断していた「ベルリンの壁」が崩壊した日

1989年11月9日、東ドイツと西ドイツをへだてていた国境「ベルリンの壁」が、市民たちによって破壊されました。

第二次世界大戦で敗戦国となったドイツは、1949年、社会主義の東ドイツと、資本主義の西ドイツに分けられてしまいました。数十年後、東ドイツの国力が弱まり、国民の旅行自由化を認めました。それを喜んだ市民が壁を壊したのです。翌年の1990年10月3日、ドイツは統一されました。

手前の絵が描かれている壁が「ベルリンの壁」。壁の向こうに見える町は西ドイツ

記念日
- 119番の日（消防への正しい理解を深めることをめざす日。日本で火災報知用の電話が制度化されたのは1917年。はじめは「112」番だった）

誕生日
- ツルゲーネフ（ロシア／1818年／小説家）
- 野口英世（日本／1876年／細菌学者）

クイズ
今日は「119番の日」。緊急の時、119に電話すると消防車や救急車がかけつけてくれます。この活動をまとめているのは何庁？

11/10 日本初、電動式エレベーターが設置された日

1890年11月10日、東京の浅草にある、12階建ての凌雲閣に、日本初の電動式エレベーターが設置されました。

凌雲閣の上の階は望遠鏡を備えた展望台になっており、ぐるりと眺めを楽しめました。各階には絵や写真が展示されていたり、休憩所があったりした娯楽用の建物でした。

手動式のエレベーターは昔からあり、日本では江戸時代に徳川光圀が、図書館に図書を運ぶための小さな手回し式エレベーターをつくりました。

絵葉書に描かれた凌雲閣

記念日
- トイレの日（「いい（11）と（10）いれ」のゴロ合わせ。化粧室・手洗い・便所・はばかり・かわや・せっちんは全てトイレの別の呼び方）

誕生日
- ルター（ドイツ／1483年／宗教改革者）
- シラー（ドイツ／1759年／劇作家、詩人）

クイズ
今日は「技能の日」。1970年のこの日、第19回技能五輪国際大会が日本で開幕したからです。この大会は何年に1度開催される？

11/11 第一次世界大戦が終わり、国際連盟の発足に向かった日

1918年11月11日、第一次世界大戦が終わりました。連合国側とドイツが休戦協定に調印し、ドイツの敗北で終結したのです。

翌年1919年1月から、フランスのパリで、連合国とドイツとの平和会議が開かれ、日本も内閣総理大臣経験者の西園寺公望が出席しました。

その6月に戦勝国とドイツは「ベルサイユ条約」に調印。この条約により、1920年に「国際連盟」が発足し、日本は常任理事国に選ばれています。

ベルサイユ条約調印のようす

記念日
- 介護の日（介護への理解を深める日。高齢化が進み、介護の必要な老人を、高齢の息子やむすめが世話をする老老介護が社会問題となっている）

誕生日
- 乃木希典（日本／1849年／陸軍軍人）
- メイエ（フランス／1866年／言語学者）

クイズ
今日は「ポッキー＆プリッツの日」。棒状の形が"1"に似ているから。ポッキーとプリッツはどっちが先に誕生した？

クイズの答え　11/9の答え：消防庁（総務省消防庁）　11/10の答え：2年に1度　11/11の答え：プリッツ（プリッツ誕生1962年、ポッキー誕生1966年）

11/12 岩倉使節団が欧米諸国訪問のため横浜を出発した日

新しくできた明治政府は、外国との交流を進めました。外務卿の岩倉具視は、大規模な岩倉使節団を欧米諸国へ派遣します。1871年11月12日、使節団は横浜を出航しました。ここには、大久保利通や伊藤博文など明治政府の中心人物や若手官僚が参加し、1年10か月にわたり12か国を訪問、1873年9月に帰国しました。また、使節団は、日本初の女子留学生5人をアメリカまで連れていきました。留学生の最年少は、6歳の津田梅子でした。

明治政府の米国留学女学生。右から2人目が津田梅子

記念日
- 皮膚の日（「いい（11）ひ（1）ふ（2）」のゴロ合わせ。皮膚についての正しい知識を広めるため、日本臨床皮膚科医会が1989年に制定した）

誕生日
- ロダン（フランス／1840年／彫刻家）
- 孫文（中国／1866年／革命家、政治家）

クイズ
1980年の今日、宇宙探査機ボイジャー1号が土星に最接近。太陽系で2番目に大きい惑星、土星の直径は地球の約何倍？

11/13 沖縄で新種の鳥が発見された日

1981年11月13日、沖縄本島北部で、鳥類の研究者らによって新種の鳥が発見され、県北部の山原地域だけにいる鳥なので「ヤンバルクイナ」と名づけられました。「クイナ」とは、ツル目クイナ科の鳥のことです。日本で新種の鳥が発見されたのは62年ぶりでした。

ヤンバルクイナは、飛ぶことができないため、マングースやノネコに狙われます。発見された翌年の1982年には国の天然記念物に指定されました。

ヤンバルクイナ

記念日
- うるしの日（平安時代、文徳天皇の皇子・惟喬親王が京都の法輪寺でうるしの製法を菩薩から伝授されたという伝説が今日であったことから）

誕生日
- アウグスティヌス（ヌミディア／354年／神学者）
- スティーブンソン（イギリス／1850年／小説家）

クイズ
今日は「ワールド・カインドネス・デイ」。みんなにやさしくしよう、という日。英語「カインドネス」の意味は？

11/14 天体観測者、本田實が新彗星を発見した日

1947年11月14日、岡山県にある倉敷天文台の天体観測者、本田實が、新しい彗星を発見しました。第二次世界大戦後、初めて日本人が発見した彗星で、観測したのは北半球で本田一人だったので「本田彗星」と名づけられました。本田は、独学で天文観測を学び、自ら望遠鏡をつくり、日本で最初に本格的な彗星探索を始めた人です。1940年には「岡林・本田彗星」を発見しており、生涯で12個の新彗星、11個の新星を発見しました。

本田實（1913－1990年）

記念日
- いい石の日（「いい（11）い（1）し（4）」のゴロ合わせ。墓石で先祖を供養する文化や、石組みで美しく趣のある庭を築く文化を考え守る日）

誕生日
- モネ（フランス／1840年／画家）
- リンドグレーン（スウェーデン／1907年／児童文学作家）

クイズ
1983年の今日、南極観測船「しらせ」が初出航。活躍した25年間で、接岸を断念したのは何回？ ❶1回 ❷10回 ❸25回

クイズの答え 11/12の答え：約9倍　11/13の答え：親切、やさしさ、思いやり　11/14の答え：❶1回

11/15 坂本龍馬が京都で暗殺された日

1867年11月15日、討幕運動を進めていた坂本龍馬が、京都で暗殺されました。江戸幕府の力がおとろえ、土佐藩の龍馬は、「欧米の国々とどうどうと話し合いをするには、天皇が中心となって大名たちが協力し、日本を改革することが必要」と考えていましたが、反対派におそわれて命を失ったのです。

龍馬は1867年4月、土佐藩の海援隊長になり、そのころ書いた新国家構想が、徳川慶喜の大政奉還に影響をあたえたといわれます。亡くなったのは、大政奉還が実現した、1か月後のことでした。

坂本龍馬（1835－1867年）

記念日
- かまぼこの日（昔、七五三の祝いに、紅白のかまぼこを用意したこと、また、かまぼこが初めて文書に登場したのが1115年だったことから）

誕生日
- ハーシェル（ドイツ／1738年／天文学者）
- 坂本龍馬（日本／1835年／志士）

クイズ
今日は「かまぼこの日」。ある原料をすりつぶして練り、むしてつくります。かまぼこの原料は何でしょう？ ❶魚 ❷肉 ❸米

11/16 サッカー日本代表がワールドカップ初出場を決めた日

1997年11月16日、サッカー「1998 FIFAワールドカップ」のアジア最終予選で、日本代表チームが3対2でイランに勝ち、初出場を決めました。そのため、翌1998年6月、日本は初めてFIFAワールドカップに登場することになったのです。

1つ前の大会では、アディショナルタイムに同点に追いつかれ予選敗退。アメリカ大会出場を逃し、「ドーハの悲劇」と呼ばれましたが、このワールドカップで、悲願の出場を果たしたのです。

FIFAワールドカップ出場を決め、喜ぶ日本代表
提供：時事

記念日
- 幼稚園記念日（1876年の今日、お茶の水に日本で初めての官立の幼稚園「東京女子師範学校附属幼稚園」が開園したことによる）

誕生日
- 中西悟堂（日本／1895年／野鳥研究家）
- まど・みちお（日本／1909年／詩人）

クイズ
1910年の今日、不二家の前身、不二家洋菓子舗が創業。ペコちゃんの身長は？ ❶80センチメートル ❷100センチメートル

豆知識 「七五三」はどういう行事？

「七五三」は、3歳の男の子と女の子、5歳の男の子、7歳の女の子がすこやかに育ったことをお祝いする行事で、11月15日に行われます。

昔、公家や武家では、子どもが3歳になると「髪置」、男の子が5歳になると「袴着」、女の子が7歳になると「紐落」という儀式を行い、子どもの成長を祝いました。この儀式が形を変えて平民にも広がっていきました。江戸時代に、子どもたちに晴れ着を着せて、神社にお参りをする、いまの七五三のようになったといわれています。大昔は医療が発達しておらず、子どもの死亡率が高かったので、7歳まで元気に育つと、親や周りの人たちは安心したのでしょう。「千歳飴」は、子どもが無事に大きくなり、長生きできるように、という願いがこめられています。

クイズの答え 11/15の答え：❶魚　11/16の答え：❷100センチメートル

11/17 地中海と紅海を結ぶスエズ運河が開通した日

1869年11月17日、スエズ運河の開通式が盛大に行われました。スエズ運河は、ヨーロッパとアジアを結ぶ航路で、全長約193キロメートル、幅は最大200メートルをこえる、世界最大の水平海洋運河です。

開通したばかりのスエズ運河

じつは、紀元前2000年ごろから何度か運河はつくられたようですが、土砂にうまり、航路は不便なままでした。

それが1859年、フランスの外交官であるレセップスにより着工、10年の歳月を経て、この日、開通したのです。

記念日
- 将棋の日（江戸時代、将軍吉宗のころ、毎年この日、将棋の家元を招いて対局を行わせる「御城将棋」という年中行事を行っていたことによる）

誕生日
- 坂口謹一郎（日本／1897年／農芸化学者）
- 本田宗一郎（日本／1906年／実業家）

クイズ
1922年の今日、アインシュタインが神戸港に到着。彼は、じつは大の音楽好き。得意な楽器は？ ❶バイオリン ❷笛 ❸ピアノ

11/18 世界初の女子マラソンが東京で開催された日

1979年11月18日、第1回東京国際女子マラソンが行われました。国際陸上競技連盟が認めた、世界初の女性選手だけによるマラソン大会が、日本で開催されたのです。50人の選手が参加し、46人が完走。優勝はイギリスのスミス選手で、記録は2時間37分48秒でした。

優勝した
ジョイス・スミス選手
提供：朝日新聞社

それまでは、42.195キロメートルという長距離を女性が走るのは難しいとされていました。女性参加が初めて認められたのは、1972年のボストンマラソンですが、一般市民も参加する大会でした。

記念日
- 土木の日（社会の基盤となるしくみや環境をつくる土木技術の大切さを広める日。「土」が「十」と「一」に、「木」が「十」と「八」に分解できるため）

誕生日
- ビショップ（イギリス／1786年／作曲家）
- ダゲール（フランス／1787年／画家）

クイズ
1928年の今日、ミッキーマウスが、『蒸気船ウィリー』で映画デビュー。その後の出演本数は？ ❶14本 ❷86本 ❸140本以上

11/19 リンカーン大統領が「ゲティスバーグの演説」をした日

1863年11月19日、南北戦争中のアメリカで、第16代大統領リンカーンが「『人民の、人民による、人民のための政治』を守るために戦おう」と、「民主主義」をうまく表現した、とても有名な演説をしました。

それは、非常に戦闘が激しかったペンシルベニア州ゲティスバーグで行われたため、「ゲティスバーグの演説」と呼ばれています。しかし、当時はそれほど評判にならず、後にこの演説の意味が高く評価されるのです。

エイブラハム・リンカーン（1809-1865年）

記念日
- クレープの日（数字の9がクレープの巻いている形に似ているので、毎月9のつく、9日、19日、29日をクレープの日とした）

誕生日
- チャールズ1世（イギリス／1600年／国王）
- レセップス（フランス／1805年／外交官）

クイズ
1993年の今日、「環境基本法」が制定されました。この法案を作ったのは何庁？ ❶環境庁 ❷地球庁 ❸自然庁

クイズの答え　11/17の答え：❶バイオリン　11/18の答え：❸140本以上　11/19の答え：❶環境庁

11/20 宇宙空間で国際宇宙ステーションの建設が始まった日

1998年11月20日、国際宇宙ステーション、ISSの最初の部品「ザーリャ」が打ち上げられ、6年後の完成をめざし、建設が開始されました。ISSは15か国の共同開発によって誕生した、人が生活できる、巨大な「宇宙の研究所」です。

ISSは、2011年7月に完成しました。宇宙飛行士が宇宙環境での実験、天体観測などを行っています。今もISSは1周約90分、秒速8キロメートルというスピードで、地球の周りを回っています。

建設当初のISS 提供：NASA

記念日
- いいかんぶつの日（かんぶつとは、昆布、煮干し、干ししいたけなど、海産物や農産物を干したり乾燥させたりしてできる日本の伝統的な食品）

誕生日
- ラーゲルレーヴ（スウェーデン／1858年／小説家）
- ハッブル（アメリカ／1889年／天文学者）

クイズ
2000年の今日、2本足で歩けるロボット「ASIMO」発表。ASIMOの走る速さは、人間の大人の歩く速さより？ ❶速い ❷遅い

11/21 熱気球が世界で初めて人を乗せて空を飛んだ日

1783年11月21日、フランスのパリで、熱気球による世界初の有人飛行が成功しました。この熱気球は、製紙業を営んでいたモンゴルフィエ兄弟が開発したもので、2人が乗りこみ、ういていた時間は約25分、約9キロメートルの距離を飛行。兄弟は、熱した空気を詰めた袋がうくことを発見しており、この年の9月に、動物をのせた実験を行っていました。

この後、有人飛行は、飛行船、飛行機へとつながっていくのです。

技術的なデータが記入されたモンゴルフィエ兄弟の気球

記念日
- かきフライの日（かきの旬の時期の11月であることと「フ（2）ライ（1）」と読むゴロ合わせ。栄養価の高いかきを食べてもらうことが目的）

誕生日
- ヴォルテール（フランス／1694年／作家）
- ベネディクトゥス15世（イタリア／1854年／ローマ教皇）

クイズ
1970年の今日、ケンタッキーフライドチキンの日本1号店が開店。1号店は愛知県の何市にできた？ ヒント：県庁所在地

11/22 アメリカのケネディ大統領が暗殺された日

1963年11月22日、アメリカの第35代大統領、J・F・ケネディが、テキサス州ダラスでオープンカーに乗ってパレードをしている時、銃弾をうけて亡くなりました。この日は、翌年開かれる東京オリンピックのテレビ中継の準備のため、日本とアメリカを衛星中継で結ぶ実験をしていました。大統領は日本へのメッセージを伝える予定でしたが、放送実験は成功したものの、中継最初のニュースは、大統領の訃報となってしまいました。

狙撃される直前のケネディ大統領

記念日
- いい夫婦の日（「いい（11）ふうふ（22）」のゴロ合わせ。パートナーへの感謝の意を示し、絆を深める）

誕生日
- 竹内栖鳳（日本／1864年／画家）
- ジッド（フランス／1869年／小説家、評論家）

クイズ
1950年の今日、プロ野球で日本シリーズが初めて開催。最初の優勝チームは、パ・リーグの毎日オリオンズ。今の名称は？

クイズの答え 11/20の答え：❶速い（最高時速9キロメートル） 11/21の答え：名古屋市 11/22の答え：千葉ロッテマリーンズ

105

11/23 軽石がつもった「宝永の大噴火」が起きた日

1707年11月23日、富士山で「宝永の大噴火」と呼ばれる噴火が起きました。その前の10月4日には、関東から九州まで大きくゆれた、マグニチュード8.6の「宝永地震」が起きていました。

左側が富士山。右側の山が宝永山

この噴火では溶岩が流れませんでしたが、高さ約15キロメートルまで火山灰がふき上がり、現在の御殿場市や小山町には、軽石などが最大3メートルもつもったといいます。この噴火でできた新山は宝永山と名づけられました。

祝日
- 勤労感謝の日（「勤労を尊び、生産を祝い、互いに感謝し合う」国民の祝日。もとは天皇が新穀を全ての神に供えて、自らも食する祭儀だった）

誕生日
- 足利義尚（日本／1465年／室町幕府第9代将軍）
- ファン・デル・ワールス（オランダ／1837年／物理学者）

クイズ
1948年の今日、開催された第1回全日本合唱コンクール。この時、学生部門で優勝したのは何県の高校だったでしょう？

11/24 ダーウィンが、進化の新説『種の起源』を出版した日

1859年11月24日、イギリスの生物学者であるダーウィンが『種の起源』を出版しました。この中で生物は、「環境に合わせた変化を選び、環境に合わなかったものは生き残れず、自動的に発達していく」とされています。この内容が新しかった点は、彼の説明が"すべての生物に当てはめられる"ということでした。書くきっかけとなったのは、さかのぼること二十数年、ダーウィンが1831年から1836年に、ビーグル号の航海で行った調査だったそうです。

チャールズ・ダーウィン（1809－1882年）

記念日
- 「和食」の日（「いい（11）に（2）ほんしょ（4）く」のゴロ合わせ。和食とは季節感を重んじ、年中行事とも深い関わりをもつ日本風の食事）

誕生日
- スピノザ（オランダ／1632年／哲学者）
- コッローディ（イタリア／1826年／児童文学作家）

クイズ
1894年の今日、日本初のオペラが上演されました。演目は？ ❶ファウスト ❷蝶々夫人 ❸フィガロの結婚

11/25 第1回 共同募金運動が行われた日

1947年11月25日、第二次世界大戦後、食糧難で困っている人々を助けるため「共同募金」が始まりました。これは、NPOやボランティア団体などが行う、社会福祉活動に必要な資金を、人々が自ら進んで寄付をする全国的な募金活動です。第1回共同募金運動では、5億9000万円が集まりました。最初は、寄付をしてくれた人にブリキのバッジをわたし、感謝のしるしにしていましたが、翌年から赤い羽根が寄付のしるしになりました。

寄付したしるしの赤い羽根

記念日
- ハイビジョンの日（ハイビジョンテレビの画面を構成する電気信号の線「走査線」が1125本であることにちなんで今日になった）

誕生日
- マイヤー（ドイツ／1814年／医師、物理学者）
- アンドリュー・カーネギー（アメリカ／1835年／実業家）

クイズ
1876年の今日、福澤諭吉が『学問のすゝめ』の最終刊を刊行。諭吉が創立した大学は？ ❶東京大学 ❷慶應義塾大学 ❸京都大学

クイズの答え　11/23の答え：福岡県（県立福岡女子高校。現在の県立福岡中央高等学校）　11/24の答え：❶ファウスト　11/25の答え：❷慶應義塾大学

11/26 ツタンカーメン王の棺を発見した日

1922年11月26日、イギリスの考古学者、ハワード・カーターは、古代エジプト第18王朝第12代目ツタンカーメン王の棺を発見しました。この墓は過去数回、泥棒に入られているようでしたがあまり荒らされておらず、ツタンカーメンが埋葬された約3000年前とほぼ同じような状態で発見されました。王のミイラは、純金製のマスクがつけられ、身に付けるかざりや花に囲まれていました。墓にはたくさんの副葬品がおさめられていました。

ツタンカーメン王の黄金のマスク

記念日
- いい風呂の日（「いい（11）ふ（2）ろ（6）」のゴロ合わせと、11月下旬は寒さが本格的になり湯船につかり疲れをとりたい人が増えるため）

誕生日
- ソシュール（スイス／1857年／言語学者）
- スタイン（ハンガリー／1862年／考古学者、探検家）

クイズ
今日は「ペンの日」。日本ペンクラブが創立された日です。初代会長は？
❶芥川龍之介　❷島崎藤村　❸夏目漱石

11/27 日本で最初の女性車掌がバスに乗車した日

1929年ごろの大阪市営バスの車掌
提供：朝日新聞社

1924年11月27日、日本初の女性車掌がバスに乗車しました。ドアの開閉をし、運賃を集め、停留所のアナウンスをしていました。1970年代前半まで、車掌は女性の花形職業の一つでした。しかし1980年には、ほとんどが運転手のみのワンマンカーになり、車掌は姿を消しました。

バス事業の多くは、鉄道会社が行っています。これは1923年の関東大震災で、鉄道がほとんど使えなくなったとき、バスを走らせたなごりです。

記念日
- ノーベル賞制定記念日（化学者ノーベルは遺産を人類の平和に寄付するという遺書を1895年の今日書いた。これによりノーベル賞が制定された）

誕生日
- セルシウス（スウェーデン／1701年／天文学者、物理学者）
- 松下幸之助（日本／1894年／実業家）

クイズ
1940年の今日、香港の俳優、ブルース・リーが生まれました。代表作『燃えよドラゴン』で彼が使った武器は？　❶ヌンチャク　❷日本刀

豆知識　もう冬なのに、なぜ「小春日和」って言うの？

「小春日和」とは、冬の初めにあらわれる、春を感じさせるような、あたたかくおだやかな晴天のことです。このころの、春を思わせるようなあたたかな風を「小春風」、おだやかに晴れた空を「小春空」ともいいます。初冬なのに「春」という言葉を使うのですね。冬が深まってからあらわれる、あたたかな晴天は「冬暖」や「冬日和」と呼んでいます。

「小春」は、陰暦（昔使っていたこよみ）10月のことをさします。現在のこよみでは11月から12月上旬にあたります。中国では6世紀の年中行事の書の中で、10月の部に「小春」が記されています。日本では鎌倉時代に吉田兼好が書いた随筆『徒然草』に、「10月は小春の天気」とあります。厳しい冬を前にあらわれる、あたたかくおだやかな小春日和に、昔から人々は心をなごませていたのでしょう。

クイズの答え　11/26の答え：❷島崎藤村　　11/27の答え：❶ヌンチャク

11/28 日本の近代化を象徴する「鹿鳴館」が開館した日

1883年11月28日、東京で、政府高官や海外外交官の社交場「鹿鳴館」の開館式が行われました。外務卿の井上馨らが、海外に日本の近代化を認めさせ、欧米との話し合いを進めるために建設を計画しました。れんが造りの2階建て洋館で、18万円、現在のお金で数十億円ほどかかったということです。

鹿鳴館では、上流人により舞踏会や宴会が行われていましたが、1941年に取りこわされ、現在はありません。

鹿鳴館で開かれた舞踏会のようす

記念日
- フランスパンの日（「いい（11）フランス（2）パン（8）」のゴロ合わせ。古代エジプトのイシス神が作ったとされる発酵パンがもと）

誕生日
- 寺田寅彦（日本／1878年／物理学者）
- 向田邦子（日本／1929年／脚本家、小説家）

クイズ
1986年の今日、「日本国有鉄道」の分割・民営化が決まりました。その後の名称は何になった？ ❶IR ❷JR ❸JP

11/29 第一回帝国議会が開かれた日

1890年11月29日、大日本帝国憲法が使われ始めた日に、第一回帝国議会の開院式が行われました。帝国議会は、貴族院と衆議院の二院制でした。貴族院は皇族や華族、たくさん税金をおさめた人などから選ばれた議員で、衆議院は選挙で選ばれた議員によって行われました。

開院式は玉座のある貴族院で行われました。現在の国会開会式が衆議院ではなく、参議院で行われるのは、そのなごりによるものです。

現在、国会が開かれる国会議事堂

記念日
- いい服の日（「いい（11）ふ（2）く（9）」のゴロ合わせ。「いい服」とは何か、「いい服」を作るのに必要なものは何か考える）

誕生日
- オルコット（アメリカ／1832年／小説家）
- フレミング（イギリス／1849年／電気工学者、物理学者）

クイズ
1924年の今日、「第九」が初めて日本人によって演奏されました。作曲家は？ ❶ベートーベン ❷バッハ ❸モーツァルト

11/30 日本初の伝染病研究所が設立された日

1892年11月30日、細菌学者の北里柴三郎は、日本初の伝染病研究所「大日本私立衛生会附属伝染病研究所」を設立し、初代所長となりました。柴三郎は破傷風菌を研究し、破傷風の予防法と治療法を開発して人類に貢献しました。

福澤諭吉らの支援をうけた伝染病研究所は、ペスト菌の発見をしたり、野口英世や志賀潔などの優秀な人材を世に送り出しました。1916年に東京帝国大学附置伝染病研究所となり、現在は東京大学医科学研究所として発展を続けています。

北里柴三郎
（1852−1931年）

記念日
- 絵本の日（日本での絵本に対する基本的な考え方が登場し、その後大きな影響を与えた、瀬田貞二の「絵本論」が出版された日）

誕生日
- チャーチル（イギリス／1874年／首相）
- モンゴメリー（カナダ／1874年／児童文学作家）

クイズ
1835年の今日は、小説家であるマーク・トウェインの誕生日。代表作は？ ❶ハックルベリー・フィンの冒険 ❷星の王子さま

クイズの答え 11/28の答え：❷JR　11/29の答え：❶ベートーベン　11/30の答え：❶ハックルベリー・フィンの冒険

12月

異名
- 師走（苦寒、春待月、雪月）

二十四節気
- 大雪（12月7日ごろ：氷がはり本格的に雪が降りはじめる）
- 冬至（12月22日ごろ：1年で夜が最も長い）

誕生石
- ターコイズ（成功）

誕生月の花
- カトレア（優美な女性）

12/1 初めてのお子様ランチ「御子様洋食」が登場した日

1930年12月1日、東京にある日本橋三越本店の食堂に、初めてのお子様ランチ「御子様洋食」が登場しました。当時の食堂主任が、かわいい絵皿を見て、子ども向けメニューをつくることを思いつきました。絵皿に、ごはんを富士山の形にし旗を立て、そのまわりにコロッケやスパゲティ、果物など、子どもの好物を盛りつけました。値段は30銭で、カレーライス3人分でしたから、ぜいたくなメニューだったようです。

当時の「御子様洋食」を再現
提供：株式会社三越伊勢丹

記念日
● 映画の日（1896年11月25日～12月1日に、エジソンのキネトスコープを初めて神戸で上映。映画産業発祥を記念し、映画産業団体連合会が制定）

誕生日
● 沢庵宗彭（日本／1573年／僧）
● 藤子・F・不二雄（日本／1933年／漫画家）

クイズ
1935年の今日、初めての年賀切手が発売されました。この切手の図柄は、日本一の何？　❶富士山　❷琵琶湖　❸東京タワー

12/2 日本人が初めて宇宙へ飛び立ち、成功した日

日本人で初めて宇宙へ行ったのは、宇宙飛行士ではなくジャーナリストでした。1990年12月2日、TBSで記者をしていた秋山豊寛は、ソビエト連邦（現在のロシア連邦）の有人宇宙船ソユーズTM-11で宇宙に出発しました。12月4日に、ソユーズは宇宙ステーション「ミール」とドッキング。秋山はミールに乗りこみ、放送を通して宇宙での生活をみんなに伝えました。12月10日、先にミールとドッキングしていたソユーズTM-10で地球に帰還しました。

秋山豊寛

記念日
● 奴隷制度廃止国際デー（1949年の今日、国連総会で「人身売買及び他人の売春からの搾取の禁止に関する条約」が採択された）

誕生日
● スーラ（フランス／1859年／画家）
● カラス（アメリカ／1923年／ソプラノ歌手）

クイズ
1905年の今日、日本初の大使館をロンドンに設置。日本大使館は、国の何省の特別機関？　❶外務省　❷防衛省　❸総務省

12/3 旧暦を廃止して、こよみが太陽暦に変わった日

明治時代になり、西洋の文化や技術を取り入れる「文明開化」の世の中になりました。政府は、日本も西洋と同じように太陽暦またはグレゴリオ暦というこよみを使うことに決めました。それまでの太陰太陽暦ともいう旧暦は、明治5年である1872年12月3日を、新暦の1873年1月1日としました。しかし人々は長い間、旧暦に慣れ親しんできたので、しばらくの間は、伊勢神宮司庁が発行するこよみ「官暦」には、新暦と旧暦の両方が記されていました。

こよみを変えたほうが良いということを福澤諭吉が書いた本『改暦弁』
提供：国立国会図書館デジタルコレクション

記念日
● 国際障害者デー（障害を持つ人が、人間らしい生活を送る権利と、そのための補助を確保するための活動をする国際デーのひとつ）

誕生日
● ローランド・ヒル（イギリス／1795年／教育家）
● 永井荷風（日本／1879年／小説家、随筆家）

クイズ
1990年、日本奇術協会が今日を「奇術の日」と定めました。なぜ今日になったのでしょう？　ヒント：かけ声

クイズの答え　12/1の答え：❶富士山　12/2の答え：❶外務省　12/3の答え：奇術の「ワン・ツー・スリー」というかけ声にちなんで

12/4 徳川吉宗が無料の治療施設「小石川養生所」を設けた日

1722年12月4日、東京の小石川薬園内に、貧しい病人を無料で治療する施設「小石川養生所」が設置されました。きっかけとなったのは、この年の正月、町医者の小川笙船が「貧しい人のために、養生所をつくってほしい」と、目安箱に投書したことです。そこで、第8代将軍の徳川吉宗の指示によって設立されました。

最初の入所人数は40人でしたが、翌年には100人になり、内科、外科、眼科の医師がいました。

徳川吉宗（1684－1751年）

記念日
- かぶちゃんのケフィールの日（「かぶちゃん農園」が「ひと（1）に（2）よい（4）」と制定。からだに良い乳酸飲料、ケフィールをアピールするため）

誕生日
- カーライル（イギリス／1795年／歴史家）
- リルケ（オーストリア／1875年／詩人）

クイズ
1930年の今日、ニュートリノの存在をオーストリアの物理学者が主張。観測に成功し、2002年にノーベル物理学賞を受賞した日本人は？

12/5 聖徳太子が「冠位十二階の制」を制定した日

603年12月5日、聖徳太子が「冠位十二階の制」を定め、12の位を冠の色や飾りで示しました。それまで行われていた地位の世襲ではなく、その人の能力や努力に応じて位があたえられるようになりました。この制度は後世にも影響をおよぼし、その約400年後に書かれた『源氏物語』には、光源氏の息子、夕霧が自分の位の色が低いために恥ずかしがる場面があります。努力して出世することの大切さを教えた話です。

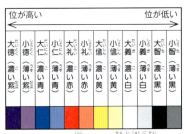
12色の色分けで、位を表した冠位十二階
（この表の色はイメージです）

位が高い ←											→ 位が低い
大徳（濃い紫）	小徳（薄い紫）	大仁（濃い青）	小仁（薄い青）	大礼（濃い赤）	小礼（薄い赤）	大信（濃い黄）	小信（薄い黄）	大義（濃い白）	小義（薄い白）	大智（濃い黒）	小智（薄い黒）

記念日
- アルバムの日（1年の思い出の写真整理を促進する日。「いつか…」と後回しにせず、すぐ整理しようという意味を込め、5日（いつか）の今日に）

誕生日
- ディズニー（アメリカ／1901年／映画製作者）
- ハイゼンベルク（ドイツ／1901年／物理学者）

クイズ
1900年の今日、女医の吉岡彌生が東京女医学校を創立。彼女は日本で何番目の女性医師？ ❶1番目 ❷27番目 ❸54番目

豆知識　「忘年会」って、いつからあるの？

12月が近くなると「忘年会」という言葉を見かけるようになります。「忘年」は「としわすれ」ともいわれ、忘年会には「この1年の苦労をわすれよう」という意味があるようです。

じつは、忘年会がいつから始まったのか、どのような歴史があるのか、はっきりしていません。その理由の一つは、忘年会は節句や年中行事から生まれたものではなく、決まった作法や形式がないから、ということのようです。

ただ、「としわすれ」という言葉は室町時代の文献に出てきており、年末の1日を楽しんでいます。そして江戸時代末には、「忘年会」という言葉は目新しい感じがしながらも、使われるようになっていたようです。

クイズの答え　12/4の答え：小柴昌俊　　12/5の答え：❷27番目

12/6 ヨーロッパの子どもたちが靴を飾る、聖ニコラウスの日

12月6日は「聖ニコラウスの日」です。4世紀のギリシャで、聖職者だった聖ニコラウスが、人々の靴にコインを入れ、貧しい人を救ったという伝説があります。それにちなみ、ヨーロッパの子どもたちは前日の12月5日に、靴を玄関や暖炉の前に飾ります。目が覚めると靴にプレゼントが入っていることを期待しているのです。「聖ニコラウス」が、オランダ語で「サンタ・クローズ」となまり、クリスマスのサンタ・クロースが誕生したそうです。

聖ニコラウス（生没年不詳。3～4世紀）

記念日
- 音の日（1877年の今日、発明家エジソンが蓄音機「フォノグラフ」を発明。これにちなみ、音と音楽文化の大切さを考える日として制定）

誕生日
- ヘンリー6世（イギリス／1421年／王）
- 仁科芳雄（日本／1890年／原子物理学者）

クイズ
1877年の今日、アメリカで朝刊紙「ワシントン・ポスト」が創刊。発行所のある都市は？
❶ワシントンD.C.　❷ニューヨーク

12/7 外国への玄関口の一つ「神戸港」が開港した日

1868年12月7日、外国船の停泊地として神戸に「兵庫港」が開港しました。現在の「神戸港」です。このとき兵庫港と呼ばれたのは、開港する予定が元は兵庫津だったためです。兵庫津は、平安時代の末に平清盛が整備した、古くからある港でした。しかし、より適していると、神戸港に変更になったのです。正式に「神戸港」という名になったのは1892年のことです。現在、神戸港では新暦に直した1月1日を開港記念日としています。

現在の神戸港

記念日
- 国際民間航空デー（1994年の今日、国際航空の安全、保安、環境保全に取り組む、国際民間航空機関が設立した）

誕生日
- 西郷隆盛（日本／1827年／薩摩藩士）
- 与謝野晶子（日本／1878年／歌人、詩人）

クイズ
今日はアメリカの「わたあめの日」。わたあめは「妖精の綿毛」「飴の綿毛」ともいわれるとか。わたあめの原料は何？

12/8 真珠湾攻撃などにより、太平洋戦争が始まった日

1941年12月8日の未明、日本海軍はアメリカの海軍基地であるハワイの真珠湾を奇襲攻撃するなどの軍事行動を開始しました。そしてアメリカとイギリスに宣戦布告し、太平洋戦争が始まったのです。

このころ、アメリカとイギリス、オランダは、鉄や石油の輸出をめぐり「戦争か話し合いか」を日本にせまっていましたが、日本は12月1日に開戦を決めました。日本につづきドイツやイタリアもアメリカに宣戦し、第二次世界大戦へと広がっていきました。

燃える真珠湾と日本の戦闘機

行事
- 針供養（針仕事を休み、今年の折れた針を供養する。折れた針を豆腐やこんにゃく、もちなどに刺して、社寺に納めたりする）

誕生日
- ホラティウス（古代ローマ／紀元前65年／詩人）
- シベリウス（フィンランド／1865年／作曲家）

クイズ
1282年の今日、鎌倉幕府の執権、北条時宗が鎌倉に円覚寺を創建。鎌倉大仏があるのは？　❶円覚寺　❷高徳院　❸東大寺

クイズの答え　12/6の答え：❶ワシントンD.C.　12/7の答え：さとう（白ざらめ）　12/8の答え：❷高徳院

12/9 屋久島など4件が、日本初の世界遺産に決まった日

1993年12月9日、屋久島（鹿児島県）、白神山地（青森県と秋田県）、姫路城（兵庫県）、法隆寺地域の仏教建造物（奈良県）の4件が、国内初の「世界遺産」に決定しました。日本はその後も、1994年には古都京都の文化財、1996年には原爆ドームと厳島神社、2016年にはル・コルビュジエの建築作品など、多くの遺産が登録されました。世界遺産は、エジプトのアブ・シンベル神殿を水没から救うために、世界の多くの国が協力したことがきっかけとなり、1972年のユネスコ総会で誕生しました。

鹿児島県屋久島の「縄文杉」。樹齢2000年以上

記念日
- 障害者の日（1975年の今日、国連が障害者の権利宣言を採択したことを記念した、日本独自の記念日として制定）

誕生日
- ジョーエル・チャンドラー・ハリス（アメリカ／1848年／小説家）
- 長谷川潔（日本／1891年／版画家）

クイズ
1867年の今日、薩摩藩と長州藩は「王政復古の大号令」を発し、新政府をつくりました。江戸幕府最後の将軍は？

12/10 第1回ノーベル賞授賞式が行われた日

1901年12月10日、第1回ノーベル賞授賞式がスウェーデンのストックホルムとクリスティアニア（現在のノルウェーのオスロ）で行われました。それから毎年、授賞式は12月10日に行われています。1896年のこの日は、ノーベル賞を創設したスウェーデンの化学者ノーベルが亡くなった日です。その命日にちなみ、授賞式の日となっています。授賞式の翌日は、スウェーデン国王が受賞者とその家族を宮殿に招き、食事会を開くそうです。

アルフレッド・ノーベル（1833－1896年）

記念日
- 人権デー（1948年の今日、国連総会で世界人権宣言が採択されたことを記念して制定。日本ではこの日までの一週間を「人権週間」としている）

誕生日
- 寺山修司（日本／1935年／歌人、劇作家）
- 坂本九（日本／1941年／歌手）

クイズ
1968年の今日、東京で給料を運んでいた現金輸送車から高額の現金がぬすまれました。時効になったこの事件は何と呼ばれている？

12/11 子どもの命と健康を守る「ユニセフ」が創設された日

1946年12月11日、第1回国連総会で国連国際児童緊急基金「ユニセフ」が創設されました。現在は国際連合児童基金といいます。ユニセフは、世界中の子どもたちの命と健康を守るために活動する機関です。すべての子どもたちの権利が守られる世界を実現するため、190以上の国と地域で、保健、栄養、水・衛生、教育、緊急支援などを行っています。日本ユニセフ協会は、1955年に設立されました。募金活動や広報活動などに取り組んでいます。

ユニセフのマーク

記念日
- 胃腸の日（「い（1）に（2）い（1）い（1）」のゴロ合わせ。1年をふりかえり、胃腸を大切にしようと、医薬品をあつかう団体が制定）

誕生日
- ベルリオーズ（フランス／1803年／作曲家）
- コッホ（ドイツ／1843年／医師）

クイズ
1972年の今日、NASAの「アポロ計画」最後の宇宙船が月面に着陸しました。アポロ何号？　❶11号　❷17号　❸21号

クイズの答え　12/9の答え：徳川慶喜　12/10の答え：3億円事件　12/11の答え：❷17号

12/12 児童についての法律、「児童福祉法」が公布された日

1947年12月12日、「児童福祉法」が公布されました。これは日本における、児童についての基本的で総合的な法律です。ここでいう「児童」とは18歳未満の人のことです。すべての児童がすこやかに育つことを目的として、児童相談所や保健所の設置と役割が決められ、身体障害児の保護や、母子生活支援施設、保育所、養護施設などの設置などについて定められています。また、15歳未満の就労制限などについても決められています。

母子手帳を交付しているところ（1960年ごろ）

記念日
- 漢字の日（「いい (1) 字 (2) いち (1) 字 (2)」のゴロ合わせ。全国から募集した「今年の漢字」を京都府の清水寺で発表する）

誕生日
- 福澤諭吉（日本／1834年／啓蒙思想家）
- ムンク（ノルウェー／1863年／画家）

クイズ
今日は「明太子の日」。1914年のこの日、「明太子」という名称が初登場したのはどれ？ ❶新聞 ❷ラジオ ❸テレビ

12/13 日中戦争のさなか、日本軍が南京を占領した日

1937年12月13日は、日本軍が、当時の中国の首都である南京を占領し、非戦闘員を含む多くの中国人を殺した、南京事件が起きた日です。日本は国際社会から大きな非難をうけました。

このころ、日本と中国は「日中戦争」という全面戦争に突入していました。当初、短期間で中国を制圧できると考えていましたが、中国軍の抵抗が強く、だんだん苦戦するようになりました。日本軍は部隊を増やし、ついに南京を占領したのです。

南京城内で中国軍兵を調べる日本の憲兵

行事
- 煤払い（正月を迎える準備として、屋内の煤やほこりを払い清めて、大掃除をすること。このとき使ったほうきを小正月に焼く地域もある）

誕生日
- ハイネ（ドイツ／1797年／詩人）
- 田山花袋（日本／1871年／小説家）

クイズ
1659年の今日、江戸で隅田川に大橋が完成し、武蔵と下総の両国が結ばれました。橋の名は？ ❶両国橋 ❷大橋 ❸隅田橋

12/14 赤穂浪士が主君のかたきをとった日

1702年12月14日、赤穂浪士が主君である浅野長矩のかたきうちとして、吉良上野介の首をおとしました。浪士とは藩などに属さない武士で、赤穂浪士は元赤穂藩の武士を意味し、特に討ち入った46人をさします。前年、浅野が吉良に小刀で切りかかる事件があり、浅野はすぐに切腹させられましたが、吉良は罪に問われなかったので、赤穂浪士は不満をいだいたのです。この事件は『忠臣蔵』として、たくさんの芝居や小説になっています。

吉良邸に討ち入りする赤穂浪士

記念日
- 南極の日（1911年の今日、ノルウェーの探検家アムンゼンと4人の隊員が世界で初めて南極点（地軸の南端）に到達したことにちなんで）

誕生日
- ノストラダムス（フランス／1503年／医師、占星学者）
- ティコ・ブラーエ（デンマーク／1546年／天文学者）

クイズ
今日は「モンキー・デイ」。進化論や動物の権利に関する意識の向上が目的の日。さて、古い日本語で猿は？ ❶さくら ❷ましら ❸ぼたん

クイズの答え 12/12の答え：❶新聞　12/13の答え：❶両国橋　12/14の答え：❷ましら

12/15 NASAの2つの宇宙船が、ランデブーに成功した日

1965年12月15日、NASAの宇宙船ジェミニ6号と7号が、世界で初めてランデブーに成功しました。ランデブーとは2つの宇宙船が同じ軌道に入り、接近した状態でいっしょに飛行することで、宇宙開発に欠かせない技術でした。ジェミニ7号が先に打ち上げられ、その12日後に6号が打ち上げられました。軌道に乗ってから6時間ほどで7号に追いつき、2つの宇宙船はならんで地球を3周。一番近いときは30センチメートルまで接近しました。

ジェミニ6号からジェミニ7号を撮影

記念日
- 年賀はがき特別扱い開始日（今日から25日までに年賀状をポストに入れると、新年1月1日に相手に届く）

誕生日
- エッフェル（フランス／1832年／建築家）
- いわさきちひろ（日本／1918年／童画家）

クイズ
828年の今日、空海が日本初、庶民向けの学校「綜芸種智院」を開きました。空海の別名は？　❶伝教大師　❷弘法大師

12/16 廃棄物による「夢の島」の埋め立てが始まった日

1957年12月16日、東京都江東区南東部で「夢の島」の埋め立てが始まりました。「夢の島」は、廃棄物を埋め立てる「14号埋立地」の通称でしたが、1967年に埋め立てが終了し、2年後に江東区の正式な地名となりました。

この場所は現在、清掃工場や熱帯植物館、公園などになっています。熱帯植物館の温室の暖房などは、ゴミの熱焼却でつくられる高温水が清掃工場から送られ、そのエネルギーでまかなっています。

夢の島の跡地「夢の島公園」

記念日
- 電話創業の日（1890年の今日、日本初の電話が東京ー横浜の間で始まったことを記念した日。当時は電話交換手という職業があった）

誕生日
- ベートーベン（ドイツ／1770年／作曲家）
- 尾崎紅葉（日本／1868年／小説家）

クイズ
1909年の今日、東京の山手線が一部開通。2020年に1駅増える予定ですが、そのとき全部で何駅になる？　❶25　❷30　❸35

豆知識　「煤払い」って何するの？

煤払いは、この1年間でたまった「煤」を払い、家の中を清め、お正月の準備を始める日です。煤は、けむりといっしょにほこりなどがかたまった汚れのこと。昔は、家の中で火をたいていたので、天井やかべに、煤がついたのです。

この日は「正月事始め」ともいい、歳神様をお迎えする準備をする日でもあります。地域によってさまざまで、掃除に使う道具や服装は特別なものを用いるなど、ただの大掃除とは違いました。歳神様は、お正月にそれぞれの家でまつる神様で、鏡餅にやどるとされています。

現在は、大晦日に近づいてから、それぞれ都合のよい日に大掃除をすることが多くなりましたが、寺社の煤払いは、よくニュースになりますね。

クイズの答え　12/15の答え：❷弘法大師　12/16の答え：❷30

12/17 ライト兄弟が人類初の有人動力飛行に成功した日

1903年12月17日、アメリカで自転車製造業をしている、ウィルバーとオービルのライト兄弟が、世界で初めて有人動力飛行に成功しました。エンジンとプロペラによる動力飛行機「フライヤー号」をオービルが操縦し、最初の飛行時間は12秒、距離は36メートルでした。その日のうちにウィルバーが飛行時間を59秒、距離を260メートルまでのばしました。

この世紀の瞬間を見守った観客は、たった5人だったといいます。

世界初飛行に成功したフライヤー号。操縦しているのは弟のオービル

行事
● 浅草寺歳の市／羽子板市（毎年、今日から19日までの3日間、東京の浅草寺で行われる。江戸時代の中ごろは、歌舞伎役者が羽子板の押し絵になった）

誕生日
● ハンフリー・デービー（イギリス／1778年／化学者）
● ジュール・ゴンクール（フランス／1830年／小説家）

クイズ
1946年の今日、戦後初のパーマネント・コンクールが開催。当時の日本語でパーマは何といった？　❶電髪　❷巻髪　❸かつら

12/18 日本が国連に加盟し、国際社会に復帰を果たした日

1956年12月18日、日本が国際連合、略して国連に加盟しました。この日の国連総会で、日本の国連加盟案が全会一致で可決されたからです。日本は80番目の加盟国となり、1933年に国際連盟を脱退してから23年ぶりに、国際社会に復帰しました。1920年に発足した国際連盟は、第二次世界大戦で解体。1945年、新たに設立された国際平和機構が国際連合です。主権国家の集合体で、各加盟国の主権は平等とされています。

国連加盟祝賀会であいさつする当時の総理大臣、鳩山一郎
提供：(C)共同通信社／アマナイメージズ

記念日
● 防犯の日（毎月18日。日本で初めての警備保障会社セコムが制定。「1」を棒に見立て、「1（ぼう）8（はん）」のゴロ合わせ）

誕生日
● トムソン（イギリス／1856年／物理学者）
● 志賀潔（日本／1870年／細菌学者）

クイズ
1914年の今日、日本の首都を代表する駅として東京駅が竣工。駅舎は何色のレンガだった？　❶白　❷赤　❸黒

12/19 豊臣秀吉が26人のキリスト教徒を処刑した日

1596年12月19日、豊臣秀吉が長崎で、日本人をふくむキリスト教徒26人を処刑しました。1549年に日本に伝えられたキリスト教は、織田信長が布教を許し、秀吉もはじめは布教を認めていました。しかし、キリスト教の信者が増え、神社や寺院が破壊されたので、秀吉は1587年、キリスト教を禁止。さらに、スペインやポルトガルが布教を通じて日本の植民地化を進めていると聞いて、危機感を持ち26人を処刑したのです。

長崎県長崎市にある日本二十六聖人殉教地

記念日
● シュークリームの日（毎月19日。シュークリームはフランス語。シューはキャベツの意味で、形が似ていることから。洋菓子メーカーが制定）

誕生日
● フェリペ5世（スペイン／1683年／王）
● オッペル（ドイツ／1831年／地質学者、古生物学者）

クイズ
1910年の今日、日本人が公式に動力飛行に初めて成功しました。滞空時間は？
❶4分　❷14分　❸24分

クイズの答え　12/17の答え：❶電髪　12/18の答え：❷赤　12/19の答え：❶4分

12/20 「国境なき医師団」が設立された日

1971年12月20日、フランス赤十字社の対外救護活動に参加した医師たちが、パリで「国境なき医師団」を設立しました。これは、中立、独立、公平な立場で医療・人道援助活動を行う民間・非営利の国際団体です。活動方針は、戦災や天災があったところに、医師の救助を必要とする人々がいれば、人種や政治、宗教にかかわらず援助に行くことです。1999年、ノーベル平和賞を受賞しました。

医療がゆきとどかない国や地域でも活動（©MSF）

記念日
- ブリの日（大晦日の「年取り魚」にブリを使うことと「ブリ（20）」のゴロ合わせ。年取り魚とは、めでたいときに使われる魚のことで、地域によって異なる）

誕生日
- 北里柴三郎（日本／1853年／細菌学者）
- 尾崎翠（日本／1896年／小説家）

クイズ
711年の今日、朝廷は貨幣を流通させるため、法令を出しました。その貨幣とは？
❶1円札　❷和同開珎　❸貝貨

12/21 ジャンボ宝くじに数万人が集まった日

1976年12月21日、1等が1000万円という、第126回全国自治宝くじが発売され、大評判となりました。1等が40本、2等の100万円が400本と、当選枚数が増えたことも、人々が盛りあがった理由です。大阪の特設売り場には徹夜組だけで3万人、東京・後楽園の売り場には2万5000人も集まり、混乱をさけるため機動隊が出動しました。この宝くじ発売の混乱で、全国で2人が死亡、多くの人がけがをしてしまいました。

大混雑した、東京・後楽園の宝くじ売り場
提供：時事

記念日
- 回文の日（回文とは、上から読んでも下から読んでも同じに読める文のこと。「1221」も、先からも後からも同じになるため）

誕生日
- ランケ（ドイツ／1795年／歴史学者）
- 松本清張（日本／1909年／小説家）

クイズ
1958年の今日、フランスで、ド・ゴールが大統領になりました。大統領にちなんだド・ゴール空港があるフランスの首都は？

12/22 日本初の内閣制度、第一次伊藤博文内閣が発足した日

1885年12月22日、日本で最初の内閣制度の制定とともに、伊藤博文が初代の内閣総理大臣に就任しました。第一次伊藤博文内閣の発足です。伊藤博文は天皇中心の政治のしくみを考えましたが、政治からは宮中を切りはなすようにしました。天皇の側近で相談相手として、初代内大臣の三条実美に宮中の業務を担当させ、宮内庁を内閣の外におきました。そして、プロイセン（現在のドイツ）の行政のしくみに似た内閣をつくりあげました。

伊藤博文（1841－1909年）

記念日
- ショートケーキの日（毎月22日。カレンダーで22日の上が必ず15日「イチ（1）ゴ（5）」になるため）

誕生日
- ファーブル（フランス／1823年／自然科学者）
- 東郷平八郎（日本／1848年／薩摩藩士）

クイズ
1938年の今日、南アフリカの東海岸で、シーラカンスが発見されました。古代から変わらない生態によってついた別名は？

クイズの答え　12/20の答え：❷和同開珎　12/21の答え：パリ　12/22の答え：生きた化石

12/23 東京タワーが完成した日

1961年ごろ。
周囲にはほとんど何もない

1958年12月23日、東京都に、テレビ電波を送信する「東京タワー」が完成しました。増えてきたテレビ局の電波塔を1つにまとめるために建てられたのです。高さは333メートル。当時、塔として世界一だったパリのエッフェル塔の高さを超えました。大展望台の1階は145メートル、特別展望台は250メートルの高さにあり、富士山や関東平野をながめることができるため、今も東京の名所のひとつです。

記念日
- ふみの日（「ふ（2）み（3）」のゴロ合わせで毎月の23日は「ふみの日」。ふみ（手紙）に関心をもってもらおうと、かつての郵政省が制定）

誕生日
- アークライト（イギリス／1732年／発明家）
- シャンポリオン（フランス／1790年／考古学者）

クイズ
今日は「テレホンカードの日」です。公衆電話で使う、どんなカード？　❶電話番号登録カード　❷プリペイドカード

12/24 消費税法案が成立し、消費税の導入が決まった日

1988年12月24日、参議院本会議で消費税法案が可決され、成立しました。大幅な税制改正のひとつとして、すべての商品・サービスの価格を対象に、3％の消費税をかけることになりました。この法案の成立によって、日本で初めて消費税が導入されたのです。同じ年の12月30日に公布され、翌年1989年4月1日から消費税の導入がスタートしました。消費税は1997年には5％に、2014年には8％に引き上げられました。2019年10月1日からは10％になる予定です。

最初の消費税導入時のスーパーの告知
提供：時事

行事
- 納めの地蔵（毎月24日は、地蔵菩薩の功徳をたたえ、救いを祈る地蔵の縁日。一年で最後の地蔵の縁日を「納めの地蔵」という）

誕生日
- ジョン（イギリス／1167年／王）
- ジュール（イギリス／1818年／物理学者）

クイズ
1906年の今日、アメリカで世界初のラジオ番組を放送。何が放送された？　❶オペラ中継　❷音楽や聖書の朗読　❸コント

12/25 「クリスマス」はイエス・キリストの誕生を祝う日

12月25日は、イエス・キリストの誕生日を祝う「クリスマス」で、前日12月24日のクリスマス・イブからお祝いが始まります。現在は、家族や親しい人と過ごす楽しい行事となっているところもあります。

ラファエロが描いた『大公の聖母』。聖母マリアに抱かれるイエス

日本ではケーキやフライドチキンを囲むことが多いようですが、イギリスではクリスマスプディング、アメリカでは七面鳥を食べるようです。なお、日本でクリスマスの行事が行われるようになったのは、明治時代以降のことです。

行事
- クリスマス（イエス・キリストの誕生日を祝う日。誕生日が今日という確証はなく、太陽の再生を祝う冬至の祭りと合わさったものといわれる）

誕生日
- ニュートン（イギリス／1642年／物理学者）
- 植木等（日本／1926年／俳優、歌手）

クイズ
今日が誕生日のニュートン。何が落ちるのを見て「万有引力の法則」をひらめいた？　❶コップ　❷ネコ　❸リンゴ

クイズの答え　12/23の答え：❷プリペイドカード　12/24の答え：❷音楽や聖書の朗読　12/25の答え：❸リンゴ

12/26 スマトラ島沖のインド洋で大地震が発生した日

2004年12月26日、インドネシアのスマトラ島西方沖のインド洋で、マグニチュード9.0という大地震が発生しました。インド洋沿岸に高さ10メートルにも達する大津波がおしよせ、インド洋沿岸諸国に多大な被害をあたえました。津波に無防備な地域もあり、22万8500人以上の死者・行方不明者を出しました。これは過去100年のなかで4番目に大きな規模で、地震の強さは1995年に起きた阪神・淡路大震災の1400倍にもなりました。

津波におそわれたスマトラ島

記念日
- プルーンの日（1年中おいしいプルーンを食べてもらいたいとの願いをこめて、「プ(2)ルーン(6)」のゴロ合わせから毎月この日に）

誕生日
- 徳川家康（日本／1542年／江戸幕府初代将軍）
- 毛沢東（中国／1893年／国家主席）

クイズ
今日は、「プロ野球誕生の日」。1934年のこの日、現在のどのチームの前身が結成された？
❶読売ジャイアンツ　❷阪神タイガース

12/27 ロンドンで『ピーターパン』が初めて上演された日

1904年12月27日、ロンドンで童話劇『ピーターパン』が初上演されました。3人の子どもが、ピーターパンという永遠に成長しない少年と不思議な島へ行き、たくさんの冒険をするお話です。

原作者はイギリスの劇作家、バリー。1880年ごろから小説や戯曲を書いていたもののあまり成功せず、この『ピーターパン』によって成功し、有名になりました。日本でもピーターパンは、本やミュージカルなどで広まり、とても人気です。

初演時のプログラム

記念日
- 浅草仲見世記念日（1885年の今日、浅草の仲見世が新装開業。浅草寺掃除を課せられていた人々が、出店の許可を得たのが仲見世のはじまり）

誕生日
- ヨハネス・ケプラー（ドイツ／1571年／天文学者）
- 頼山陽（日本／1780年／歴史家、儒学者）

クイズ
1822年の今日、細菌学者のパスツールが誕生。何のワクチンを発見した？
❶黄熱病　❷狂犬病　❸天然痘

豆知識 「師走」の「師」って、誰のこと？

12月のことを異名で「師走」ともいいますが、この「師」とは誰で、どうして走るのでしょう。

どうして「師走」になったか、じつははっきりした理由はわかっていません。

ひとつには、1年の終わりである12月は誰もがいそがしくて、師匠と呼ばれるえらい人たちでさえ、ちょこちょこ走り回るからだといわれています。ほかには、師走の「師」はお坊さんのことだ、という説もあります。昔、12月にお坊さんを呼んでお経を読んでもらう風習があり、お坊さんがいそがしく移動するので師走と呼ぶようになったという話です。さらに「四季が極まる月」という意味の「四極月」、「としはつるつき」「としはするつき」がなまって師走になったなど、諸説あります。

クイズの答え
12/26の答え：❶読売ジャイアンツ　　12/27の答え：❷狂犬病

12/28 「八百屋お七」が放火するきっかけの大火事が起きた日

月岡芳年が芝居をもとに描いたお七

1682年12月28日、駒込の大円寺で大火事がありました。この時、八百屋の娘、お七は避難したお寺で、そこの小姓と恋人同士になります。その後、お七は不良から「火事が起これば、また小姓に会える」とそそのかされ、翌年1683年3月2日の夜に放火してしまいます。お七は捕らえられ、その月の29日に火刑に処せられました。お七の悲しい恋の物語は有名になり、歌舞伎や浄瑠璃の演目として、現在でも人気があります。

行事
- ご用納め（国と地方公共団体の各役所での仕事納めの日。1873年に法律で定められた。12月29日から1月3日まで休みとなる）

誕生日
- 畦地梅太郎（日本／1902年／版画家）
- 堀辰雄（日本／1904年／小説家）

クイズ
1925年の今日、大日本相撲協会が誕生しました。現在、1年に何回の大相撲本場所を行っているでしょう？

12/29 名作『雪国』でも有名な「清水トンネル」が貫通した日

1929年12月29日、群馬県と新潟県の境、土樽－土合間で、長さ9702メートルの「清水トンネル」が貫通しました。谷川連峰の真下を貫き、地質がとてもかたかったので、アメリカから新型機械を導入して工事を行い、1931年に上越線として開通しました。当時、国内最長のトンネルで、世界でも9位という長さでした。
川端康成の名作、『雪国』の冒頭文「国境の長いトンネルを抜けると雪国であった。」のトンネルです。

開通直前の清水トンネル
提供：朝日新聞社

記念日
- 福の日（「ふ(2)く(9)」のゴロ合わせ。おせち料理を製造する食品メーカーが制定。正月行事本来の意味、「いわれ」を知ることを呼びかける）

誕生日
- グッドイヤー（アメリカ／1800年／発明家）
- 松平容保（日本／1835年／会津藩主）

クイズ
今日は、正月用のもちをついてはいけないとする地域が多い日。それはなぜ？ ❶かびてしまうから ❷「苦(九)もち」に通じるから

12/30 日本初の地下鉄が、上野－浅草間で開通した日

1927年12月30日、アジアで初めての地下鉄が東京で開通しました。上野－浅草間の2.2キロメートルを5分で走行しました。運賃は一律10銭で、当時のコーヒー1杯の金額と同じでした。初日は午前中だけで4万人もの人が、初めての地下鉄に乗ろうと、駅におしよせたといいます。1939年には渋谷－新橋間が開通し、2路線の直通運転が始まりました。これらは現在の東京メトロ銀座線になっています。

浅草－上野間開業時に使われた1000形電車

記念日
- みその日（30日を「みそか」とよぶことから、ゴロ合わせで毎月30日に全国味噌工業協同組合連合会が定めた）

誕生日
- キップリング（インド／1865年／小説家）
- 東条英機（日本／1884年／第40代内閣総理大臣）

クイズ
1946年の今日、文部省が学校制度を「6・3・3・4制」にすることを決めました。これによって義務教育は何年になった？

クイズの答え　12/28の答え：6回（一月場所、三月場所、五月場所、七月場所、九月場所、十一月場所）　12/29の答え：❷「苦(九)もち」に通じるから　12/30の答え：9年

12/31 紅白歌合戦が大晦日の名物番組となった日

第1回から第3回までは、お正月のラジオ番組として放送されていた紅白歌合戦が、1953年12月31日、NHK第4回紅白歌合戦として、大晦日のテレビ番組となりました。紅組は映像であることを意識して、華やかな衣装をまとって初優勝。夜9時15分から1時間半、出場組数は17組ずつでした。1953年は、1月2日に第3回をラジオで、第4回が12月31日にテレビでと、1年に2回、紅白歌合戦が行われたのです。

会場になった日本劇場

行事
- 大晦日（大晦日は一年で最後の日。「おおつごもり」ともいう。地域により「おおつごも」「おおつもご」「おおつも」など、異なる呼び方をすることもある）

誕生日
- マティス（フランス／1869年／画家）
- マーシャル（アメリカ／1880年／軍人、政治家）

クイズ
1909年の今日、アメリカで、マンハッタンとブルックリンを結ぶ橋が開通。その名は？　❶アメリカ橋　❷マンハッタン橋

豆知識　大晦日に特別な行事ってあるの？

1年の最後の日を大晦日といいます。大晦日の夜から翌日の元日にかけて、さまざまな年越し行事が行われ、その土地ならではの行事もたくさんあります。本来、大晦日は心身を清めて眠らずに過ごし、家にやってきて鏡餅にやどる歳神様をお迎えしました。現在、元日に初詣をするのは、そのなごりといわれています。全国的には、大晦日に家族そろって「年越しそば」を食べ、長寿を願うならわしが広く行われています。江戸時代から明治時代の都市部では、お店は夜遅くまで開いており、商人は掛け売りという後払いの代金を取り立てに回る、といった、あわただしい夜の風景があったそうです。

大晦日の夜には「除夜の鐘」が鳴り響きます。除夜とは、大晦日の夜のことで、夜12時に各地のお寺で鐘をつきます。人間には108の煩悩があるとされ、清らかな心で新年にのぞむために108回鐘をつき、その響きを聞きながら新しい年を迎えます。神社では「除夜祭（年越祭）」が行われ、夜通し火を焚いて新年の福を祈るところもあります。

秋田県男鹿市では大晦日の夜、地域の男性が鬼のかっこうをして家を回る「なまはげ」が行われます。京都の八坂神社では、大晦日の夜から元日の朝にかけて「をけら詣り」が行われ、人々は、持ち帰ると1年を無事に過ごせるという「をけら火」を授かりに神社をお参りします。広島県の厳島神社では、大晦日の夜に「鎮火祭」が行われます。鹿児島県種子島や屋久島などでは大晦日の夜、地域の青年が「トシドン」という天狗のような面をつけた神に扮して、子どものいる家を回り、年餅を配ります。

大晦日には、各地でさまざまな行事が行われ、それぞれの地域らしい過ごし方をすることが多いのです。

クイズの答え　12/31の答え：❷マンハッタン橋

もっと伝わる！原稿の読み方❷
通る声を出す練習！

はり上げるように出した大きな声では、うまく言葉が伝わらないときがあります。
相手が聞き取りやすい「通る声」をめざしましょう。
「腹式呼吸」を練習して、おなかから声が出るようになると、自信を持って話すことができます。

腹式呼吸で声を出す

ふつうに大きく息を吸うと、胸がふくらみ肩が上がるが、腹式呼吸では、おなかが少しふくらむ。息をはくと、おなかは少しへこむ。

1 とても寒い日を想像して、手を思い切り暖めるように「ハッハッハッ」と強く息をはき出す。おなかが動いていることがわかる。

2 はき出した息に、声をのせてみる。「あ」に変えて、慣れてきたら「おはようございます」など言葉にしていく。

3 言葉にできるようになったら、録音して、自分の声の変化をたしかめてみる。

1〜3：「アナウンサー式　簡単にできる！腹式呼吸・腹式発声の方法」小紫真由美　https://www.youtube.com/watch?v=5xVs0EBZZF4　より

1月

異名
- 睦月（霞初月、早緑月、初空月）

国民の祝日
- 元日（1月1日：年のはじめを祝う）
- 成人の日（1月第2月曜日：おとなになったことを自覚し、みずから生き抜こうとする青年を、祝いはげます）

二十四節気
- 小寒（1月5日ごろ：本格的な冬がくる。「寒の入り」ともいう）
- 大寒（1月20日ごろ：1年でもっとも寒い時期）

誕生石
- ガーネット（真実、友愛、忠実）

誕生月の花
- シンビジウム（かざらない心）

1/1 初の国産アニメ「鉄腕アトム」が放送開始された日

1963年1月1日、初の国産テレビアニメシリーズ「鉄腕アトム」の放送が開始されました。週に1回、30分の枠で放送するという形式は、今日の日本のテレビアニメにおける原型です。また、明治製菓をはじめ、おもちゃや文具、日用品メーカーがアトムの絵柄を使った商品を発売するなど、キャラクターを使って新たに商売するさきがけとしても知られます。鉄腕アトムの人気をきっかけに、この後、多くのテレビアニメが誕生しました。

当初はモノクロだった「鉄腕アトム」
提供：手塚プロダクション

祝日
- 元日（1月1日を元日という。正月三が日の初日。「正月」は年のはじめの月を表す。ちなみに「元旦」は、元日の朝のことで、1月1日いっぱいではない）

誕生日
- 一休宗純（日本／1394年／僧）
- クーベルタン（フランス／1863年／教育者）

クイズ
今日は、天皇杯全日本サッカー選手権大会の決勝戦。2017年現在、優勝が多いのは？
❶浦和レッズ ❷慶應義塾大学

1/2 上野動物園にライオンがやってきた日

1902年1月2日、東京の上野動物園に、ドイツのハーゲンベック動物園から購入したライオンが来園しました。1882年に開園した当初の上野動物園は、もともと日本にいる動物ばかりで、農商務省の所管のため、家畜も展示されていました。1886年に宮内庁所管になると、外国のめずらしい動物が加わります。1902年にはハーゲンベック動物園から12種を購入。ダチョウ、ホッキョクグマなどがきましたが、ライオンは特に人気を集めました。

いつの時代も人気のライオン

行事
- 初荷（正月の商いはじめに、問屋や商店から車馬に商品を積んでかざりたて、初出荷する。農・山・漁村や各家の仕事はじめを見習ったもの）

誕生日
- 道元（日本／1200年／僧）
- 足利義政（日本／1436年／室町幕府第8代将軍）

クイズ
一般的に1月2日の夜に見る夢を初夢といいます。昔から、「一富士、二鷹、三◯◯◯」がえんぎの良い夢とされました。三は何？

1/3 ジョン万次郎が日本に帰国した日

1月

1851年1月3日は、日本人で初めてアメリカ本土にわたったジョン万次郎が琉球（現在の沖縄県）にたどり着いた日です。漁師の子、万次郎は14歳のときに遭難し、アメリカの捕鯨船に助けられます。しかし、鎖国中の日本には、簡単に帰ることができません。船長の助けで万次郎はアメリカにわたり、学校で勉強にはげみました。卒業後は捕鯨船で働いたのち、帰国を決心します。万次郎は金鉱で貯めたお金で船を買い、10年ぶりに帰国できたのです。

ジョン万次郎、本名は中浜万次郎（1827-1898年）

記念日
- ひとみの日（「ひと（1）み（3）」のゴロ合わせ。ひとみをいつまでも美しくと呼びかける。ひとみは、目の真ん中の黒い部分のこと）

誕生日
- 加藤高明（日本／1860年／第24代内閣総理大臣）
- 小林一三（日本／1873年／実業家）

クイズ
1951年の今日、NHKラジオで、第1回紅白歌合戦が放送されました。紅組と白組、どちらが勝った？

クイズの答え　1/1の答え：❷慶應義塾大学　　1/2の答え：なすび　　1/3の答え：白組

1/4 地租を改め、軽減した日

1877年1月4日、明治政府は地租を2.5％に引き下げました。地租とは、1873年に始まった税金の制度で、所有している土地の値段の3％をお金で納めるものでした。地租が始まる前は米などの作物を税金代わりに納める制度でした。しかし、豊作、凶作に関係なく、同じ金額を税金として納めなくてはならない地租に対し、農民は激しく反発して、各地で一揆が起こったのです。地租の引き下げは、こうした反対運動を受けたものでした。

三重県で起きた「伊勢暴動」のようす

記念日
- 石の日（「い（1）し（4）」のゴロ合わせ。今日、地蔵や狛犬、道端の小石、墓石などにふれると、願いがかなうらしい）

誕生日
- 道玄（日本／1237年／僧）
- ブライユ（フランス／1809年／教育者）

クイズ
今日は、官公庁の仕事始めの日。この日を「官公庁○○始め」といいます。○○に入るのは？ ❶御用 ❷こと ❸勤め

1/5 横浜郵便局が開業した日

1875年1月5日、現在の横浜港郵便局である横浜郵便局が開業しました。このことにより、日本から外国あての郵便が直接送れるようになりました。前島密による記録「郵便創業談」には、伊藤博文による英語の祝辞や、アメリカ公使ビンガムのあいさつのほか、正面バルコニーにガス灯がともり、海軍楽隊の演奏が行われたと伝えられています。また、三代目歌川広重は、落成式をかねた外国郵便開業式のようすを錦絵に描きました。

横浜郵便局が開業したときのようす
郵政博物館収蔵

行事
- 魚河岸初せり（各地の魚市場で競りを開始する日。新年最初の「初物」には、祝儀をふくむ値段がつけられ、とても高価になることがある）

誕生日
- ジレット（アメリカ／1855年／実業家）
- 夏目漱石（日本／1867年／小説家）

クイズ
今日は「囲碁の日」。さて、囲碁で使う正式な盤面には、たて横それぞれ何本の線が入っている？ ❶18本 ❷19本 ❸20本

豆知識　1月7日は七草がゆを食べる日

1月7日は、五節句の1つ「人日の節句」です。古くから、この日の朝に、七草がゆを食べる習わしがあります。七草とは、せり、なずな、ごぎょう、はこべら、ほとけのざ、すずな、すずしろをいいます。すずなはかぶ、すずしろは大根のことです。

これらの七草は、早春に芽吹くことから邪気をはらうものとされ、無病息災を願って食べるものです。その起源は、平安時代にまでさかのぼり、江戸時代には庶民の間にまで広がったようです。7日の朝に七草をきざんでおかゆに入れたのだそう。

冬場は野菜も不足がちになるうえ、お正月から続いたごちそうで、おなかも疲れ気味となっています。ぜひ、おうちの人と一緒に、七草がゆの習慣を取り入れてみませんか。

クイズの答え　1/4の答え：❶御用　1/5の答え：❷19本

1/6 「かつて大陸は1つだった」大陸移動説を発表した日

1912年1月6日、ドイツの地球物理学者ウェゲナーは、「現在の大陸は巨大な1つのかたまりが分裂して移動した」という大陸移動説を発表しました。海をはさんだ大陸同士の海岸線の形が似ていること、南半球にある大陸同士で植物や動物の化石が共通していることが理由です。しかし、大陸を動かす力を説明できず、学会では否定されました。古地磁気学などの進歩から、大陸移動説が見直されたのは1950年代後半のことでした。

アルフレッド・ウェゲナー（1880-1930年）

行事
- 東京消防出初式（江戸時代からの伝統行事。消防士が新年に出そろい、町火消しの技であるはしご乗りや消火演習などを行う）

誕生日
- ジャンヌ・ダルク（フランス／1412年／国民的英雄）
- シュリーマン（ドイツ／1822年／考古学者）

クイズ
1887年の今日、コナン・ドイルの『緋色の研究』が刊行されました。この作品で初めて登場した世界的に有名な名探偵は誰？

1/7 昭和天皇が崩御され、昭和が終わった日

1989年1月7日は、昭和天皇が崩御された日です。1926年から124代天皇として約62年在位し、歴代最長を記録しました。昭和天皇は、第二次世界大戦と敗戦、連合国軍による占領を経験、戦後は天皇の神格化を否定する「人間宣言」を発表しています。また、天皇の地位は、新憲法では国民統合の象徴と定められました。崩御にともない元号が平成に改められ、昭和64年はわずか1週間で終わりました。

昭和天皇（1901-1989年）

行事
- 人日の節句（五節句の一つ。「春の七草」せり・なずな・ごぎょう・はこべら・ほとけのざ・すずな（かぶ）・すずしろ（大根）の入った七草粥を食べて祝う）

誕生日
- 蔦屋重三郎（日本／1750年／出版業者）
- 前島密（日本／1835年／実業家）

クイズ
1610年の今日、ガリレオは自作の望遠鏡で、ある惑星に4つの衛星を発見しました。その惑星とは？　❶金星　❷木星　❸土星

1/8 初の惑星探査機「さきがけ」が打ち上げられた日

1985年1月8日、惑星間空間探査機「さきがけ」が、76年ぶりに回帰してきたハレー彗星の探査を目的に打ち上げられました。太陽風イオン観測器と飛翔体試験装置をのせたさきがけは、あとから打ち上げられた「すいせい」とハレー彗星を観測、地球から約3億キロメートルもの距離から観測データを送り続けました。また、日本で初めて地球重力圏から脱出し、太陽を周回した人工衛星としても技術の確立に大きく貢献しました。

日本で初めて惑星間空間に到達した「さきがけ」
提供：JAXA

記念日
- イヤホンの日（「イ（1）ヤ（8）ホン」のゴロ合わせ。イヤホンの普及を目的に、イヤホンの情報サイトが制定）

誕生日
- 徳川綱吉（日本／1646年／江戸幕府第5代将軍）
- 堀口大学（日本／1892年／詩人）

クイズ
1324年の今日、アジアの旅行記『東方見聞録』を書いたマルコ・ポーロが死去しました。日本は何の国と紹介された？

クイズの答え　1/6の答え：シャーロック・ホームズ　　1/7の答え：❷木星　　1/8の答え：黄金

1/9 明治天皇が即位した日

1867年1月9日、孝明天皇の急死にともなって第122代天皇として、明治天皇が即位しました。この10か月後に徳川慶喜が大政奉還を朝廷に申し出、王政復古が実現され明治政府が樹立します。元号は慶応から明治に改められ、明治天皇は京都から東京の江戸城を皇居として、ここに移りました。大日本帝国憲法や教育勅語の発布、国会開設などを通じて、天皇を頂点とする近代天皇制国家を確立していったのです。

明治天皇（1852－1912年）

記念日
- とんちの日（日付は、とんち話で有名なお坊さん、一休さんのゴロ合わせ、「いっ（1）きゅう（9）」から。とんちの利いたクイズを出し合ってみよう）

誕生日
- 増本量（日本／1895年／金属物理学者）
- ニクソン（アメリカ／1913年／第37代大統領）

クイズ
1795年の今日、横綱の谷風梶之介が風邪で亡くなりました。当時、「谷風」と呼ばれた風邪のような病気は、今の何？

1/10 ロンドンに世界初の地下鉄が走った日

1863年1月10日、イギリスの首都、ロンドンに世界で最初の地下鉄が走りました。それまでロンドンの交通は馬車が中心でしたが、いつも満員のうえに、事故も多く起きていました。そこで地下にトンネルをつくり、鉄道を走らせることにしたのです。当時はまだ汽車の時代で、煙をはきながら地下のトンネルを走りましたが、乗客はすすだらけになっても、地下鉄のほうを好んだそうです。

開業当時に使用された機関車

記念日
- 110番の日（日付は「110」という数字の並びから。ちなみに、110番制度が誕生したのは1月10日ではなく1948年10月1日）

誕生日
- 鈴木正三（日本／1579年／僧）
- 島村抱月（日本／1871年／評論家）

クイズ
紀元前49年の今日、元老院を無視したカエサルは、ローマに侵入。名言「〇は投げられた」の〇に入るのは？ ❶賽 ❷石

1/11 上杉謙信が敵に塩を送った日

1567年1月11日、越後の上杉謙信から送られた塩が、武田信玄の領地の松本藩領（現在の松本市）に届きました。当時、今川氏と北条氏は、武田氏の領地に塩が入らないよう「塩留め」していました。上杉謙信は武田信玄のライバルでしたが、塩留めによる領民の苦しみを見過ごせなかったようです。このことは「敵に塩を送る」という故事成語の語源となり、松本市では、1月11日に「塩市（のちのあめ市）」が開かれるようになったといいます。

上杉謙信（1530－1578年）

行事
- 鏡開き（正月の鏡餅を手やつちで割り、かけらを雑煮やおしるこに入れて食べる。包丁で切らずに「開く」のは、えんぎのよい言葉を使ったもの）

誕生日
- 伊能忠敬（日本／1745年／地理学者、測量家）
- 山岡荘八（日本／1907年／作家）

クイズ
今日は「マカロニサラダの日」。マカロニの原料である小麦の種類は？
❶デュラム ❷グルテン ❸グラム

クイズの答え 1/9の答え：インフルエンザ 1/10の答え：❶賽（さいころのこと） 1/11の答え：❶デュラム

1/12 20世紀最大の噴火、桜島が大爆発した日

1914年1月12日午前、鹿児島県の桜島の山の東西で10数個の火口から噴火が起こりました。午後になると爆発音が激しくなり、夕方には大地震が発生します。さらに、翌日の夜、山の西側で火柱が高く上がる大爆発が起こりました。この噴火で大量の溶岩が流れ出し、大隅半島と桜島が陸続きになったのです。噴煙は九州をおおいつくし、小笠原諸島から東北地方南部までという広い範囲で降灰が確認されました。

「大正噴火」とよばれた。
火山灰がふりつもった鹿児島市街

記念日
- スキーの日（1911年の今日、オーストリアのレルヒ少佐が、新潟県高田の陸軍歩兵連隊で、日本人に初めてスキーを教えたことに由来）

誕生日
- ペスタロッチ（スイス／1746年／教育者）
- モルナール（ハンガリー／1878年／劇作家）

クイズ
今日は、京都の伏見稲荷大社で、五穀と景気をうらなう「御弓始」の神事を行う日。さて、稲荷神社の神様の使いは何？

1/13 三河地震が発生した日

第二次世界大戦中の1945年1月13日の未明、愛知県南部の渥美湾を震源とするマグニチュード6.8の地震が発生しました。ねている時間帯であったことから、倒壊した家屋の下敷きになった人が多くいました。この地震は、マグニチュード7.9の東南海地震の発生から、わずか37日後に起きました。2つの地震により、軍需工場が集まる東海地方が大打撃を受けたことについて、国外にもれないよう、政府は地震の報道を規制しました。

愛知県西尾市の地震により倒壊した家屋
萩原律氏撮影、西尾市教育委員会提供

記念日
- 咸臨丸出港記念日（江戸時代、日本軍艦として初めて太平洋を横断した咸臨丸が出発した日。勝海舟、福澤諭吉などを乗せていた）

誕生日
- 狩野永徳（日本／1543年／画家）
- ペロー（フランス／1628年／童話作家）

クイズ
1985年の今日、フィギュアスケートの全日本選手権で伊藤みどりが初優勝。1989年に女子で世界で初めて彼女が成功した技は？

1/14 タロとジロを南極で確認できた日

1959年1月14日、第三次越冬隊は、カラフト犬の兄弟、タロとジロの生存を確認しました。第一次越冬隊の犬ぞり要員として1957年に南極へ行ったタロとジロをふくむ15頭は、1958年の引き上げ時、悪天候のため置き去りにされました。第二次越冬隊が来るまでの1か月分の食料が残されたものの、悪天候で基地にたどりつけなかったのです。

それから約1年後、南極からの奇跡的な生存の知らせは、日本中を感動で包みました。

第一次越冬隊でもあった第三次南極観測隊員と南極で再会したタロとジロ
提供：朝日新聞社

記念日
- 褒め言葉カードの日（家族や職場の仲間を褒めて感謝を伝える日。褒め言葉のひとつである「い（1）い（1）よ（4）」のゴロ合わせ）

誕生日
- シュバイツァー（ドイツ／1875年／神学者、医師）
- 三島由紀夫（日本／1925年／小説家）

クイズ
タロとジロの勇気をたたえて今日を記念日としました。記念日の名称は？　❶愛と希望と勇気の日　❷夢と努力と勇気の日

クイズの答え　1/12の答え：きつね　1/13の答え：トリプルアクセル　1/14の答え：❶愛と希望と勇気の日

1/15 双葉山の連勝が69で止まった日

1939年1月15日、大相撲の春場所4日目、横綱の双葉山が前頭の安芸ノ海に敗れ、連勝が69で止まりました。現在は年間6場所、1場所15日間ありますが、当時は年間2場所、1場所13日しかありません。双葉山は、1936年春場所7日目に瓊ノ浦に勝ってからこの日まで3年間も勝ち続けるという偉業をなしとげました。70連勝をはばまれた双葉山は、思想家の安岡正篤にあてて「われ未だ木鶏たりえず」と、中国の故事に由来する電報を打ったそうです。

双葉山（1912-1968年）

行事
- 小正月（昔は、満月になる15日あたりが行事の中心だった。現在のこよみになり、1日を元日とした後も15日を祝う習慣が残り、小正月となった）

誕生日
- モリエール（フランス／1622年／劇作家）
- キング（アメリカ／1929年／牧師）

クイズ
1961年の今日、神奈川県の横浜マリンタワーが開業。展望階の高さは？
❶54メートル　❷94メートル　❸164メートル

1/16 ペリーが再び来航した日

1854年1月16日、東インド艦隊司令長官のペリー率いる、9隻の軍艦が来航しました。ペリーは前年に通称「黒船」でやってきて、江戸幕府に開国を求める親書をわたしていました。2度目の来航の目的は、アメリカとの貿易を認めさせるものでしたが、幕府はなかなか受け入れません。1か月半におよぶ話し合いの末、ようやく「日米和親条約」が結ばれました。これによって、200年にわたる鎖国制度が幕を閉じたのです。

1854年に横浜へ来航した黒船

記念日
- 囲炉裏の日（「い（1）い（1）炉（6）」のゴロ合わせ。囲炉裏とは、家の床を四角に切り抜いた火をたく場所で、暖房や調理に使われる）

誕生日
- 鳥羽天皇（日本／1103年／第74代天皇）
- 伊藤整（日本／1905年／小説家）

クイズ
1993年の今日、初代Jリーグチャンピオンが決定しました。どのチーム？　❶鹿島アントラーズ　❷ヴェルディ川崎

豆知識　1月15日だった「成人の日」

日本では、おとなを指す「成人」を満18歳としています。成人になったことを自覚し、自分で生きていこうとする青年男女を祝い、はげますための祝日が「成人の日」です。1948年に制定され1999年までは1月15日でした。それが、ハッピーマンデー法により、現在の1月第2月曜日に変更されたのです。

この日になると、多くの自治体でお祝いのイベントが行われ、成人たちが集まります。

近年、地域によっては休みが取りやすく、人が集まりやすいお盆の時期に行うところもあります。

なお、成人の年齢は国や地域でことなります。アメリカでは45州で18歳ですが、19歳や21歳の州もありますし、イギリスは18歳、スコットランドは16歳です。海外では18歳で成人とみなす国が多く日本も2022年から18歳になりました。

クイズの答え　1/15の答え：❷94メートル　1/16の答え：❷ヴェルディ川崎

1/17 阪神・淡路大震災が起きた日

1995年1月17日の午前5時46分、兵庫県の淡路島北部を震源とするマグニチュード7.3の地震が発生、神戸市や芦屋市などで、観測史上初の震度7を記録しました。震源の深さが浅く、都市を直撃したため、電気や水道、ガス、交通網などが寸断。死者・行方不明者数は6437人、住宅も約25万棟が全半壊。家屋の倒壊、火災によって、とても大きな被害となりました。この地震を教訓に、建物の耐震化を進める法律が制定されました。

地震によってかたむいた住宅
提供：消防防災科学センター

記念日
- おむすびの日（ごはんのおむすびと、人と人との心を結ぶという意味を込めて制定。阪神・淡路大震災の際の、炊き出しのおむすびに由来）

誕生日
- フランクリン（アメリカ／1706年／政治家、科学者）
- ワイスマン（ドイツ／1834年／生物学者）

クイズ
1929年の今日、アメリカの新聞まんがに「ポパイ」が初登場。そのポパイが食べると大活躍できるようになる野菜は何？

1/18 「明暦の大火」が起きた日

1657年1月18日、江戸城と江戸市中の大半を焼いた大火事が発生しました。80日もの間、雨が降らずに乾燥しきっていたうえに、さらにその日は北西の風が激しくふいていました。本郷丸山の本妙寺から出火すると、またたく間に市中に燃え広がっていったのです。死者は推定10万人にのぼりました。この火事の後、幕府は道幅や町屋の規模の統一、火よけの広小路の設置などを行い、江戸を再建しました。

明暦の大火

記念日
- 118番の日（118番は、海での事件や事故の緊急通報用ダイヤル。2000年から導入された。110番以来の52年ぶりの新しい緊急通報番号）

誕生日
- 醍醐天皇（日本／885年／第60代天皇）
- 宮武外骨（日本／1867年／ジャーナリスト）

クイズ
1882年の今日は、『くまのプーさん』の作者、A・A・ミルンの誕生日です。プーさんが好きな食べ物といえば？

1/19 田部井淳子が南極大陸の最高峰に到達した日

1991年1月19日、登山家の田部井淳子の一行が、標高4892メートルの南極大陸の最高峰ビンソンマシフの登頂に成功しました。田部井は、1975年に35歳で女性初となるエベレスト登頂に成功して一躍有名になりました。その後、キリマンジャロ、アコンカグア、マッキンリーと、各大陸の最高峰を制覇してきたのです。この日で、5大陸最高峰制覇を達成、その後、1992年にはカルステンツ・ピラミッド、エルブルース西峰の登頂に成功し、女性初の7大陸最高峰制覇をなしとげました。

田部井淳子（1939－2016年）

記念日
- 家庭用消火器点検の日（最も身近な消火設備消火器の正しい使い方と点検を呼びかける日。消防の緊急ダイヤルが「119」であることにちなむ）

誕生日
- ワット（スコットランド／1736年／技術者）
- 森鷗外（日本／1862年／小説家、軍医）

クイズ
今日は「カラオケの日」。この日になった由来は1946年の何？ ❶ラジオ「のど自慢素人音楽会」開始 ❷テレビ「歌自慢」開始

クイズの答え　1/17の答え：ほうれんそう　　1/18の答え：はちみつ　　1/19の答え：❶ラジオ「のど自慢素人音楽会」開始

1/20 全国の都市で学校給食が始まった日

食料が不足していた第二次世界大戦後、育ちざかりの子どもたちの栄養状態が心配され、学校給食を求める声が上がりました。まず、東京、神奈川、千葉の学校で試験的に給食が行われ、1947年1月20日、全国都市の子どもたち300万人に向けて学校給食が始まったのです。そうはいっても、当時の給食はトマトシチューと脱脂粉乳というように副食だけでした。パンのついた完全給食になったのは、1950年になってからのことです。

トマトシチューと脱脂粉乳
提供：独立行政法人日本スポーツ振興センター

行事
- 二十日正月（今日を正月の祝い納めの日として、仕事を休み、餅や正月料理を食べ尽くしたり飾り物を納めたりした）

誕生日
- 高柳健次郎（日本／1899年／電子工学者）
- 中村八大（日本／1931年／作曲家）

クイズ
1709年の今日、「生類憐みの令」が廃止。特に犬を手厚く保護したこのおふれ、当時、庶民は犬を何と呼んだでしょう？

1/21 薩長同盟が結ばれた日

1866年1月21日、薩摩藩の西郷隆盛らと長州藩の木戸孝允が京都の屋敷で「薩長同盟」を結びました。薩摩は現在の鹿児島県、長州は現在の山口県です。それまで長州藩と薩摩藩は反目し合っていましたが、幕府が薩長を討伐する計画がもれたことから、土佐（現在の高知県）の坂本龍馬らが薩摩と長州の仲を取り持ったのです。これをきっかけに倒幕運動が大きくなり、2年後の明治維新へとつながっていきました。

薩摩藩士たち

行事
- 初大師（毎月21日は弘法大師の縁日。そもそも縁日は、毎月決められた日にお参りをすると、いつも以上のご縁を神仏と結べるという日）

誕生日
- 上杉謙信（日本／1530年／戦国大名）
- ディオール（フランス／1905年／服飾デザイナー）

クイズ
1937年の今日、イギリスで料理番組の元祖「夕べの料理」が始まりました。1回目に放送された卵を使った料理は何？

1/22 日本初の電気事業会社が営業を始めた日

1887年1月22日は、研究を重ねた末に白熱電球を完成させた藤岡市助が鹿鳴館で白熱電灯をともした日です。市助は、アメリカでエジソンが発明した白熱電球に出会い、日本でもつくろうと1886年に東京電燈会社を設立しました。この日、移動式発電機を使って白熱電球に点灯したのが、開業最初の点灯でした。その後、電気事業者は全国に広がっていきました。なお、この東京電燈会社は、のちに東京電力となりました。

完成当初の鹿鳴館

記念日
- 飛行船の日（1916年の今日、国産初の飛行船「雄飛号」の実験飛行が行われ、大阪に無事到着した。前日に所沢を出発していた）

誕生日
- 大塩平八郎（日本／1793年／儒学者）
- 椋鳩十（日本／1905年／児童文学作家）

クイズ
1982年の今日、学校給食開始35周年を記念して、全国の小・中学校でこの日の給食を同じにしました。メニューは何？

クイズの答え　1/20の答え：お犬様　　1/21の答え：オムレツ　　1/22の答え：カレー

1/23 八甲田山で210名が遭難した日

1902年1月23日、青森県の八甲田山で、210名が遭難する事故が発生しました。ロシアとの戦争にそなえて、陸軍による冬季訓練が行われたときのことです。青森歩兵第五連隊210名は、23日の早朝、標高1585メートルの雪道を進むことを目的に出発しました。しかし、暴風雪に巻き込まれて道を失います。過酷な寒さによる凍傷や疲労、飢えから199名の死者を出すという、世界でも例のない大量遭難事故になりました。

立ったまま仮死状態で発見されたといわれる後藤伍長の像

記念日
- 花粉対策の日（春の花粉対策は1月、2月、3月が大切であることから、123と数字が並ぶ1月23日に制定）

誕生日
- モホロビチッチ（ユーゴスラビア／1857年／地震学者）
- 湯川秀樹（日本／1907年／理論物理学者）

クイズ
1905年の今日、奈良県東吉野村で捕獲されたのを最後に、人々の前から姿を消した動物は？　❶トキ　❷ニホンオオカミ

1/24 グアムで元日本兵が発見された日

1972年1月24日、第二次世界大戦時の日本兵、横井庄一がアメリカのグアム島で発見されました。横井は1944年、グアム島で上陸してきたアメリカ軍に追われ、ジャングルにかくれました。降伏することは恥という旧日本軍の教えを守り、敗戦を知らないまま28年もの間、自給自足の生活をして過ごしていたのです。日本に帰ってきたのは2月2日のことです。帰国時、「はずかしながら帰ってまいりました」という発言は、その年の流行語になりました。

1972年2月2日、日本に帰国した横井庄一
提供：時事

記念日
- 法律扶助の日（経済的な理由で、民事裁判を受けられない人に対して費用を立てかえる「法律扶助制度」。制定した法律扶助協会の設立日）

誕生日
- ボーマルシェ（フランス／1732年／劇作家）
- ホフマン（ドイツ／1776年／小説家、作曲家）

クイズ
1848年の今日、カリフォルニアで金鉱が発見されました。その後のブームは何と呼ばれた？　❶ゴールドラッシュ　❷金泥棒

1/25 第1回冬季オリンピックが開催された日

1924年1月25日、冬季オリンピックが、アルプスの最高峰モンブランのふもと、フランスのシャモニー・モンブランで開催されました。夏の大会の開始から28年後のことです。16か国から258名が参加し、12日間で6競技16種目が競われました。北欧3か国が14種目中9つの種目で優勝と圧倒的な強さを見せました。ただ、この大会は当初、オリンピックではありませんでした。大会が成功したことで翌年、オリンピックとして認められたのです。

第1回シャモニー・モンブラン冬季大会のポスター

記念日
- ホットケーキの日（ホットケーキを食べ、心も体もあたためてほしいとの願いをこめて。1902年の今日、日本の観測史上最低気温を記録したことに由来）

誕生日
- ボイル（アイルランド／1627年／物理学者）
- 北原白秋（日本／1885年／詩人）

クイズ
1902年の今日は、日本観測史上最低気温、マイナス41℃を記録した日です。それはどこ？　❶富士山の頂上　❷北海道旭川市

クイズの答え　1/23の答え：❷ニホンオオカミ　　1/24の答え：❶ゴールドラッシュ　　1/25の答え：❷北海道旭川市

1/26 南アフリカで巨大ダイヤモンドが発見された日

1905年1月26日、南アフリカのカリナン鉱山にて、巨大なダイヤモンドが発見されました。世界最大級の大きさで、3106カラット、621グラムもありました。このダイヤモンドは、カリナンダイヤモンドと呼ばれ、大きな9個と、小さな96個に分割されました。大きな9個はみがかれ、そのなかで最大の「偉大なアフリカの星」と呼ばれたダイヤモンドはイギリス国王を象徴する王笏に、2番目に大きなものは、王冠に使用されています。

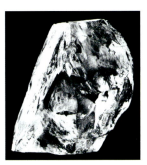
1905年に発見された、みがく前のカリナンダイヤモンド

記念日
- 文化財防火デー（1949年の今日、奈良の法隆寺金堂が火事にあい、日本最古の壁画が消失したことをきっかけに定められた）

誕生日
- マッカーサー（アメリカ／1880年／軍人）
- 宮地伝三郎（日本／1901年／動物生態学者）

クイズ
1886年の今日、函館県、札幌県、根室県を廃止し、北海道庁を設置。設置場所は今のどこ？ ❶函館市 ❷札幌市 ❸根室市

1/27 初の外国人横綱が誕生した日

1993年1月27日、ハワイのオアフ島出身の曙が、第64代横綱に昇進しました。これまで、外国人力士のなかには、初の幕内力士となった高見山、初の大関となった小錦らがいましたが、曙が最初の外国人横綱となったのです。

その後、活躍する外国人力士が増え、第67代に同じくハワイのオアフ島出身の武蔵丸、モンゴル出身では朝青龍、白鵬ら、外国人横綱が次々と誕生しています。

土俵入りをする横綱・曙（2000年）
提供：時事

記念日
- 国旗制定記念日（1870年の今日、日の丸が日本の国旗と定められた。現在は縦横の比率が2：3だが、当時は7：10で、丸の位置も少し端にずれていた）

誕生日
- モーツァルト（オーストリア／1756年／作曲家）
- キャロル（イギリス／1832年／文学者、数学者）

クイズ
1945年の今日、詩人の野口雨情が亡くなりました。彼の代表作で「屋根まで飛んで、こわれて消えた」と歌う童謡のタイトルは？

1/28 クリミア戦争が始まった日

1853年1月28日、南方に進出をはかるロシアがトルコに戦いを挑んだことによる、クリミア戦争が始まりました。トルコ側に、イギリス、フランス、サルデーニャが支援につき、4か国連合とロシアの戦いとなりました。この戦争でやぶれたロシアは、農奴解放をはじめとする近代化を歩むことになります。

また、イギリスの看護師であるナイチンゲールが活躍し、看護師の社会的地位を高めた戦争でもあります。

ロシアのセバストポリでの戦いのようす

行事
- 初不動（毎月28日は不動尊の縁日。そのなかでも、今日は、一年で最初の縁日。不動尊とは大日如来が悪魔を抑えるために、おこった顔をしたもの）

誕生日
- 八木秀次（日本／1886年／電気通信工学者）
- 小松左京（日本／1931年／小説家）

クイズ
1958年の今日、「よく遊べ」を意味するデンマーク語に由来する企業が、ブロックの特許を出願。企業名と同じブロックの名前は？

クイズの答え 1/26の答え：❷札幌市　1/27の答え：しゃぼん玉　1/28の答え：レゴ

1/29 初の全国戸籍調査を行った日

1872年1月29日、明治政府によって、初めて全国の戸籍調査が行われました。徴兵や税金の徴収など、行政に必要な資料を集めるために行われたのです。つくられた年の干支が壬申だったため、壬申戸籍とも呼ばれます。調査の結果、当時の日本の人口は3500万人ほどでした。ちなみに2017年は1億2700万人ほどです。江戸時代にも、戸籍にあたる人別帳がありましたが、身分別でつくられていました。今回は四民平等を前提に、居住地による登録で作られました。

現在は5年に1度「国勢調査」が行われる

記念日
●タウン情報の日（1973年の今日、地域情報誌のさきがけとなる長野県の「ながの情報」が発行されたことを記念して制定）

誕生日
●チェーホフ（ロシア／1860年／劇作家）
●ロラン（フランス／1866年／小説家）

クイズ
1948年の今日は、日本人初のスペースシャトルで宇宙に行った宇宙飛行士の誕生日。それは誰？　❶毛利衛　❷土井隆雄　❸向井千秋

1/30 インド独立の父、ガンジーが暗殺された日

1948年1月30日、イギリスの植民地だったインドを独立に導いたガンジーが暗殺されました。ガンジーは、南アフリカで22年間、非暴力を原則に人種差別とたたかい、1915年にインドに帰国します。それからは、イギリスに対して、非暴力による抗議運動をくり返し、1947年にインドの独立を認めさせました。しかしインドでは宗教対立が激しくなっており、この日、非暴力に反対する狂信的なヒンズー教信者の手にかかり、殺されてしまったのです。

ガンジー（1869－1948年）

記念日
●EPAの日（EPAは魚に多くふくまれ、動脈硬化などの予防によい。肉（29）を食べた次の日（30）には魚を食べようと、毎月30日はEPAの日に制定）

誕生日
●ルーズベルト（アメリカ／1882年／第32代大統領）
●長谷川町子（日本／1920年／漫画家）

クイズ
毎月30日は「みその日」。みそ、しょうゆ、とうふの原料になるのは？
❶小豆　❷そら豆　❸大豆

1/31 アメリカ初の人工衛星打ち上げに成功した日

1958年1月31日、アメリカで最初の人工衛星となる「エクスプローラ1号」が打ち上げられました。アメリカ政府は、先にソビエト連邦（現在のロシア連邦）による世界最初の人工衛星の打ち上げ成功にあわてて、開発を急いでいました。この日打ち上げられた人工衛星は、直径16.5センチメートルと小さく、測定器を十分に積むことはできませんでした。
それでも、打ち上げ成功によってアメリカの名誉は保たれたのです。

エクスプローラ1号
提供：NASA

記念日
●愛菜の日（野菜をたくさん食べてほしいとの願いをこめて制定。「1」をアルファベットの「I」に見立て「愛（I）菜（31）」のゴロ合わせ）

誕生日
●シューベルト（オーストリア／1797年／作曲家）
●リチャーズ（アメリカ／1868年／物理化学者）

クイズ
1912年1月31日、中央線の中野－昌平橋区間に日本初の、ある専用車両が登場。それは何？　❶高齢者　❷女性　❸子ども

クイズの答え　1/29の答え：❶毛利衛　1/30の答え：❸大豆　1/31の答え：❷女性

2月

異名
● 如月（梅見月、木芽月、雪消月）

国民の祝日
● 建国記念の日（2月11日：建国をしのび、国を愛する心を養う）
● 天皇誕生日（2月23日：天皇の誕生日を祝う）

二十四節気
● 立春（2月4日ごろ：春が始まる）
● 雨水（2月19日ごろ：寒さがゆるみ、雪や氷がとけ始める）

誕生石
● アメシスト（誠実、心の平和）

誕生月の花
● フリージア（親愛、友情、信頼）

2/1 琉球王が明の皇帝に認められた日

1425年2月1日、明（現在の中国）の皇帝が、琉球王国の尚巴志を琉球王と認めた書簡をつくりました。尚巴志は、現在の沖縄県を初めて統一し、琉球王国をつくった人です。琉球王国は15世紀から約450年間にわたり存在した琉球諸島の王国です。
この日を記念して、2003年に沖縄県観光事業協同組合が、「琉球王国建国記念日」を2月1日と制定しました。沖縄観光テーマパーク琉球村では、戴冠式などのイベントが行われます。

琉球王国の拠点となった首里城正殿

記念日
- テレビ放送記念日（1953年の今日、NHK東京放送局が日本で初めてのテレビ本放送を開始した。当時の受信契約数は868台だった）

誕生日
- コーク（イギリス／1552年／法律家）
- 沢村栄治（日本／1917年／野球選手）

クイズ
1893年の今日、アメリカで世界初の映画スタジオが完成。このスタジオをつくったのは？　❶ディズニー　❷ベル　❸エジソン

2/2 世界の湿地を守る「ラムサール条約」が採択された日

1971年2月2日、イランのラムサールで開かれた国際会議で、「ラムサール条約」が採択されました。これは湿地に関する条約で、日本は1980年に加盟しました。正式名称は「特に水鳥の生息地として国際的に重要な湿地に関する条約」。湿原や湖、沼などで生きる動植物を守るためのものです。日本は、北海道の釧路湿原、千葉県の谷津干潟、石川県の片野鴨池、滋賀県の琵琶湖など、2017年現在、50か所の湿地が指定されています。

釧路湿原。国立公園もあり、冬には国の特別天然記念物のタンチョウもやってくる

記念日
- 麩の日（全国製麩工業会が制定。「ふ（2）」のゴロ合わせ。グルテンが主原料である麩が、さまざまな料理に使えることをアピールする）

誕生日
- 菅茶山（日本／1748年／漢詩人）
- ジョイス（アイルランド／1882年／小説家）

クイズ
1954年の今日、東京～ホノルル～サンフランシスコ線開設により、国内企業初の国際線定期輸送を開始。航空会社は？　❶日本航空　❷スカイマーク

2/3 国内初の冬季オリンピックが札幌で開催された日

1972年2月3日、第11回冬季オリンピック札幌大会が開催されました。2月13日までの11日間で、6競技35種目が行われ、35か国から参加選手がやってきました。開会式では約5万人が見守る中、聖火が2人の高校生の手によって点火されました。たくさんの観衆が見つめる中、70メートル級ジャンプでは笠谷幸生選手が金、金野昭次選手が銀、青地清二選手が銅と、日本が金銀銅メダルを独占し、自国開催を大いに盛り上げました。

左から、銀メダルの金野選手、金メダルの笠谷選手、銅メダルの青地選手
提供：時事

記念日
- のり巻きの日（節分の夜、その年の恵方を向いてのり巻きを食べるとよいことがあるという言い伝えより。節分は毎年2月3日ごろ）

誕生日
- メンデルスゾーン（ドイツ／1809年／作曲家）
- ブラックウェル（アメリカ／1821年／医師）

クイズ
1717年の今日は、大岡忠相が、江戸町奉行になった日。名奉行として登場する小説は？　❶水戸黄門　❷大岡越前　❸鬼平犯科帳

クイズの答え　2/1の答え：❸エジソン　　2/2の答え：❶日本航空　　2/3の答え：❷大岡越前

2/4 東洋一の生産量を誇った銅山で「足尾銅山事件」が起きた日

1907年2月4日、足尾銅山事件が起こりました。栃木県の足尾銅山は16世紀から開発された古い銅山で、東洋一の生産量を誇り、日本の銅輸出を支えました。そこの労働者が、賃上げや待遇改善を求めて会社側と対立し、暴動にまで発展したのです。2月7日に軍隊の力で制圧されましたが、日本初の労働運動事件として注目されています。この事件の前には、同じ地域で「足尾鉱毒事件」として公害問題も発生していました。

銅の産出が国内一だったこともある
足尾銅山（1895年ごろの写真）

記念日
- みたらしだんごの日（「み（3）たらし（4）だんご（5）」のゴロ合わせ。毎月3日、4日、5日を、食品メーカーが制定）

誕生日
- 井上円了（日本／1858年／哲学者）
- リンドバーグ（アメリカ／1902年／飛行家）

クイズ
1983年の今日、日本初の実用静止通信衛星「さくら2号a」の打ち上げに成功。打ち上げ場所は？　❶種子島　❷屋久島

2/5 明治政府が小学校の設置をすすめた日

1869年2月5日、明治政府が、各府県に小学校の設置をすすめることを盛りこんだ「府県施政順序」を布告しました。政府は、国民の教育をもっとも大事な政策としていました。江戸時代までの児童教育は、各藩がつくった藩校や民間の寺子屋が行っていましたが、政府は全国の児童が同じ教育を受ける、新しい教育機関を考えていました。その後、1872年に「学制」が公布され、小学校は人口約600人の小学区に各1校設立すると決められました。

日本初の小学校、上京第二十七番組小学校を母体につくられた柳池中学校（現在の京都御池中学校）
提供：朝日新聞社

記念日
- ふたごの日（「ふた（2）ご（5）」のゴロ合わせ。ふたごグッズの専門店が制定。ふたごやそれ以上の人数の育児がしやすい環境づくりを考える日）

誕生日
- ダンロップ（イギリス／1840年／発明家）
- ホジキン（イギリス／1914年／生理学者）

クイズ
1971年の今日、アポロ14号が月に着陸。このとき月面で打ったボールは？　❶野球ボール　❷ゴルフボール　❸ドッチボール

豆知識　節分の豆まきに使う豆の種類は？

2月3日ごろに「節分」があります。節分には「鬼は外、福は内」というかけ声と一緒に豆まきをします。節分に豆をまいて悪気邪鬼をはらう行事は、室町時代に始まったとされています。しかし、豆をまくのは悪いものを追いはらうのではなく、神仏へささげるものだったという説もあります。

ところで現在、豆まきの豆に、炒った大豆を使う地域と、から付きの落花生を使う地域があります。もともと豆まきの豆は大豆で、落花生がいつごろから使われるようになったのか、わかっていません。ある調査によれば、落花生を豆まきに使う割合が高いのは、北海道、東北、新潟県、長野県などだということです。北海道では、落花生の国内生産が拡大した20世紀なかばに、大豆から落花生にかわってきたのではないかとされています。

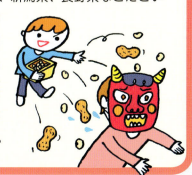

クイズの答え　2/4の答え：❶種子島　2/5の答え：❷ゴルフボール

2/6 全国初の女性知事が大阪府で誕生した日

2000年2月6日、大阪府の知事選挙で、当時通産省審議官だった太田房江が当選し、全国初の女性知事が誕生しました。前任の横山知事が1999年12月に辞職したため行われた選挙でした。自民党は岡山県副知事も務めたことのある太田に出馬を要請し、当選。太田知事は2期8年務めました。その後、熊本県、千葉県、滋賀県、北海道、山形県に女性知事誕生が続きました。そして2016年、東京都に小池百合子知事が誕生しました。

当選を喜ぶ太田房江（左）提供：時事

記念日
- 海苔の日（701年の大宝律令で、海苔が年貢として指定された。日付は律令の執行日が新暦の702年2月6日だったため）

誕生日
- 松浦武四郎（日本／1818年／探検家）
- やなせたかし（日本／1919年／漫画家、作詞家）

クイズ
1952年の今日、イギリスで、エリザベス2世が即位。その息子は？ ❶チャールズ ❷ウィリアム ❸ジョージ6世

2/7 源平の合戦「一ノ谷の戦い」で、源義経が勝った日

1184年2月7日、摂津国福原（現在の兵庫県神戸市）で、源氏と平氏による「一ノ谷の戦い」が行われ、源義経が平氏に勝ちました。前年、安徳天皇とともに西へ向かった平氏は、源頼朝と木曾義仲がけんかをしている間に、力を取りもどしました。平氏は一ノ谷に陣を構え、京都での復活をめざしました。義仲をたおした頼朝はすぐに平氏を討ちに向かいます。頼朝の弟、義経が平氏に奇襲をかけ、平氏一族の多くが討たれました。

奇襲をかける義経たち
提供：兵庫県立歴史博物館

記念日
- 北方領土の日（1855年、日露和親条約で北方四島が日本の領土として認められたため。日本各地で北方領土返還運動が行われる）

誕生日
- トマス・モア（イギリス／1478年／政治家）
- ワイルダー（アメリカ／1867年／小説家）

クイズ
1998年の今日、第18回冬季オリンピック長野大会が開催。日本はいくつ金メダルをとった？ ❶5個 ❷10個 ❸15個

2/8 逓信省のマークとして、郵便記号が制定された日

1887年2月8日、現在の日本郵便である逓信省のマークが制定されました。郵便記号の由来や歴史は諸説あります。最初「丁」をデザイン化しましたが、世界共通の郵便料金不足マークでもある、アルファベットの「T」に似ているため、新マークをつくったというものです。現在も使われる「〒」は、逓信省をカタカナにしたときの頭文字「テ」をデザイン化したものです。じつはこれらの訂正が行われ、「〒」と決まったのは、この日から数日後のことでした。

日本の郵便記号

記念日
- 双葉・二葉の日（「ふた（2）ば（8）」は発芽して最初に出る葉のこと。本葉が生えてくるまでの少しの時間をいつくしむ心を大切にしたいという思いから）

誕生日
- ベルヌーイ（スイス／1700年／理論物理学者）
- 十返舎一九（日本／1765年／戯作家）

クイズ
1865年の今日、オーストリアの修道士で植物学者のメンデルが、遺伝の法則を発表。実験に使ったのは？ ❶エンドウ ❷ネコ

クイズの答え 2/6の答え：❶チャールズ　2/7の答え：❶5個　2/8の答え：❶エンドウ

2/9 日本プロ野球の最初の試合が名古屋で行われた日

1936年2月9日、日本で初めて、プロ野球の試合が行われました。初試合は愛知県の鳴海球場で、中日ドラゴンズの前身の名古屋金鯱と、読売ジャイアンツの前身の東京巨人が対戦。10対3で名古屋金鯱が勝ちました。当時は全7球団で、名古屋金鯱、東京巨人のほかに、大阪タイガース、阪急、名古屋、大東京、東京セネタースがありました。翌1937年には、西宮球場と後楽園球場が完成し、野球場は全国に増えていきます。

鳴海球場跡。2万2000人以上入る大きな球場だった
提供：朝日新聞社

記念日
- 服の日（全国服飾学校協会などが制定。「ふ（2）く（9）」のゴロ合わせ。服への関心を高め、着る楽しみを広げることが目的）

誕生日
- 中村惕斎（日本／1629年／朱子学者）
- 原敬（日本／1856年／政治家）

クイズ
1969年の今日、ジャンボジェット機が初飛行。試験飛行を成功させたのはアメリカの何という会社？　❶ベンツ　❷ボーイング

2/10 日本初、純洋式劇場「帝国劇場」が完成した日

1911年2月10日、東京の丸の内に日本初の純洋式劇場「帝国劇場」が完成しました。ルネサンス風のフランス洋式を取り入れた建築で、天井の天女の絵や、華麗な彫刻が注目を集めました。客席はすべて椅子席で、喫煙室や化粧室、食堂、売店もあり、それまでの劇場とはまったくちがうつくりになっていました。1923年の関東大震災で焼失後に再建され、1964年からの改築で1966年に現在の帝国劇場になりました。

できた当時の帝国劇場

記念日
- 左利きグッズの日（2月10日を0210と数字を並べ、「0（レ）2（フ）10（ト）」のゴロ合わせ。レフトは英語でLeft、「左」という意味）

誕生日
- 新井白石（日本／1657年／儒学者、政治家）
- 平塚らいてう（日本／1886年／婦人運動家）

クイズ
1923年の今日、第1回全日本スキー選手権大会が開催されました。行われた都道府県は？　❶北海道　❷新潟県　❸長野県

2/11 日本初の人工衛星「おおすみ」が宇宙探査の幕を開けた日

1970年2月11日、日本で最初の人工衛星「おおすみ」の打ち上げが成功しました。おおすみは、宇宙科学研究所（現在のJAXA）と東京大学宇宙航空研究所、日産自動車宇宙航空事業部（現在のIHIエアロスペース）が開発した、ラムダロケットと呼ばれる固体ロケットです。人工衛星打ち上げ技術の習得と、衛星についての工学的試験が目的でした。地球を周回することに成功したおおすみは、日本の宇宙探査の幕を開けたのです。

打ち上げ成功を祝う人々
提供：JAXA

祝日
- 建国記念の日（「建国をしのび、国を愛する心を養う」国民の祝日。もともとは日本書紀の伝える神武天皇即位の日を祝した記念日だった）

誕生日
- エジソン（アメリカ／1847年／発明家）
- 折口信夫（日本／1887年／国文学者）

クイズ
1990年の今日、南アフリカの黒人解放運動指導者で政治家のマンデラが、27年間の服役から釈放。1993年、ノーベル賞の何を受賞した？

クイズの答え　2/9の答え：❷ボーイング　2/10の答え：❶北海道　2/11の答え：平和賞

2/12 徳川家康が征夷大将軍となり江戸幕府が開かれた日

1603年2月12日、国内を統一しておさめるための政策を進めていた徳川家康は、朝廷より「征夷大将軍」に任じられ、現在の東京に江戸幕府を開きました。ここから約260年間、徳川氏の時代が続きます。

徳川家康（1542－1616年）

家康が征夷大将軍になったのは、1600年の「関ヶ原の戦い」から約2年半後で、60歳をこえていました。その後、家康はわずか2年で、将軍の職を息子の徳川秀忠にゆずり、自分は大御所として政治に力を持ち続けました。

記念日
- レトルトカレーの日（1968年の今日、日本で初めてのレトルトカレー「ボンカレー」が発売されたことに由来する）

誕生日
- ダーウィン（イギリス／1809年／博物学者）
- リンカーン（アメリカ／1809年／第16代大統領）

クイズ
1931年の今日、日本初のスポーツのテレビ中継が行われました。この中継は早稲田大学研究室へ送信。そのスポーツは？

2/13 足こぎボートで、ハワイ－沖縄の単独横断に成功した日

1993年2月13日、探検家の堀江謙一が人力の足こぎボートで、ハワイから沖縄への単独横断に成功しました。堀江は、多くの"日本人初挑戦"を果たしています。1962年には小型ヨットで太平洋単独横断、1974年には単独無寄港での世界一周、1975年には40日間で太平洋横断、1982年には地球縦回り6万キロメートル走破、1985年にはソーラーボートによる単独太平洋横断などを達成。さらに2002年には63歳で、日本からアメリカへの単独太平洋横断にも成功しています。

足こぎボートから手をふる堀江謙一
提供：時事

記念日
- 苗字制定記念日（1875年の今日、国民は姓を名乗ることが義務づけられた。以前から姓を名乗ってもよかったが普及しなかったため義務にした）

誕生日
- 渋沢栄一（日本／1840年／実業家）
- 内村鑑三（日本／1861年／思想家）

クイズ
1990年の今日、気象協会がスギ花粉の飛散予報を開始しました。秋に増えるのは？
❶スギ ❷ヒノキ ❸ブタクサ

2/14 平将門が、朝廷の軍勢に討ちとられた日

940年2月14日、平将門が、朝廷の軍勢に討ちとられました。将門は関東の大部分を征服し、みずから「新皇」と名乗っていました。平安時代の中ごろは、関東では将門が、瀬戸内海では海賊の藤原純友が反乱を起こすなど、地方武士の動きが激しくなっていました。朝廷が征伐に動き、将門は平貞盛や藤原秀郷に、純友は橘遠保に討ちとられます。藤原氏や源氏の力を借りたため、源平二氏がこの後、政治に進出するきっかけとなっていきます。

平将門（？－940年）

記念日
- バレンタインデー（キリスト教徒のバレンタインの記念日がローマの祭りと結びつき、愛を告白する日に。日本ではチョコレートを贈る）

誕生日
- 豊田佐吉（日本／1867年／発明家）
- ウィルソン（イギリス／1869年／物理学者）

クイズ
現在1月2、3日に行われる東京箱根間往復大学駅伝競走、通称「箱根駅伝」が誕生したのは1920年の今日。何校の大学が出場した？

クイズの答え 2/12の答え：野球　2/13の答え：❸ブタクサ　2/14の答え：4校（早稲田大学、慶應義塾大学、明治大学、東京高等師範学校（現在の筑波大学））

2/15 西郷隆盛らが兵をあげ「西南戦争」が始まった日

1877年2月15日、西郷隆盛を中心に、1万人をこえる鹿児島士族らが明治政府に対して兵をあげ、「西南戦争」が始まりました。明治維新と呼ばれる近代化は急激だったため、士族の社会的地位が急に低下して生活が苦しくなり、新政府への不満が高まったのです。約8か月にわたり九州各地で戦いが起こりましたが、とちゅうで西郷は自殺し、新政府は総力をあげて勝利しました。士族の反乱は終わり、明治政府は安定しました。

西南戦争を描いた錦絵。中央が西郷隆盛

記念日
- お菓子の日（「第1回帝国菓子飴大品評会」が、4月15日を中心に行われたため、毎月15日はお菓子の日）

誕生日
- ガリレイ（イタリア／1564年／物理学者、天文学者）
- 井伏鱒二（日本／1898年／小説家）

クイズ
1854年の今日、日本に初めて蒸気機関車の模型が上陸。これはアメリカから、何で運ばれてきた？　❶飛行船　❷黒船　❸馬車

2/16 地球温暖化を防ぐために「京都議定書」が発効された日

2005年2月16日、「京都議定書」が発効されました。これは地球温暖化を防ぐために、先進国が排出する二酸化炭素など温室効果ガスの削減数値目標を定めた、国際ルールです。この会議が京都で開かれたので、京都議定書と呼ばれています。

温室効果ガス排出削減の目標は、2008年から2012年までの間に1990年の排出量に比べて5％以上減らすことでした。しかし、いまだに目標は達成できていません。

京都議定書発効記念行事のようす
提供：時事

記念日
- 寒天の日（天然の寒天をつくる終盤の時期であること、テレビで紹介されブームになったことから、日本一の産地、長野県の団体がこの日に制定）

誕生日
- 日蓮（日本／1222年／僧、日蓮宗開祖）
- 荻生徂徠（日本／1666年／儒学者）

クイズ
1659年の今日、世界初の小切手が使われました。さて、その国はどこ？
❶日本　❷アメリカ　❸イギリス

豆知識　「バレンタインデー」って、本当はどういう記念日？

2月14日は「バレンタインデー」です。日本では、女性から好きな男性にチョコレートを贈る習慣がありますが、欧米では男女関係なく、家族や友だちなど、たいせつな人にプレゼントを贈る習慣になっています。

バレンタインデーは、270年ごろの2月14日、キリスト教徒だったバレンタインが、ローマ皇帝にそむいたため、殉教したことにちなんだ記念日です。

当時、ローマ帝国では、若い兵士の結婚が禁止されていました。しかし、バレンタインは彼らをかくまって、若い兵士と恋人を結婚させていたのです。そのためバレンタインは「愛の守護聖人」とされました。

中世になって、2月14日は「愛をあたえる日」となり、たいせつな人にささやかな贈り物をする習慣ができたそうです。

クイズの答え　2/15の答え：❷黒船　2/16の答え：❸イギリス

2/17 中部国際空港セントレアが開港した日

2005年2月17日、愛知県に「中部国際空港セントレア」が開港しました。伊勢湾海上に、海の環境を変えないよう配慮してつくった人工島で、3500メートルの滑走路があります。「セントレア」という呼び名は、英語で"中部地方"を意味する「センター」と"空港"の「エアポート」を組み合わせてつくられました。ボーイング社の機体パーツを運ぶ専用輸送機、ドリームリフターが飛行してくるのは、国内でセントレアだけです。

空から見た中部国際空港セントレア

行事
- 八戸えんぶり(毎年今日から2月20日まで。青森県八戸地方に伝わる民俗芸能。国の重要無形民俗文化財。大きなえぼしをかぶって舞う、豊年祈願)

誕生日
- シーボルト(ドイツ/1796年/医師)
- 白洲次郎(日本/1902年/実業家、政治家)

クイズ
1904年の今日、イタリアのミラノのスカラ座で、オペラ『蝶々夫人』が初演。登場人物の蝶々夫人はどこの国の人? ❶日本 ❷イタリア

2/18 さっぽろ雪まつりが始まった日

1950年2月18日、北海道の札幌で「第1回さっぽろ雪まつり」が開催されました。きっかけは、地元の中学生と高校生が、札幌の真ん中に位置する大通公園に、6つの雪像をつくったことです。雪像展や雪合戦、カーニバルなどをもよおし、予想をこえる大人気となり、市民を中心に5万人以上が雪まつりを楽しみました。それから毎年、札幌の冬をいろどる行事として親しまれ、現在は世界中からたくさんの人が訪れるイベントとなっています。

第1回開催時の雪像「罷」
提供:さっぽろ雪まつり実行委員会

行事
- 谷汲踊(岐阜県の揖斐川上流の各地に伝わる「太鼓踊り」のひとつ。江戸時代は農民の雨乞い、現在は豊年祈願の踊りとして行われる)

誕生日
- ヴォルタ(イタリア/1745年/物理学者)
- ティファニー(アメリカ/1848年/工芸家)

クイズ
1796年の今日、日本で最初の蘭和辞典『波留麻和解』が完成。「蘭」はどこの国のこと? ❶オランダ ❷フランス ❸イラン

2/19 大塩平八郎が幕府に怒り、「大塩の乱」を起こした日

1837年2月19日に「大塩の乱」が起こりました。このころは凶作が続き、餓死をする人も多くでていました。都市部では食糧が値上がりし、各地で一揆や打ちこわしが起きていたのです。幕府は救済をせず、しかも関西の米を江戸へ送らせようとしました。大阪の大塩平八郎は幕府に怒り、大商店をおそって米などをうばい、貧しい人に分け与えようとしました。この乱は失敗しましたが、話は全国に伝わり、さらに各地の一揆につながりました。

大塩平八郎(1793-1837年)

記念日
- 万国郵便連合加盟記念日(1877年の今日、日本は国際連合の専門機関のひとつ、万国郵便連合に加盟した)

誕生日
- コペルニクス(ポーランド/1473年/天文学者)
- 白木茂(日本/1910年/児童文学翻訳家)

クイズ
1907年の今日、警視庁が自動車取締規則を発令。この年の東京の自動車台数は? ❶16台 ❷160台 ❸1600台

クイズの答え | 2/17の答え:❶日本 | 2/18の答え:❶オランダ | 2/19の答え:❶16台

2/20 日本初、普通選挙による総選挙が行われた日

1928年2月20日、日本で初めて、普通選挙による総選挙が行われました。投票率は80パーセントをこえ、1000万人近くが投票しました。しかし、この時の選挙権は25歳以上の男性に限られ、女性は立候補も投票もできず、有権者は人口の約20％でした。このころ、労働農民党などの「無産政党」とも呼ばれた社会主義や社会民主主義の政党が結成され、政権と対立しながら選挙活動を行い、衆議院で8議席を得ました。

内務省が発行した、普通選挙のポスター
提供：法政大学大原社会問題研究所

記念日
- 旅券の日（旅券とはパスポートのこと。海外で身分証明の公文書となるパスポートの重要性を理解し、取扱・保管の注意を再確認する日）

誕生日
- 志賀直哉（日本／1883年／小説家）
- 石川啄木（日本／1886年／歌人、詩人）

クイズ
今日は「チェリーパイの日」です。ところで"チェリー"は、日本語では何というくだものでしょう？

2/21 源頼朝が弟の源義経を討つように命じた日

1180年、島流しにあっていた源頼朝が兵をあげたことを聞いた弟の義経は、当時世話になっていた平泉（岩手県）の藤原家を抜け出して参戦し活躍しました。どのように頼朝軍に合流したのか不明なため、義経の幼名をとった"牛若丸伝説"が多く残っています。

しかし頼朝は1188年2月21日、藤原泰衡に義経を討つように命じます。平氏追討に活躍した弟をおそれたのです。翌年、泰衡は義経を襲撃し、自殺に追いこみました。

源 義経（1159－1189年）
中尊寺所蔵

記念日
- 国際母語デー（文化や言語の多様性や、自然と身につく言語の「母語」を尊重しようという日。バングラディッシュの「言語独立記念日」に由来する）

誕生日
- サヴィニー（ドイツ／1779年／法学者）
- ダム（デンマーク／1895年／生化学者）

クイズ
1872年の今日、日本で最初の日刊新聞『東京日日新聞』が創刊されました。さて、これは現在の何新聞でしょうか？

2/22 天正遣欧使節4人の少年が、ローマ教皇に面会した日

1585年2月22日、キリスト教徒の天正遣欧使節が、ローマ教皇に公式面会を果たしました。使節は、伊東マンショ、千々石ミゲル、中浦ジュリアン、原マルチノの4人で14、15歳。キリシタン大名がローマに送り出したのです。もとはイエズス会の企画で、日本人にローマを見せて、そのすばらしさを、帰国後、日本で広げてもらおうというものでした。ローマへの船旅は3年にもおよび、使節はローマで大歓迎を受けました。

4人と、引率のメスキータ神父の肖像画

記念日
- 猫の日（猫の鳴き声「ニャン（2）ニャン（2）ニャン（2）」のゴロ合わせ。ちなみに「世界猫の日」は8月8日）

誕生日
- ワシントン（アメリカ／1732年／初代大統領）
- ショパン（ポーランド／1810年／作曲家）

クイズ
今日は、「ニン（2）ニン（2）ニン（2）」のゴロ合わせで制定された何の日でしょう？
❶にんじんの日　❷忍者の日　❸にんにくの日

クイズの答え　2/20の答え：さくらんぼ　2/21の答え：毎日新聞　2/22の答え：❷忍者の日

2/23 「カミオカンデ」がニュートリノを世界で初めてとらえた日

1987年2月23日、岐阜県飛騨市神岡の地下1000メートルにある、素粒子の観測装置「カミオカンデ」が、大マゼラン星雲の超新星爆発で発生したニュートリノを、世界で初めて検出しました。カミオカンデは小柴昌俊教授が提唱し、1983年に完成しました。ニュートリノは物質をつくる小さい粒子、素粒子の一種で、観測が非常に難しいとされています。小柴教授は、ニュートリノ天文学をつくった功績がたたえられ、2002年、ノーベル物理学賞を受賞しました。

カミオカンデ内部のようす
提供：東京大学宇宙線研究所

記念日
- ふろしきの日（ふろしきは、ものを包んでしまったり、持ち運んだりするための布で、日本の伝統的な日用品。1200年以上の歴史がある）

誕生日
- ヘンデル（ドイツ／1685年／作曲家）
- 本多光太郎（日本／1870年／物理学者）

クイズ
今日は「富士山の日」。日本一高い富士山の高さは何メートル？　❶2634メートル　❷3776メートル　❸8848メートル

2/24 日本初の電気通信が行われた日

1854年2月24日、アメリカ大統領から贈られた電信機で、日本初の電気通信が行われました。これは「エンボッシング・モールス電信機」で、ペリーが2回目の来日時に持参し、江戸幕府へ渡したものです。この電信機は、送信側の電信機でモールス信号を打つと、受信側の受信機の紙に凹凸がついて信号を受け取ることができます。それを解読するのです。ペリーは約900メートルの距離で実験しました。この歴史的な電信機は、郵政博物館に収蔵されています。

エンボッシング・モールス電信機
郵政博物館収蔵

記念日
- 削り節の日（毎月24日を、東京鰹節類卸協同組合が制定。「ふ（2）し（4）」のゴロ合わせ。原料の魚はカツオだけでなく、サバやイワシもある）

誕生日
- ル・ブラン（フランス／1619年／画家）
- ヴィルヘルム・グリム（ドイツ／1786年／言語学者）

クイズ
1868年の今日、東京大学の前身の「開成所」で、ミシンの使い方講習会が開催。「ミシン」は、英語の何という言葉がなまったもの？

2/25 今でも使われる「箱根用水」が完成した日

1670年2月25日、4年の歳月をかけた「箱根用水」が完成しました。これは神奈川県の芦ノ湖の水を、駿河国深良村（現在の静岡県裾野市）など、いくつかの村に引く灌漑用水です。灌漑とは、農作物に必要な水を人工的に引くことです。1663年に深良村の人々が計画し、1666年に江戸幕府から許可されて工事が始まりました。当時は5.3平方キロメートルの灌漑でしたが、現在は2倍近くになり、3つの水力発電所もできました。今は「深良用水」と呼ばれています。

工事に実際に使われた、あんどんと、のみ
提供：裾野市

記念日
- 道真忌（903年の今日、「学問の神様」と名高い平安時代の学者で政治家の菅原道真が太宰府で亡くなった）

誕生日
- 伴信友（日本／1773年／国学者）
- ルノワール（フランス／1841年／画家）

クイズ
1978年の今日、映画『未知との遭遇』が日本で公開され、SF映画が大ブームとなりました。この映画の監督は誰？

クイズの答え　2/23の答え：❷3776メートル　2/24の答え：マシン　2/25の答え：スティーブン・スピルバーグ

2/26 陸軍の青年将校たちが「二・二六事件」を起こした日

1936年2月26日、「二・二六事件」が起こりました。陸軍の青年将校が、千数百名の兵士を率いて反乱を起こしたのです。彼らは、内大臣の斎藤実、大蔵大臣の高橋是清らを殺し、首相官邸を占拠しました。戒厳令が出されて反乱はしずめられ、陸軍は事件の指導者を処刑しました。

しかしその後も軍部は政治的な発言を強め、軍備を増強し、事件後はさらに内閣に圧力をかけ、政治の主導権をにぎっていきました。

反乱を起こした、栗原安秀陸軍歩兵中尉（写真中央）と下士官兵

記念日
- フロリダグレープフルーツの日（2月が旬のフロリダ産グレープフルーツ。世界でいちばんおいしいといわれている。「フ（2）ロ（6）リダ」のゴロ合わせ）

誕生日
- ユゴー（フランス／1802年／詩人、小説家）
- 与謝野鉄幹（日本／1873年／歌人）

クイズ
今日は「包む（ラッピング）の日」。日付の理由は？　❶ふろしきが発明された日　❷ゴロ合わせ　❸ラップの発明者の誕生日

2/27 パリ万国博覧会で、日本が初めて万博に出展した日

1867年2月27日、パリ万国博覧会に、日本が初めて出展しました。江戸幕府、薩摩藩、佐賀藩として、それぞれ参加し、日本各地の産物や浮世絵などを出品しました。万国博覧会の開催が5回目のことです。会場に日本茶屋をつくり、各国のお客さんに芸者が茶をふるまうなど、日本文化が大評判になりました。

この万博では、エジソンの蓄音機や冷蔵庫も最先端技術として出品されています。

日本の軽業師が「はしご芸」の練習をしているようす

記念日
- 国際ホッキョクグマの日（ホッキョクグマの生息地、北極の温暖化をくい止めるため、一因である温室効果ガスを減らす取り組みをする）

誕生日
- スタインベック（アメリカ／1902年／小説家）
- ダレル（イギリス／1912年／小説家）

クイズ
今日は「国際ホッキョクグマの日」です。ホッキョクグマの毛は白く見えるけど、本当は何色でしょう？

2/28 江戸幕府が初めて「鎖国」を行った日

1633年2月28日、江戸幕府は最初の「鎖国」を行いました。日本人が海外へ行くときには、朱印状という文書が発行され、老中奉書という許可書をもつ「奉書船」にしか乗れないようにしました。豊臣秀吉が行ったキリスト教の禁止をより強め、海外との貿易もだんだん制限するようになりました。その後も鎖国は続き、1635年には、日本人が海外へ行くことも、海外にいる日本人の帰国も、ほとんど禁止になってしまうのです。

当時の将軍、徳川家光（1604－1651年）

記念日
- ビスケットの日（1855年の今日、オランダ人から軍用パンの製法を学んだ柴田方庵が、ビスケットの製法を広める書簡を送ったことによる）

誕生日
- モンテーニュ（フランス／1533年／思想家）
- 佐久間象山（日本／1811年／思想家）

クイズ
1599年の今日は、武将で茶人の古田織部がつくった織部焼の茶器で、茶会を開いた日。織部が主人公のマンガの題名は？

クイズの答え　2/26の答え：❷ゴロ合わせ（つ（2）つ（2）む（6））　2/27の答え：無色（光が反射して白く見えている）　2/28の答え：『へうげもの』

2/29 高さ世界一のタワー「東京スカイツリー」が完成した日

東京スカイツリー

2012年2月29日、タワーとしては世界一の高さをほこる「東京スカイツリー」が完成しました。高さは634メートルで、建造物ではアラブ首長国連邦にある、828メートルの超高層ビル、ブルジュハリファに次いで2017年現在世界第2位です。地上350メートルには展望デッキ、地上450メートルには、関東一帯を見渡せる展望台があります。先端部はデジタル放送用のアンテナで、電波を送信するという役割を担っています。

記念日
- にんにくの日（「にん（2）に（2）く（9）」のゴロ合わせ。健康補助食品メーカーが制定。「にんにく卵黄」は江戸時代から南九州で親しまれる伝統食品）

誕生日
- ロッシーニ（イタリア／1792年／作曲家）
- 岸本水府（日本／1892年／川柳作家）

クイズ
今日は4年に1度の「富士急の日」。山梨県の遊園地、富士急ハイランドが制定。どんなお楽しみがある？　❶入園無料　❷富士登山

豆知識　「うるう年」って、どうして1日増やすの？

みなさん「うるう年」という言葉を、知っていますよね。4年に1回、2月が29日まである年のことです。「うるう」というのは、実際の季節とこよみ上の日付のずれを調整するために、いつもの年より余分に時間を設けることをいいます。

1年が365日なのは、「太陽暦」というこよみを使っているからです。このこよみでは、地球が太陽の周りを1周するのに、およそ365日としています。しかし、正確には、365.24219日です。このずれを4年に1度、調整するので366日になります。

そして「うるう秒」もあります。世界時と協定世界時の差が1秒の調整を必要とするときに、1秒が追加されたり削除されたりすることをいいます。「世界時」は天文的に観測される自然な時刻で、「協定世界時」はセシウム原子時計で人工的に管理されている時刻です。世界時と協定世界時との差は0.9秒以内になるように調整されていますが、このずれの原因も、地球です。時刻は地球の自転によって決められますが、地球の自転速度はわずかに不規則であるため、時刻にずれが生じるのです。そのとき1秒を足し引きすることで、人類は時刻を調整しています。日本では数年に1度、日本時間の午前9時00分00秒の1秒前に、8時59分60秒が入れられることがあります。これが「うるう秒」です。

クイズの答え　2/29の答え：❶入園無料

3月

異名
- 弥生（桜月、花見月、春惜月）

国民の祝日
- 春分の日（春分日※3月20日、21日ごろ：自然をたたえ、生物をいつくしむ）

二十四節気
- 啓蟄（3月6日ごろ：冬ごもりしていた虫が地上に出てくる）
- 春分（3月21日ごろ：昼と夜の長さが同じになる日）

誕生石
- アクアマリン（聡明、沈着、勇敢）

誕生月の花
- チューリップ（思いやり）

3/1 満州国の建国を宣言した日

満州事変で現在の中国の東北地方を占領した日本は、翌年の1932年3月1日、満州国の建国を宣言しました。清朝最後の皇帝であった溥儀を、国政をとり行う執政にむかえて中華民国から分離させたものです。政府の重要な役職に満州人を起用するものの、議会にあたるものはありませんでした。つまり、独立国は形だけのものであり、実態は日本の植民地だったのです。1945年、日本の敗戦とともに満州国は消滅しました。

愛新覚羅溥儀（1906-1967年）

記念日
- デコポンの日（1991年の今日、デコポンが熊本県から初めて出荷され、東京の青果市場で取引された。デコポンのおいしさを広める日）

誕生日
- ボッティチェリ（イタリア／1444年／画家）
- 芥川龍之介（日本／1892年／小説家）

クイズ
1871年の今日、日本での郵便制度が始まりました。現在、ポストは赤色がほとんどですが、当時、黒または何色だった？

3/2 野球用語で英語が禁止された日

第二次世界大戦中の1943年3月2日、野球用語が全面的に日本語になりました。英語が敵国の言葉である敵性語とみなされたからです。

たとえば、ストライクは「よし」、ワン・ストライクは「よし1本」、三振すると「よし3本、それまで」といいわたされました。

野球に限らず、あらゆるものが英語から日本語に言いかえられました。戦争のかげは、とても色のこいものだったのです。

内閣情報部が発行した『写真週報』。敵性語を使わないよう呼びかけている

記念日
- 出会いの日（「出会い」は英語で「meets」と言うので、「ミー（3）ツ（2）」のゴロ合わせ。出会いに感謝して新たな愛を育む日）

誕生日
- スメタナ（チェコ／1824年／作曲家）
- 米内光政（日本／1880年／第37代内閣総理大臣）

クイズ
今日は「ミニーマウスの日」。ミニーとなかよしなのは誰？
❶キティ ❷デイジーダック ❸リカ

3/3 桜田門外の変が起きた日

1860年3月3日、江戸城の桜田門外で、大老の井伊直弼が暗殺されました。暗殺をはかったのは、尊王攘夷派の水戸や薩摩の18名の浪士です。井伊が天皇の許可を待つことなく日米修好通商条約を結んだこと、吉田松陰ら尊攘派を厳しく処罰した安政の大獄を行ったことなどに対して、浪士たちが怒ったためです。

最高権力者を失った幕府は動揺し、体制がくずれていきます。これが、のちの明治維新につながっていくのでした。

井伊直弼（1815-1860年）

行事
- 上巳の節句（五節句のひとつで、桃の節句ともいう。厄を人形にうつして清める風習などが、ひな祭りの原型となった）

誕生日
- グラハム・ベル（スコットランド／1847年／物理学者）
- 坪田譲治（日本／1890年／作家）

クイズ
今日は「耳の日」。さらに、この耳の日にちなんでできた記念日は？ ❶イヤホンの日 ❷耳かきの日 ❸耳栓の日

クイズの答え　3/1の答え：緑　　3/2の答え：❷デイジーダック　　3/3の答え：❷耳かきの日

3/4 平等院鳳凰堂が完成した日

10円硬貨に彫られている、京都府宇治市の平等院鳳凰堂。1053年3月4日に阿弥陀堂として完成しました。藤原道長の別荘を、息子の頼通が寺にかえて、平等院とした次の年のことです。

この建物は、極楽浄土を思わせるはなやかなたたずまいが特徴です。つばさを広げた鳳凰の姿に似ていることから、江戸時代以降は鳳凰堂と呼ばれるようになりました。鳳凰堂は国宝に指定されています。

平等院鳳凰堂（©平等院）

記念日
- ミシンの日（「ミ（3）シン（4）」のゴロ合わせ。英語のsewing machineが略され、なまって日本語化したのがミシン）

誕生日
- 有島武郎（日本／1878年／小説家）
- ガモフ（ロシア／1904年／物理学者）

クイズ
1967年の今日、ハワイ出身の力士が新十両に昇進し、外国人力士として初めての関取が誕生。それは誰？ ❶白鵬 ❷高見山 ❸曙

3/5 日本にキャビンアテンダントが誕生した日

1931年3月5日は、人気の職業、キャビンアテンダントが誕生した日です。東京航空輸送社が「エア・ガール」という名で募集したところ、141名の応募者がありました。合格者は1次試験の段階で10名までしぼり込まれ、2次試験で最終的に合格したのは3名という狭き門でした。

女性の先進的な職業として新聞でも注目をあびたエア・ガールは、その後の初飛行でも盛大な見送りがされたとのことです。

初めてエア・ガールに選ばれた3人
（右端、左端とそのとなり）
提供：毎日新聞社/時事通信フォト

記念日
- 常陸牛の日（常陸牛は茨城県のブランド牛で、やわらかく、豊かな風味が特徴。1977年の今日、常陸牛振興協会が設立したことにちなむ）

誕生日
- メルカトル（オランダ／1512年／地理学者）
- 安藤百福（日本／1910年／実業家）

クイズ
今日誕生日のメルカトル。彼が考えた「メルカトル図法」が適しているのは？
❶航海用の海図 ❷飛行機の最短経路

豆知識　ひな祭りの原点、「流し雛」

3月3日はひな祭りの日です。ひな祭りの起源をたどると、およそ1000年前、平安時代の中ごろにまでさかのぼります。当時、3月の初めの巳の日を「上巳の節句」として、うらない師が無病息災を祈願しました。人形、形代と呼ばれる人の形をしたものに、人々は自分の災厄をたくし、川などの水に流す行事を行っていました。

現在もこの名残とされる「流し雛」の行事が各地で行われています。鳥取地方のものが有名です。また、貴族の少女たちは、紙人形を使ってままごと遊びのような「ひいな遊び」をしていました。こうした行事と遊びが重なり合っていくうちに、ひな人形の元になったと考えられています。なお、「上巳の節句」が3月3日に定まったのは室町時代で、ひな人形をかざるようになったのは江戸時代です。

クイズの答え 3/4の答え：❷高見山　3/5の答え：❶航海用の海図

3/6 東京で初の映画が公開された日

1897年3月6日、東京の神田にある錦輝館で、関東で初めて映画が公開されました。日本初は兵庫県神戸市で、この前の年のことです。

当時、映画は「蓄動射影」と呼ばれ、のちに活動写真と呼ばれるようになりました。初期の映画は、音声のない「サイレント映画」で、スクリーンの横でせりふを語り、情景の説明をする弁士がついていたのです。音声のある「トーキー映画」が始まったのは、1931年になってからのことでした。

錦輝館。料金を取って座敷を貸し出す屋敷だった

記念日
- リニモの日（2005年の今日、日本で初めてのリニアモーターカーが、愛知県で開業した。騒音や振動が小さく、快適な乗り心地が特徴）

誕生日
- ミケランジェロ（イタリア／1475年／画家）
- 大岡昇平（日本／1909年／小説家）

クイズ
今日は愛知県内を走るリニアモーターカーの開業日にちなんで「リニモの日」。どんな鉄道？　❶磁気で浮く　❷風で浮く

3/7 クックがハワイを発見した日

1778年3月7日、イギリスの探検家、ジェームズ・クックが3回目の航海でハワイを発見、カウアイ島に上陸しました。クックはハワイ諸島を、支援者であったサンドウィッチ伯爵にちなみ、サンドウィッチ諸島と名付けます。翌年、クックは再びハワイを訪れますが、ボートをぬすまれたうえに殺されてしまうのでした。それでも、太平洋の未知の海域や島を明らかにしたクックの功績は大きく、たたえられています。

ジェームズ・クック（1728－1779年）

記念日
- 消防記念日（1948年の今日、消防組織法が施行され、消防の所轄がそれまでの警察から、新しく設けられた消防庁にかわった）

誕生日
- モンドリアン（オランダ／1872年／画家）
- ラヴェル（フランス／1875年／作曲家）

クイズ
今日は「さ（3）かな（7）」で「さかなの日」。サケのたまごは高級品。さてそれは？
❶イクラ　❷カズノコ　❸タラコ

3/8 忠犬ハチ公が死んだ日

1935年3月8日、忠犬として知られたハチ公がフィラリアで死亡しました。ハチ公は、東京帝国大学教授の上野英三郎の飼い犬で、渋谷駅までよく送りむかえをしました。ところが、ハチ公が上野教授のもとにきた翌年の1925年、教授は病気で亡くなってしまいます。それでもその後10年間、毎日のように渋谷駅で主人の帰りを待ち続けたのです。亡骸は剥製となり、国立科学博物館に保存されました。また、渋谷駅前にはハチ公の銅像が建てられています。

秋田犬のハチ公。新聞にも掲載され、話題となった

記念日
- みつばちの日（「みつ（3）ばち（8）」のゴロ合わせ。全日本はちみつ協同組合と日本養蜂はちみつ協会が制定）

誕生日
- オットー・ハーン（ドイツ／1879年／化学者）
- 水木しげる（日本／1922年／漫画家）

クイズ
今日は、とある魚の日でもあります。今日の日付と名前のゴロ合わせで決められました。その魚は？　❶マグロ　❷サケ　❸サバ

クイズの答え　3/6の答え：❶磁気で浮く　3/7の答え：❶イクラ　3/8の答え：❸サバ（サ（3）バ（8））

3/9 新・東京都庁舎の落成式が行われた日

東京都庁舎

1991年3月9日、東京の西新宿に新しく建てられた都庁舎の落成式が行われました。建築家の丹下健三による設計のもと、総工費約1570億円をかけた庁舎は高さ243メートルに達しました。池袋のサンシャイン60をぬいて当時、日本一の高層ビルとなったのです。

都庁舎は予約不要で見学することができます。いまでは、東京を代表する有名な観光スポットとして、外国人をふくむ多くの人が訪れています。

記念日
- 3.9デイ〔ありがとうを届ける日〕(「サン(3)キュー(9)」のゴロ合わせ。今日はありがとうと言葉に出して、日ごろの感謝を伝えよう)

誕生日
- ヴェスプッチ(イタリア／1454年／探検家)
- ガガーリン(ロシア／1934年／宇宙飛行士)

クイズ
1959年の今日、アメリカでプラスチック製の人形が発売。この人形の名前は？
❶リカ ❷メル ❸バービー

3/10 東京が大空襲で焼け野原になった日

第二次世界大戦がはげしくなるなか、東京ではたびたび空襲を受けていました。そして1945年3月10日、これまでにない爆撃を受けます。午前0時8分、アメリカの爆撃機B-29の大編隊が東京の上空に飛来し、大量の焼夷弾を、次々と落としていったのです。この空襲で死者は約10万人、家を失った人は100万人以上にのぼったといいます。大量無差別攻撃は名古屋や大阪などの大都市でも行われ、日本は敗戦へと追いこまれていきました。

民家のほとんどが焼けてしまった東京。右下の形が残っている建物が両国国技館

記念日
- コッペパンの日(毎月10日。日本で初めてパン酵母による製パン技術を開発した全日本丸十パン商工業協同組合が、丸十の「十」にちなんで制定)

誕生日
- マルピーギ(イタリア／1628年／生理学者)
- 石井桃子(日本／1907年／児童文学作家)

クイズ
1922年の今日、日本のゴッホと呼ばれた放浪画家、山下清が誕生。彼の手法は？
❶はり絵 ❷砂絵 ❸油絵

3/11 東日本大震災が発生した日

2011年3月11日、午後2時46分ごろ、東北地方の三陸沖を震源とするマグニチュード9.0の巨大地震が発生しました。震度7というはげしいゆれに加え、国内での観測史上最大の津波によって、東北地方から関東地方にかけて大きな被害をもたらしました。死者・行方不明者は2万2152人です(2017年9月1日現在)。また、東京電力福島第一原子力発電所が被災し、放射性物質がもれ出す事故が発生。あらためて原子力発電のあり方が問われています。

津波の被害にあった仙台港の周辺

行事
- 土佐神社斎籠祭(「いごもり」とは、けがれに触れないように家にこもること。高知県の土佐神社では毎年田植えの前に神職がいごもり、豊作を願う)

誕生日
- ルベリエ(フランス／1811年／天文学者)
- 橋本左内(日本／1834年／越前福井藩士)

クイズ
1869年の今日、中国の四川省の民家で、フランス人神父が白と黒のクマの毛皮を見せられました。これをきっかけに知られた動物は？

3月

クイズの答え 3/9の答え：❸バービー 3/10の答え：❶はり絵 3/11の答え：パンダ

3/12 日曜日が休日になった日

1876年3月12日、官公庁が土曜日半休、日曜日が休日となる制度を始めました。明治時代以降、官公庁は毎月31日を除く、1と6のつく日を休日としていました。それを、欧米にならって週休の制度に改めたものです。それから100年以上たった1992年、国家公務員は完全週休2日となり、2002年には公立の学校も週5日制となりました。それが2013年に制度が変わり、2017年現在は、土曜日に授業を行う学校もあります。

現在は土曜日と日曜日が休日の人が多い

記念日
- だがしの日（古くから親しまれ、日本の文化であるだがしを活性化し、世界に広める日。日付は「お菓子の神様」と呼ばれた田道間守の命日から）

誕生日
- バークリー（イギリス／1685年／哲学者）
- 大平正芳（日本／1910年／第68、69代内閣総理大臣）

クイズ
今日は「〇〇〇の日」。ゴロ合わせにちなんで制定された記念日とは？ ヒント：3文字で、お金と関係があります。

3/13 青函トンネルが開業した日

1988年3月13日、北海道と青森県を海底でつなぐ青函トンネルが開業しました。全長53.85キロメートルの海底トンネルは、世界最長です。トンネルの半分が海底にあり、一番深いところは水深140メートルの海底のさらに100メートル下を通っています。また、世界初の海底駅として、竜飛海底駅と吉岡海底駅が誕生しました。トンネルの開通により、青函連絡船よりも2時間ほども速く、北海道と本州をわたることができるようになりました。

北海道函館駅で開業を祝う
提供：時事

記念日
- 新撰組の日（1863年の今日、京都の浪士隊に「会津藩御預り」とする連絡が会津藩公用方から入った。これをきっかけに新撰組が誕生した）

誕生日
- ヘボン（アメリカ／1815年／宣教師）
- 高村光太郎（日本／1883年／彫刻家、詩人）

クイズ
1994年の今日、ネス湖の怪物の写真が、じつはトリックだったとイギリスで報道。その怪物とは？ ❶イッシー ❷ネッシー

3/14 富士山で「延暦の噴火」が起きた日

800年3月14日、富士山で大規模な噴火が起きました。「日本紀略」によれば、山頂などから激しい爆発とともに溶岩の流出があり、噴火は4月18日までおよそ1か月間、続いたとされています。801年から802年にかけても噴火が起こり、噴石や火山灰が足柄路をふさぎました。そのため使われることになったのが箱根路です。この2年におよぶ噴火は、まとめて延暦の噴火と命名され、富士山の3大噴火のひとつに数えられています。

上空から見た富士山

記念日
- ホワイトデー（2月14日のバレンタインデーから1か月後の今日は、チョコレートをもらった男性が女性にお菓子をお返しする日）

誕生日
- ヨハン・シュトラウス（オーストリア／1804年／作曲家）
- アインシュタイン（ドイツ／1879年／理論物理学者）

クイズ
1965年の今日、沖縄の西表島で発見された、ある動物の頭骨と毛皮が、新種とわかりました。絶滅の危機にあるその動物は？

クイズの答え　3/12の答え：さいふ（さ(3)い(1)ふ(2)）　3/13の答え：❷ネッシー　3/14の答え：イリオモテヤマネコ

3/15 足利義教がくじ引きで将軍になった日

1429年3月15日、足利義持の急死にともない、弟の義教が室町幕府第6代将軍に就任しました。選ばれ方はなんと、くじ引きでした。

義教は第3代将軍義満の四男にあたります。将軍になった義教は、権力を強めるばかりで、自分に従わない者は寺社や大名を問わず次々と処分していきました。そのため、「万人恐怖」「悪御所」とおそれられました。

やがて、播磨の守護、赤松満祐によって暗殺されてしまいました。

足利義教（1394－1441年）

記念日
- 靴の記念日（1870年の今日、東京の築地に初めて近代的な靴の工場ができ、国内で靴の製造が始まった。これを記念して制定）

誕生日
- ハイゼ（ドイツ／1830年／小説家）
- 長谷川伸（日本／1884年／小説家）

クイズ
1970年の今日、日本初の万国博覧会が大阪で開幕。人気の展示は？
❶蓄音機　❷月の石　❸エレベーター

3/16 つくば科学万博の開会式が行われた日

1985年3月16日、茨城県の筑波研究学園都市で、つくば科学万博の開会式が行われました。日本では3回目となった万国博覧会はハイテク万博として、48の国と37の国際機関、日本の28団体が参加し、さまざまな技術を披露しました。なかでも、巨大画面テレビ「ジャンボトロン」や、高度頭脳ロボット、1本に1万7000個の実をつけたハイポニカトマトなどが人気を集めました。万博終了後の跡地は科学万博記念公園となっています。

「芙蓉ロボットシアター」

記念日
- 国立公園指定記念日（1934年の今日、瀬戸内海、雲仙、霧島の3か所が国立公園に指定され、日本初の国立公園が誕生した）

誕生日
- オーム（ドイツ／1789年／物理学者）
- ウィーナー（アメリカ／1907年／血清学者）

クイズ
2002年の今日、「ウォルト・ディズニー・スタジオ」が開園した国はどこ？
❶アメリカ　❷エジプト　❸フランス

豆知識　3月にも梅雨がある？「なたね梅雨」

梅雨というと、5月から6月の雨が続くジメジメした季節だったり、アジサイやカタツムリを連想したりする人が多いことでしょう。

でも、冬から春へと変わるころを思い出してみてください。どんよりくもり空が続いたり、しとしと雨の続く日が多かったりしませんか。このように、3月中旬から4月にかけての長雨を、「なたね梅雨」と呼びます。ちょうどこの時期、菜の花（アブラナ）がさく時期であることに由来するものです。初夏の梅雨とちがい、気温が低くて寒々とした小雨の降ることが特徴です。

ほかにも、「筍梅雨」「走り梅雨」「空梅雨」「送り梅雨」など、梅雨に関連する言葉は、いろいろあるので調べてみましょう。細かく使い分けることで、季節や状況を楽しんでいたことがわかりますよ。

クイズの答え　3/15の答え：❷月の石（アポロ計画で採取されたもの）　3/16の答え：❸フランス

3/17 日本初の屋内球場である東京ドームが完成した日

1988年3月17日、東京都文京区の後楽園球場跡地に東京ドームが完成しました。日本初の全天候型多目的スタジアムとして、雨の日でも試合ができるようになったのです。この日はオープニングセレモニーが行われ、多くの人が訪れました。ちなみに、東京ドームの二重構造のガラス繊維膜材でおおわれた天井は、総重量で400トンに達します。空気を絶えず送りこみ、内部の気圧を外より0.3％高くすることで天井を支えているのです。

東京ドーム

記念日
- セント・パトリック・デー（カトリックの祭日。5世紀のアイルランドにキリスト教を広め、アイルランドの守護聖人とされる聖パトリックの命日）

誕生日
- ダイムラー（ドイツ／1834年／機械技術者）
- 横光利一（日本／1898年／小説家）

クイズ
今日は「減塩の日」。減塩することが、予防などに効果的な病気は？
❶高血圧　❷風邪　❸インフルエンザ

3/18 PASMOの運用が始まった日

2007年3月18日、交通系ICカード「PASMO」の運用が開始され、首都圏の23の鉄道会社と31のバス会社で、共通して利用できるようになりました。カードにお金を入れておくことで、運賃の自動精算や加盟店での買い物の精算のほか、定期券としても利用できます。2001年に導入されたJR東日本のSuicaと、このときのPASMOの登場で、鉄道やバスによってカードを使い分ける必要がなくなり、とても便利になりました。

PASMO
※「PASMO」は株式会社パスモの登録商標です

記念日
- 点字ブロックの日（1967年の今日、岡山市の岡山県立岡山盲学校の近くにある交差点に、世界初の点字ブロックがしかれた）

誕生日
- リムスキー・コルサコフ（ロシア／1844年／作曲家）
- ディーゼル（ドイツ／1858年／機械技術者）

クイズ
1964年の今日、のちのシャープ、早川電機が日本初の電卓を発表。この電卓の値段は？
❶5350円　❷5万3500円　❸53万5000円

3/19 ストックホルム・アピールが採択された日

1950年3月19日、ストックホルムで開かれた平和擁護世界大会において、核兵器禁止を要求する訴えが採択されました。内容は、原子兵器を使用する政府を戦争犯罪者とみなし、その製造と使用を禁止するものでした。

採択された内容に対し、全世界から5億、日本から645万の賛同する署名が集まりました。この運動により、アメリカは朝鮮戦争で核兵器を使うことができなかったとされています。

当時、議長をしていたフレデリック・ジョリオ・キュリー（1900－1958年）

行事
- 道後温泉まつり（愛媛県の道後で19日に湯祈祷が行われる。長寿餅つき、郷土芸能大会など、さまざまなイベントがある）

誕生日
- リヴィングストン（イギリス／1813年／探検家）
- バートン（イギリス／1821年／探検家）

クイズ
1949年の今日、都内定期観光バスの第一号車が都内半日コースの運行を開始。その後、何と呼ばれた？　❶はとバス　❷ねこバス

クイズの答え　3/17の答え：❶高血圧　3/18の答え：❸53万5000円　3/19の答え：❶はとバス

3/20 地下鉄サリン事件が発生した日

1995年3月20日の午前8時ごろ、東京の都市部の地下鉄車内で、猛毒のサリンがまかれるという無差別テロ事件が発生しました。乗客や駅員は次々と呼吸困難や視覚の異常などをうったえ、死者は13人、負傷者は6000人以上。警視庁は、宗教団体のオウム真理教による犯罪と断定しました。20年以上たった今でも、からだが思うように動かず、1人では生活しづらいなど、後遺症に苦しんでいる人が多くいます。

たくさんの救急車や消防車が集まった、地下鉄日比谷線の築地駅前
提供：時事

記念日
● 上野動物園開園記念日（1882年の今日、日本初の近代動物園として上野動物園が開園した。現在は、約350種の動物が見られる）

誕生日
● ヘルダーリン（ドイツ／1770年／詩人）
● イプセン（ノルウェー／1828年／劇作家）

クイズ
1882年の今日は上野動物園が開園した日。1887年に最初に入った猛獣は？
❶ライオン　❷トラ　❸ヒョウ

3/21 高松塚古墳で極彩色の壁画を発見した日

1972年3月21日、奈良県明日香村の高松塚古墳で、極彩色に描かれた壁画が発見されました。地元の村人がショウガをしまっておくために穴をほったところ、穴のおくで凝灰岩の四角い切石が見つかりました。これをきっかけに、発掘調査が行われました。壁画には、男子と女子の群像、白虎や青龍、星座などが描かれていました。特に、色鮮やかな女子群像は有名で、教科書など多くのところで写真が掲載されています。

「女子群像」　提供：明日香村教育委員会

記念日
● ランドセルの日（小学校6年間の思い出をいっぱいつめこんだランドセルに感謝する日。日付は3＋2＋1＝6で6年間ありがとうという意味）

誕生日
● バッハ（ドイツ／1685年／作曲家）
● フーリエ（フランス／1768年／数学者）

クイズ
今日は「日本手ぬぐいの日」。昔ながらの水玉柄の手ぬぐいのことを何という？
❶市松模様　❷かのこ　❸豆しぼり

豆知識　春の彼岸、日にちが毎年ちがう理由は？

まず、「お彼岸」の説明からしましょう。仏教では、わたしたちが今生きているこの世界を「此岸」、先祖のいる世界を「彼岸」といいます。また、此岸は東、彼岸は西に位置するとされています。1年のうち、春分の日、秋分の日は、太陽が真東からのぼって真西にしずむことから、此岸と彼岸がもっとも通じやすいと考え、先祖供養をするようになったのです。

春の彼岸の場合、春分の日を中心に前後3日、計7日間が期間です。ところが、年によって日にちはちがいます。それは、太陽の通り道である「黄道」と、地球の赤道を天にまで延長した「天の赤道」が2点で交わるタイミングが「春分日」だからです。それが何日になるのかは、毎年、国立天文台が算出していますが、およそ3月20日か21日あたりです。秋分の日が毎年ちがうのも、同じ理由です。

クイズの答え　3/20の答え：❷トラ　3/21の答え：❸豆しぼり

3/22 日本でラジオ放送が始まった日

1925年3月22日、東京、芝浦の東京放送局（現在のNHK）の仮放送所から、初めてラジオの放送が流れました。この日の午前9時30分、京田武男アナウンサーによる、「JOAK、JOAK、こちらは東京放送局であります」というのが第一声でした。仮放送所は東京高等工芸学校内に設置されたもので、マイク1本で放送を行っていたといいます。

本格的な放送が始まったのは、同年の7月12日からのことです。

ラジオの収録をしているようす

記念日
- 世界水の日（水不足、水質汚濁について考えるなど、水資源の重要性についての理解と関心を深めることを目的とする国際デー）

誕生日
- ミリカン（アメリカ／1868年／物理学者）
- 小村雪岱（日本／1887年／画家）

クイズ
1947年の今日、日本鳥学会によって日本の国鳥が定められました。昔話にも登場するこの鳥は？　❶ツル　❷ウグイス　❸キジ

3/23 鎌倉の大仏の建立を開始した日

1238年3月23日、神奈川県鎌倉の高徳院で、大仏の建立が始まりました。この大仏に関する記録は少なく、つくった目的など、詳しいことはよくわかっていません。ただ、奈良の大仏を参拝して感動した源頼朝夫妻が鎌倉に大仏をつくる計画を立てていたようです。5年ほどで完成した大仏は木造でした。しかし、1252年には現在の青銅製のものにつくり替えられたようです。高さ11.5メートルは奈良の大仏に次ぐ大きさです。

高徳院にある鎌倉大仏

記念日
- 世界気象の日（1950年に世界気象機関条約が発効したことを記念して制定。キャンペーンテーマを設け、気象業務への理解を広める活動をする）

誕生日
- マルタン・デュ・ガール（フランス／1881年／小説家）
- 北大路魯山人（日本／1883年／陶芸家）

クイズ
今日は鎌倉の大仏建立が始まった日。さて、奈良の大仏は、立っている？　それともすわっている？

3/24 「かいこう」が世界最深部に到達した日

1995年3月24日、無人深海探査機「かいこう」がマリアナ海溝チャレンジャー海淵の、1万991メートルの世界最深部に到達しました。かいこうは有人潜水調査船では調査のできない深海の調査、「しんかい6500」の救難作業を目的に作られたものです。かいこうがこの日、深海底で30分ほど調査を行ったところ、いくつかの生物が観察されました。そして、人類史上初めて、最深部の探査のようすを映像に記録したのです。

「かいこう」と、1998年に世界で初めて採取したカイコウオオソコエビ
提供：海洋科学技術センター／時事

記念日
- 日本橋人力車の日（1870年の今日、東京府より人力車の製造と営業の許可がおり、日本橋のたもとから営業を始めた）

誕生日
- デバイ（オランダ／1884年／物理化学者）
- ブーテナント（ドイツ／1903年／生化学者）

クイズ
1185年の今日、壇ノ浦で源平最後の戦いが行われました。この戦いで敗れたのは、源氏と平氏のどちらだったでしょう？

クイズの答え　3/22の答え：❸キジ　3/23の答え：すわっている　3/24の答え：平氏

3/25 日本の大学初の女性博士が誕生した日

1927年3月25日、東京女子高等師範学校の保井コノ教授が、日本初の女性博士となる理学博士号を授与されました。男女差別の激しい時代、女性科学者として植物の研究をしていた彼女には苦労の連続でした。

保井コノ（1880-1971年）

外国留学の願いに許可を渋られ、留学の条件に家事研究を加えられます。そのうえ、契約ではないものの、結婚せずに生涯研究を続けよと、生き方を制限されていたようです。彼女は77歳までに98本の論文を発表するだけでなく、女性教育の向上にも力を尽くしました。

記念日
- 電気記念日（1878年の今日、日本初の電灯の点灯である、50個のアーク灯が電信中央局の式場で点灯された。これを記念して制定）

誕生日
- トスカニーニ（イタリア／1867年／指揮者）
- 樋口一葉（日本／1872年／小説家）

クイズ
1992年の今日、長崎県佐世保市にテーマパークが開業。日本一広く、佐世保市の町名にもある、その施設の名前は？

3/26 『新古今和歌集』が完成した日

1205年3月26日、後鳥羽上皇の命令で編さんが始まった、『新古今和歌集』が完成しました。藤原定家、藤原家隆、藤原雅経、藤原有家、源通具の5人が選者となり、約1980首が収められています。和歌集で朝廷の威信を取り戻そうとした後鳥羽上皇は、完成後も削除や補足を行ったうえ、承久の乱で隠岐に流されたあとも手を加え続けたといいます。繊細で優雅な、技巧をこらした美しい和歌は、新古今調と称されました。

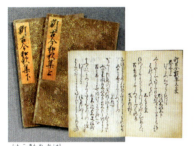
『新古今和歌集』

記念日
- 楽聖忌（1827年の今日、音楽史上最大の巨匠であり「楽聖」と呼ばれたベートーベンがウィーンの自宅で亡くなった。彼をしのぶ日）

誕生日
- ゲスナー（スイス／1516年／博物学者）
- 柴田錬三郎（日本／1917年／小説家）

クイズ
2016年の今日、新青森と新函館北斗を結ぶ新幹線が開業しました。その新幹線の名前は？

3/27 松尾芭蕉が『おくのほそ道』の旅に出発した日

1689年3月27日、松尾芭蕉は弟子の河合曾良をつれて江戸を出発し、奥羽、北陸への旅に出ました。芭蕉は、これまでにも俳句をよみながら旅をしてきましたが、今回の旅は名所として有名な松島と象潟をたずねることが目的でした。途中、日光東照宮や白河の関、平泉などの各地の名所を訪れながら日本海を南下し、8月下旬に現在の岐阜県、美濃大垣に到着します。旅した距離は約2400キロメートルという生涯最大の旅でした。

左が松尾芭蕉、右が河合曾良

記念日
- さくらの日（桜への関心を高めようという日。七十二候の中に「桜始開」とある時期で、「咲（3）×く（9）＝27」から、この日になった）

誕生日
- レントゲン（ドイツ／1845年／物理学者）
- 遠藤周作（日本／1923年／小説家）

クイズ
1845年の今日は、あるドイツの物理学者の誕生日。彼が発見したのは？
❶ラジウム ❷X線 ❸ニュートリノ

クイズの答え　3/25の答え：ハウステンボス　3/26の答え：北海道新幹線　3/27の答え：❷X線（発見したのはレントゲン）

3月

3/28 明治天皇が東京に遷都した日

1868年、明治政府は旧幕府の本拠地への遷都を決め、名称も江戸を東京に改めました。明治天皇もこの年に東京に行幸しますが、いったん京都に帰ります。そして、1869年3月28日、明治天皇が再び東京に戻り、旧江戸城を皇居としました。政府も東京にうつったため、東京が事実上の首都となったのです。それまで都だった京都は、次第に荒れていきます。悲しんだ明治天皇は、京都府に御所の保護と旧観維持を命じ、現在の京都御苑になりました。

明治天皇（1852－1912年）

記念日
- グリーンツーリズムの日（グリーンツーリズムとは都会に住む人が農家などにホームステイして自然、文化、人々との交流を楽しむこと）

誕生日
- バセドー（ドイツ／1799年／医師）
- 高田保（日本／1895年／随筆家）

クイズ
今日は「三ツ矢の日」。サイダーは英語で書くとCiderで、別の飲み物。それは何？
❶砂糖水　❷レモネード　❸りんご酒

3/29 国の特別天然記念物が初めて指定された日

1952年3月29日、文化財保護法にもとづく特別天然記念物が初めて指定されました。特別天然記念物は、天然記念物のなかでも世界的または国家的にとりわけ貴重なものであり、保存と保護の徹底が図られます。この日は、オオサンショウウオ、トキ、阿寒湖のマリモ、ホタルイカ群遊海面などが指定を受けました。
2017年11月現在、動物や植物、地質鉱物、天然保護区域で75件が指定されています。

オオサンショウウオ

記念日
- 作業服の日（「さ（3）ぎょうふ（2）く（9）」のゴロ合わせ。ものづくり大国の日本において、作業服を着る多くの人に感謝しようという日）

誕生日
- トムソン（イギリス／1853年／電気工学者）
- 川崎大治（日本／1902年／児童文学者）

クイズ
1952年の今日、北海道阿寒湖のマリモが国の特別天然記念物に指定。マリモの正体は？　❶ウニ　❷たまご　❸藻類

3/30 アメリカがアラスカを買収した日

1867年3月30日、クリミア戦争後に財政難におちいっていたロシアは、アメリカにアラスカを720万ドルで譲渡する条約を締結しました。1ヘクタールあたり5セントという、とても安い値段でした。
この交渉をまとめたアメリカの国務長官、ウィリアム・スワードは、「巨大な冷蔵庫を買った男」などと非難されました。しかし、のちに金鉱のほか、石油や天然ガスなど資源が多く見つかり、アメリカ経済に重要な役割を果たしたのです。

使われた720万ドルの小切手

記念日
- スポーツ栄養の日（アスリートには、主食・主菜・副菜・汁物・果物・乳製品の6種類がそろったバランスのよい食事が大事）

誕生日
- ゴヤ（スペイン／1746年／画家）
- 青木茂（日本／1897年／児童文学作家）

クイズ
今日は、オランダの画家、ゴッホの誕生日。彼の代表作は？
❶モナ・リザ　❷ひまわり　❸叫び

クイズの答え　3/28の答え：❸りんご酒　3/29の答え：❸藻類　3/30の答え：❷ひまわり

3/31 6・3・3・4制の学校教育が発足した日

1947年3月31日、民主主義教育の基本をしめした新しい教育基本法が公布されました。戦後、あらゆるものが新体制に生まれ変わるなか、教育も、明治時代に使われていた「教育勅語」から見直されたのです。

当時の総理大臣、吉田茂
（1878−1967年）

この教育基本法は、日本国憲法の精神にのっとり、教育の機会の均等や義務教育の無償、男女共学を定めたものです。そして、これらの考えを具体化したのが学校教育法であり、小学校6年間、中学校3年間、高校3年間、大学4年間の、制度が定められました。

行事
- 年度末（学校や役所が使う会計年度は、4月1日から翌年の3月31日を1年としている。つまり、今日は「今年度」の最後の日となる）

誕生日
- ハイドン（オーストリア／1732年／作曲家）
- 朝永振一郎（日本／1906年／物理学者）

クイズ
今日、日本の人口が1億人を突破したことを法務省が発表。何年のこと？
❶1946年　❷1966年　❸2016年

豆知識　卒業ソングの今昔

卒業ソングとして、最近では人気のJ-POPから多く選ばれていますが、昔は、学校唱歌が中心でした。

昔は、多くの学校で、「仰げば尊し」や「蛍の光」などがよく歌われていました。「仰げば尊し」は、1884年に発表された歌で、歌詞が古風であること、「蛍の光」は1881年に『小学唱歌集』に「蛍」というタイトルで掲載された歌ですが、軍国主義を思わせるなどの理由から、次第にこれらを歌う学校が少なくなっていきました。1965年に発表された、合唱曲の「巣立ちの歌」もよく歌われていた曲のひとつです。

1980年代には、卒業ソングに日本の歌謡曲などが選ばれるようになります。海援隊の「贈る言葉」は、1979年のテレビドラマ『3年B組 金八先生』の主題歌でした。ほかにも、長渕剛の「乾杯」、荒井由実の「卒業写真」、イルカの「なごり雪」などが選ばれました。

2000年代では、レミオロメンの「3月9日」は、メンバー共通の友人の結婚記念日を祝うために作られた曲ですが、今や卒業ソングの定番です。また、いきものがかりの「YELL」は、NHK全国学校音楽コンクールの課題曲としても有名になりました。EXILEの「道」、コブクロの「桜」、いきものがかりの「SAKURA」も人気です。

また、埼玉県の中学校の先生が作った合唱曲「旅立ちの日に」も、定番曲といえるでしょう。この曲は、1991年度の卒業生に向けて作られたものでした。校長先生が歌詞を書き、当時の3年生への思いが強かった音楽の先生が曲を作りました。ほかの先生たちに呼びかけ、「3年生を送る会」で歌い、卒業生へのプレゼントとしたのです。その後、同じ学校の別の先生が混声三部合唱に編曲。そして『教育音楽』という専門誌の付録に掲載されました。それがもとで、少しずつ全国に広がっていったそうです。

世代がちがえば変わる卒業ソング。あなたの学校では、どんな曲が流れますか？　また、まわりのおとなに、どんな曲を歌ってきたか聞いてみるのもおもしろそうですね。

クイズの答え　3/31の答え：❷1966年

さくいん

あ

アイスクリーム……………… 27
赤い鳥……………………… 48
秋山豊寛…………………… 110
赤穂浪士（忠臣蔵）………… 114
足尾銅山事件……………… 137
足利義教…………………… 153
足利義満……………28、48、69
ASEAN …………………… 64
アナウンサー……………… 2
アポロ11号（アポロ計画）………
　　　　20、32、55、113、153
アラスカ………………71、158
安政江戸地震……………… 86
アンネ・フランク ………40、63
石川五右衛門……………… 70
伊勢湾台風………………83、84
一ノ谷の戦い……………… 138
伊藤博文… 74、95、102、117、125
伊能忠敬…………………18、51、127
岩倉使節団………………… 102
インスタントカメラ……… 100
インスタントラーメン……… 70
外郎売……………… 3、裏表紙
上杉謙信………………127、131
上野動物園………80、124、155
上を向いて歩こう………… 41
うるう年…………………… 146
雲仙普賢岳………………… 36
映画………………… 16、25、
　　29、32、66、71、77、88、92、98、
　　104、110、111、136、144、150
衛星放送…………………… 28
駅弁………………………15、53
エクスプローラ1号 ……… 134

か

エジソン………………92、93、
　　112、131、136、139、145
江戸幕府……………… 13、33、
　　51、55、58、79、90、103、
　　113、129、140、144、145
エトワール凱旋門………… 58
エッフェル塔……………26、118
エベレスト………………34、130
エレベーター……………… 101
鉛筆………………………… 24
延暦の噴火………………… 152
オイルショック…………… 91
王貞治……………………… 74
大坂夏の陣………………… 13
大塩の乱…………………… 142
おおすみ…………………… 139
大鳴門橋…………………… 38
大晦日……………115、117、121
大森貝塚…………………… 79
沖縄………13、17、29、42、44、65、
74、88、102、124、136、140、152
沖ノ鳥島…………………… 99
おくのほそ道……………… 157
小倉百人一首……………… 33
御子様洋食………………… 110
お札………………………12、98
織田信長………………27、30、36、
　　　　40、45、49、54、116
お盆………………25、67、129
オリンピック………14、18、41、
　　46、50、62、64、77、80、82、
　　86、89、105、132、136、138
御嶽山……………………… 83

か

海王星……………………70、82
かいこう…………………… 156

外国人横綱………………… 133
かい人21面相 …………… 88
海底トンネル……………40、152
学徒出陣壮行会…………… 93
火星人来襲………………… 96
化石………………18、64、126
鎌倉の大仏………………112、156
鎌倉幕府………31、52、65、112
カミオカンデ……………… 144
カラーテレビ……………… 77
ガリレオ…………………… 43
カルピス…………………… 50
冠位十二階の制…………… 111
関西国際空港……………… 75
ガンジー…………………86、134
神無月、神在月…………… 87
巌流島の戦い……………… 16
祇園祭……………………… 38
気球………………33、71、105
気象観測…………………… 36
キャビンアテンダント……… 149
給食………………………66、131
教育基本法………………… 159
共同募金運動……………… 106
京都議定書………………… 141
京都………………21、31、36、
　　38、40、42、48、54、67、70、
　　88、93、102、103、113、114、
　　121、127、128、131、137、
　　138、141、149、152、158
恐竜………………………18、64
清須会議…………………… 45
巨大ダイヤモンド………… 133
キリスト教徒を処刑……… 116
金閣（鹿苑寺）…………… 48
空港………………31、46、66、
　　　　72、75、80、117、142
鯨………………………… 56
国の特別天然記念物……136、158

熊本地震 …………………… 16
蔵前国技館 ………………… 81
クリスマス ………… 112、118
クリミア戦争 …… 28、133、158
慶長会津地震 ……………… 69
ゲームボーイ ……………… 19
ゲティスバーグの演説 …… 104
ケネディ大統領 ………… 105
ケーブルカー ……………… 72
原稿 …… 5、6、7、9、10、60、122
原子力発電所 ………… 21、151
遣隋使 ………………… 48、84
遣唐使 …………………… 84
原爆 ………… 64、65、67、113
憲法十七条 ………………… 12
小石川養生所 …………… 111
甲子園 ………………… 62、66
紅白歌合戦 ………… 121、124
神戸港 …………………… 112
紅葉前線 ………………… 91
国際宇宙ステーション …… 105
国産旅客機 ……………… 72
国立西洋美術館 ………… 39
国連 …… 14、19、36、37、43、79、
　　81、91、94、101、110、113、116
五重塔 …………………… 21
御成敗式目 ……………… 65
戸籍調査 ………………… 134
国境なき医師団 ………… 117
子どもの権利条約 ……… 74
小春日和 ………………… 107
午砲 ……………………… 77
コメット ………………… 57
衣替え …………………… 39
ゴールデンウィーク ……… 25
コロンブス …………… 71、90

さ

坂本龍馬 …………… 103、131

桜島 …………………… 128
桜前線 …………………… 17
桜田門外の変 …………… 148
鎖国 ………… 33、124、129、145
サッカー …… 29、34、38、52、103
五月晴れ ………………… 29
薩長同盟 ………………… 131
札幌オリンピック ………… 136
さっぽろ雪まつり ………… 142
佐藤栄作 ………………… 88
参勤交代 ………………… 43
サン=テグジュペリ ……… 59
サンフランシスコ平和条約 21、76
ジェットコースター ……… 51
地震 16、21、29、32、33、36、44、
　　45、58、69、75、86、94、95、99、
　　106、119、128、130、132、151
七五三 …………………… 103
児童福祉法 ……………… 114
紙幣 ……………… 18、40、98
島原の乱 ………………… 94
清水トンネル …………… 120
ジャイアントパンダ …… 95、99
写真 …………… 40、67、69、93、
　　　　100、101、111、152
ジャンヌ・ダルク …… 34、126
ジャンボ宝くじ ………… 117
十月革命 ………………… 100
ジューンブライド ……… 46
種の起源 …………… 79、106
小学校 ………… 31、66、89、
　　　　137、155、159
聖徳太子 ………… 12、48、111
消費税 …………………… 118
消防自動車(消防車) 27、101、155
昭和新山 ………………… 44
昭和天皇 …… 11、22、67、126
女性車掌 ………………… 107
女性知事 ………………… 138

女性博士 ………………… 157
ジョン万次郎 …………… 124
シリマボ・バンダラナイケ …… 55
師走 …………………… 119
しんかい6500 ………… 65、156
新幹線 ………… 86、96、157
人工衛星 …… 87、126、134、139
信号機 …………………… 69
新古今和歌集 …………… 157
真珠 ……………………… 52
真珠湾攻撃 ……………… 112
水素ガス気球 …………… 71
水道 …………… 77、92、94、130
スエズ運河 ……………… 104
菅原道真 …… 32、44、84、144
杉原千畝 ………………… 57
煤払い …………………… 115
スター・ウォーズ ……… 32
ストックホルム・アピール … 154
スマトラ島沖地震 ……… 119
墨塗り教科書 …………… 81
征夷大将軍 ……… 52、65、140
青函トンネル …………… 152
星条旗 …………………… 41
成人の日 ………… 37、123、129
西南戦争 …………… 24、141
聖ニコラウスの日 ……… 112
世界遺産 …………… 89、113
世界一周 ……… 76、83、140
世界新記録 ………43、67、74
世界標準時 ……………… 90
関ヶ原の戦い ………79、140
赤十字 …………… 24、26、117
SP ……………………… 78
節分 …………………… 137
瀬戸大橋 …………… 15、38
選挙 ………… 13、14、25、30、
　　　　　108、138、143
遷都 …………………… 158

象（ゾウ）……………… 44、56
相対性理論……………… 46
ゾウ列車………………… 44
卒業ソング……………… 159
ソユーズ…………… 20、110
空飛ぶ円盤……………… 44

た

ダイアナ元皇太子妃…… 48、72
第一次世界大戦……… 100、101
大政奉還………… 42、90、103
第二次世界大戦………… 16、24、
　　29、39、42、44、50、57、59、
　　63、64、67、74、76、81、92、
　　94、95、96、98、99、101、102、
　　106、112、116、126、128、
　　131、132、148、151
太平洋横断……………… 140
大宝律令…………… 62、138
太陽暦………… 29、91、110、146
平将門 ………………… 140
大陸移動説……………… 126
高橋尚子………………… 82
高松塚古墳……………… 155
宝くじ………… 53、74、96、117
宝塚歌劇団………… 12、72
脱線事故………………… 20
七夕祭り………………… 51
WWFジャパン………… 81
田部井淳子……………… 130
タロとジロ……………… 128
探査機…………… 15、40、52、
　　68、70、102、126
男女共学…………… 89、159
地下鉄…… 22、32、120、127、155
地下鉄サリン事件……… 155
地租…………………… 125
忠犬ハチ公……………… 150
中秋の名月……………… 79

中部国際空港セントレア…… 142
チリ鉱山落盤事故……… 63
チリ地震………………… 32
墜落…………… 20、59、66
つくば科学万博……… 153
津田梅子…………… 78、102
ツタンカーメン王……… 107
津波…… 29、32、33、75、
　　99、119、151
梅雨…… 29、40、43、46、47、153
帝国議会………………… 108
帝国劇場………………… 139
敵性語…………………… 148
出島……………………… 33
鉄道…………… 14、15、22、
　　26、32、69、72、86、90、92、
　　107、108、127、150、154
鉄腕アトム……………… 124
テレシコワ……………… 41
テレビ放送……… 28、71、136
電気事業会社…………… 131
電気通信………… 133、144
点字（点字ブロック）…… 19、154
電車…… 20、22、32、65、69、120
天正遣欧使節…………… 143
伝染病…………………… 108
天然痘…………………… 28
天明の大飢饉…………… 50
電話…………… 20、44、
　　77、86、92、101、115
東海道四谷怪談………… 57
東京オリンピック……… 77、80、
　　86、89、105
東京科学博物館………… 98
東京国際女子マラソン…… 104
東京スカイツリー……… 146
東京大空襲……………… 151
東京タワー………… 26、118
東京ディズニーランド…… 17

東京ドーム………… 54、154
東京都庁………………… 151
唐山……………………… 58
同時多発テロ事件……… 77
トーキー映画……… 88、150
十勝沖地震……………… 29
トキ……………… 22、158
徳川家康…… 13、18、79、119、140
読書週間………………… 95
独立宣言………………… 49
特許法（特許）………… 14、18、25、
　　33、66、82、92、133
土用の丑の日…………… 55
豊臣秀吉（羽柴秀吉）……… 40、45、
　　49、56、70、79、116、145
トライアスロン………… 82
トロイア遺跡…………… 89

な

内閣制度………………… 117
流し雛…………………… 149
中大兄皇子……………… 40
中山マサ………………… 54
NASA………… 52、58、113、115
なたね梅雨……………… 153
夏日、真夏日…………… 59
七草がゆ………………… 125
成田国際空港…………… 31
南京事件………………… 114
南北戦争………… 15、104
新潟県中越地震………… 94
日曜日…………………… 152
日航ジャンボ機………… 66
日清戦争………………… 62
日ソ共同宣言…………… 92
日中国交正常化……… 84、99
日本武道館………… 46、86
二・二六事件…………… 145
日本海中部地震………… 33

162

日本国憲法……………… 24、99、159
ねずみ小僧………………… 68
熱気球…………………… 71、105
ねぶたとねぷた…………… 63
濃尾地震…………………… 95
ノーベル賞……………… 41、98、
　　　　　　　107、113、139
ノーベル平和賞　26、88、117、139

は

ハーメルンの笛吹き男……… 45
箱根用水………………… 144
PASMO ………………… 154
八甲田山………………… 132
歯と口の健康週間………… 37
早生まれ…………………… 13
春の彼岸………………… 155
ハレー彗星……………… 15、126
バレンタインデー…140、141、152
ハロウィン………………… 96
ハワイ発見……………… 150
万国博覧会…… 24、26、145、153
阪神・淡路大震災 ………… 38、75、
　　　　　　　　94、119、130
版籍奉還………………… 42
ピーターパン……………… 119
ビートルズ……………… 46、86
東日本大震災………… 75、99、151
ピナツボ火山……………… 39
ヒマラヤ…………………… 87
ひめゆり学徒隊…………… 42
100メートル走…………… 43
白虎隊……………………… 70
平等院鳳凰堂…………… 149
ファミコン………………… 53
FIFAワールドカップ… 34、52、103
福井地震…………………… 45
府県制・郡制 ……………… 30
富士山…………………… 13、54、71、

106、110、118、144、152
双葉山…………………… 129
普通選挙法………………… 25
フランシスコ・ザビエル … 14、56
フランス革命……………… 26、53
プロ野球…………………… 38、78、90、
　　　　　　98、105、119、139
文永の役…………………… 93
噴火………………… 36、39、44、50、
　　　　54、83、106、128、152
文化の日…… 37、95、97、98、99
平安京…………………… 42、93
ペリー…………………… 129、144
ベルリンの壁……………… 101
宝永の大噴火…………… 106
防災の日………………… 74、75
忘年会…………………… 111
ポーツマス条約…………… 75
ボクシング……… 15、30、71、76
歩行者天国………………… 62
戊辰戦争…………………… 30
ヴォストーク……………… 16、41
ボストン・マラソン ……… 18
本田實…………………… 102
本能寺の変………………… 36

ま

マゼラン隊………………… 76
マラソン…………… 17、18、28、
　　　　　　　64、82、83、104
マラトンの戦い…………… 83
満州……………………… 80、148
三河地震………………… 128
水俣病……………………… 24
源 頼朝 ………… 31、52、68、
　　　　　　96、138、143、156
苗字……………………… 80、140
ミロのヴィーナス………… 14
向井千秋………………… 50

室町幕府……………… 48、54、65、
　　　　　　69、100、106、124、153
明治天皇 13、19、96、99、127、158
明暦の大火……………… 130
メートル法………………… 14
元日本兵………………… 132
モナ・リザ ………………… 19
モノレール………………… 80

や

八百屋お七……………… 120
屋久島…………………… 113、121
山開き、川開き ………… 49
ヤンバルクイナ…………… 102
郵便……… 19、32、48、89、
　　　　　125、138、142、148
郵便記号………………… 138
湯川秀樹………………… 98、132
ユニセフ………………… 74、113
夢の島…………………… 115

ら

ライト兄弟………… 17、68、116
ラジオ放送……………… 156
ラスコーの壁画…………… 78
ラムサール条約………… 136
ラムネ……………………… 25
ランデブー……………… 115
琉球王…………………… 136
柳条湖事件………………… 80
リンドバーグ……………71、137
ルナ24号 ………………… 68
レントゲン……………… 100、157
鹿鳴館…………… 40、108、131
路面電車………………… 22、69

わ

ワシントン（人名）……14、143
和同開珎…………………27、117

163

表紙デザイン	：倉科明敏（T. デザイン室）
表紙イラスト	：浅見なつ
本文デザイン	：松川ゆかり（オフィス303）
本文イラスト	：坂木浩子、谷口シロウ
撮影	：交泰
取材協力	：TBSテレビ、新宿区立東戸山小学校
執筆	：小野寺ふく実（ブライトスター・プランニング）、金平亜子（スゥ・リール）、原佐知子
校正	：聚珍社、楠本和子（オフィス303）
編集・制作	：古川貴恵・吉成麻美子・徳本治子・林太陽（オフィス303）

写真協力 ： 時事、朝日新聞社、Getty Images、amana images、共同通信社、毎日新聞社、PIXTA、photo library、NASA、New York Public Library、オリエンタルランド、東大和市、日本化工塗料株式会社、社会福祉法人日本点字図書館、SPUTNIK、時事通信フォト、水俣市立水俣病資料館、国立国会図書館デジタルコレクション、横浜開港資料館、日本銀行金融研究所貨幣博物館、造幣局、高知市立市民図書館近森文庫、成田国際空港、京都市学校歴史博物館、甲斐善光寺、郵政博物館、ZUMA Press、PHOTO KISHIMOTO、気象庁、宮地エンジニアリング㈱、国立西洋美術館、日刊スポーツ、国際日本文化研究センター、Color China Photo、石川県立歴史博物館、名古屋市東山動植物園、日本城郭資料館、アサヒ飲料㈱、JAXA、東京ドーム、株式会社ミキモト、HULTON PICTURE LIBRARY/ALL SPORT、松廼屋、大阪歴史博物館、神戸市立博物館、中国通信、Photo 12、丹波市、㈱京三製作所、日清食品ホールディングス株式会社、航空科学博物館、dpa、パナソニック株式会社、東京モノレール、北海道博物館、札幌市、WWF、Lehtikuva、Satoshi Takasaki/JTU、中部地方整備局ホームページ、Gakken、横浜市水道局、UN Photo/John Isaac、国土交通省ホームページ（http://www.mlit.go.jp/river/kaigan/main/kaigandukuri/pdf/okinotori.pdf）、JAMES WHITMORE、（公財）倉敷天文台、株式会社三越伊勢丹、（公財）日本ユニセフ協会、MSF、手塚プロダクション、萩原律、西尾市教育委員会、消防防災科学センター、独立行政法人日本スポーツ振興センター、兵庫県立歴史博物館、さっぽろ雪まつり実行委員会、法政大学大原社会問題研究所、中尊寺、東京大学宇宙線研究所 神岡宇宙素粒子研究施設、裾野市、平等院、明日香村教育委員会、筑波大学附属図書館、他

参考文献 ：『日本大百科全書』小学館、『世界大百科事典』平凡社、『日本国語大辞典』小学館、『国史大辞典』吉川弘文館、『ブリタニカ国際大百科事典』ブリタニカ・ジャパン、『年中行事事典』三省堂、『もういちど読む 山川世界現代史』山川出版社、『もういちど読む 山川日本近代史』山川出版社、『もういちど読む 山川日本史』山川出版社、『岩波日本史辞典』岩波書店、『朝日日本歴史人物事典』朝日新聞社、『年表 日本歴史』筑摩書房、『日本史重要人物101』新書館、『日本近現代史を読む』新日本出版社、『知っておきたい 日本史の名場面事典』吉川弘文館、『世界科学史大年表』柊風舎、「心をそだてる 子ども歳時記12か月」講談社、『季節の366日話題事典』東京堂出版、『絵本ごよみ・二十四節気と七十二候』教育画劇、『二十四節気と七十二候の季節手帖』成美堂出版、『暦ことば辞典』三省堂、『この1冊で早わかり！ 日本の古典50冊』三笠書房、『科学の目で見る日本列島の地震・津波・噴火の歴史』ベレ出版、『小学館版 学習まんが少年少女日本の歴史 日めくりカレンダー』小学館、『すぐに役立つ366日記念日事典』創元社、『今日は何の日』PHP研究所、『今日ってどんな日』日本能率協会マネジメントセンター、『366日の事典』東陽出版、『今日はどんな日？雑学366日』展望社、「きょうはこんな日365」国土社、「新きょうはなんの日？」ポプラ社、『世界を変えた人たち365』永岡書店、『367日誕生日大事典』日外アソシエーツ、他

今日は何の日？ 366日大事典
放送委員会のヒントがいっぱい！

校内放送研究所・編

2017年 12月　初　版
2025年　4 月　第3刷

発行者　岡本光晴
発行所　株式会社あかね書房
〒101-0065 東京都千代田区西神田 3-2-1
電話 03-3263-0641（営業）　03-3263-0644（編集）
印刷所　株式会社精興社
製本所　株式会社難波製本

落丁本・乱丁本はおとりかえいたします。 定価はカバーに表示してあります。

© Office303 2017 Printed in Japan
ISBN978-4-251-09225-0 NDC380 164p 31cm × 22cm
https://www.akaneshobo.co.jp

【本書で紹介している年月日について】
原則として、年は西暦を、月日はそのできごとが起きた当時のこよみによる日付を採用しています。日本では旧暦、ヨーロッパではユリウス暦など、採用していたこよみは時代や国・地域によって異なります。日付や由来などは諸説あるものもありますが、有力と考えられるものを採用しています。

外郎売（ういろううり）

拙者親方と申すは、お立合いの中に御存知のお方もござりましょうが、お江戸を発って二十里上方、相州小田原一色町をお過ぎなされて、青物町を登りへおいでなさるれば、欄干橋虎屋藤右衛門、只今は剃髪致して、円斎と名乗りまする。

元朝より大晦日まで、お手に入れまするこの薬は、昔、珍の国の唐人、外郎という人、わが朝へ来たり、帝へ参内の折から、この薬を深く籠め置き、用ゆる時は一粒ずつ、冠の隙間より取り出す。依ってその名を帝より、透頂香と賜る。即ち文字には「頂き・透く・香い」と書いて、とうちんこうと申す。

只今はこの薬、殊の外、世上に弘まり、方々に似看板を出し、イヤ、小田原の、灰俵の、さん俵の、炭俵のと、いろいろに申せども、平仮名をもって「ういろう」と記せしは、親方円斎ばかり。もしやお立合いの中に、熱海か塔ノ沢へ湯治にお出でなさるるか、又は伊勢御参宮の折からは、必ず門違いなされまするな。お登りならば右の方、お下りなれば左側、八方が八棟、表が三棟、玉堂造り、破風には菊に桐の薹の御紋を御赦免あって、系図正しき薬でござる。

イヤ、最前より、家名の自慢ばかり申しても、御存知ないお方には、正身の胡椒の丸呑み、白河夜船、さらば一粒食べかけて、その気味合いをお目にかけましょう。先ずこの薬をかように一粒舌の上にのせまして、腹内へ納めますると、イヤどうも言えぬは、胃・心・肺・肝がすこやかになって、薫風喉より来たり、口中微涼を生ずるが如し。魚鳥・茸・麺類の食い合わせ、その外、万病速効ある事神の如し。

さてこの薬、第一の奇妙には、舌のまわることが、銭独楽がはだしで逃げる。ひょっと舌がまわり出すと、矢も盾もたまらぬじゃ。そりゃそりゃ、そらそらそりゃ、まわってきたわ、まわってくるわ、アワや喉、サタラナ舌に、カ牙サ歯音、ハマの二つは唇の軽重、開合さわやかに、あかさたな、はまやらわ、おこそとのほもよろを、一つへぐり、ひっくりめぐって、評判の薬、東方世界の薬の元締め、薬師如来も照覧あれと、ホホ敬って、ういろうはいらっしゃいませぬか。